혼자서 따라하기 쉬운 모든 업무 **10**

채용에서 퇴직까지 인적자원 노동법률 인사관리 실무설명서

손원준 지음

**인사와 노무 업무를 처음 접하는 분들이
반드시 봐야 할 책!**

미래 기업의 성장 동력은 인재!
인재의 가치를 소중히 여기고 경영하는 기업만이
살아남는 시대가 다가오고 있다.

이지경리
(www.ezkyungli.com)
2개월 무료이용권
[2만원 상당]
증정

K.G.B
지식만들기
이론과 실무가 만나 새로운 지식을 창조하는 곳

책을 내면서

기업의 근본적인 목적은 이윤추구이지만 그 이윤의 근원이 되는 것은 인간이다. 즉 회사에 뛰어난 인재가 많아야 기업의 이윤은 극대화되는 것이다.

최근 경영환경의 변화와 국내외 경쟁의 심화로 인적자원이 기업의 경쟁 우위의 원천으로 대두되었고 이에 따라 인적자원관리가 기업의 경쟁력 형성에 중요한 역할을 하게 되었다. 오늘날 인적자원관리는 단순한 인력관리를 지원하는 업무를 넘어서 기업의 전략적 파트너로서 핵심조직 역량을 강화함으로써 기업의 실제적인 가치를 높이는 역할을 하도록 요구받고 있다.

"한 사람의 인적자원이 만 명을 먹여 살린다"는 인적자원 경쟁우위시대에 인사부서는 원하든 원하지 않든 새로운 역할을 요구받고 있다. 그 중심에 바로 여러분들이 서있는 것이다.

오늘날 인사부서가 겪는 변화의 추세는 크게 두 가지로 볼 수 있다.

첫째, 인사부서가 날로 슬림(slim)화 되고 있다. 인사부서 인력이 줄어들고 있으며 업무가 자동화되거나 축소되고, 일부 업무들이 회사외부로 아웃소싱되는 경향이 늘고 있다.

두번째는 역설적으로 인사부서의 조직 내 영향력이 나날이 증대되고 있는 추세다. 인사부서가 과거보다 더 가치 있는 일을 하고 있다. 조직 가치를 높이는 데 앞장서고, 행정적 지원에 국한된 미시적 관점에서 벗어나 기업의 전략과 진로를 모색, 개척하고 통합하는 거시적 관점에서 기업 경쟁력 제고에 앞장서고 있다.

HR담당자는 인적자원관리의 제반관련 기능과 역할을 담당하는 조직단위인 인사부서의 인적자원 전문가로서 인적자원관리의 역할이 중요하게 여기지는 지금 다양한 업무지식이 요구되고 있다. 따라서 본서는 인사담당자로서 최소한 갖추어야할 기본 지식을 중심으로 업무를 접하는 데 보다 편리하고 법률에 어긋나지 않도록 다음의 내용으로 실무위주로 구성했다.

제1장 인적자원의 모집, 배치, 이동관리

제2장 인적자원의 직무관리

제3장 인적자원의 개발과 교육훈련·경력개발·이동관리

제4장 인적자원의 평가관리

제5장 인적자원의 임금관리

제6장 인적자원의 유지관리

제7장 인적자원의 이직 및 퇴직관리

제8장 인적자원의 노무관리

제9장 4대 보험 해설

아무쪼록 본서가 인사업무를 담당하는 초보자나 실무자에게 조금이라도 도움이 되는 책이 되기를 바라며, 끝으로 독자 여러분들의 앞날에 축복이 가득하기를 기원합니다.

저자 손원준 올림

제목 차례

제1장 인적자원의 모집, 배치, 이동관리

제2장 **인적자원의 직무관리**

제3장 **인적자원의 개발과 교육훈련 · 경력개발 · 이동관리**

제4장 　인적자원의 평가관리

제5장　**인적자원의 임금관리**

제6장 인적자원의 유지관리

제7장 인적자원의 이직 및 퇴직관리

제9장 **4대 보험 해설**

제1장

인적자원의
모집, 배치, 이동관리

[채용 시 업무 PROCESS]

❶ 채용인원 발생(신규, 충원)	■ 충원, 신규채용 요청(해당 부서) ① 성별, 나이, 근무경력, 학력, 근무예정일 ② 기타 요구사항 기술
❷ 요청부서 : 업무요청서 제출 부서장 ➜ 임원 ➜ 관리부통보	■ 관리부(인사담당자) : 모집공고 게시 ➜ 인력 사이트 등 매체를 통한 채용공고 ➜ 지인소개 모집공고 기간 : 통상 1개월
❸ 공고 및 접수	■ 1차(해당 부서) : 지원자 중 적격자 확정 단계 ① 지원자 중 적격자 판단 ② 적격자를 대상으로 부서장 개별 면접 ★ 관리부에(인사 담당) 최종 면접자 통보
❹ 2차 심층 면접(인사위원회) 면접관 : 해당부서장(임원)/인사 담당자, 준비서류(인사담당자) : 면접 Check list, 이력서 및 경력증명서류	■ 최종결정(확인사항) ❶ 직위, 급여(희망 연봉), 근무개시일 등 기타사항 ❷ 면접관 작성 : 면접 대상자별 면접 Check list ★ 면접 Check list는 관리부 취합
❺ 면접 결과 종합 : 1, 2차 면접 내용 및 자료 종합	■ 관리부 채용 조건 확정 품의(총무)
❻ 채용자 통보 확인사항 가. 성명 (한자, 한글) 나. E-mail 다. 연락처 라. 근무개시일	■ 근무확정 제출서류(입사 후 1주일 이내) : 건강진단, 이력서, 등본, 전 회사 원천징수영수증, 근로계약서, 윤리서약서, 보안서약서(팀장급) 본인 작성 등 ■ 근무개시일 지급 지급 물품 : 명함 및 사무용품, 출퇴근카드 ■ 관리부 가. 회사소개 교육 나. 인사명령 다. 월례조회 시(전 직원) 인사 소개

인적자원계획 수립과 절차

인적자원계획이란 기업이 필요로 하는 특성을 가진 인원의 수를 예측하고, 이에 대한 사내·외의 인력공급을 계획해서 인적자원의 수급을 조정하는 활동을 말한다.

❶ 사업전략과 HR 기능들 사이의 연결기능 수행
❷ 다양한 인적자원 활동들이 유기적으로 통합될 수 있는 틀을 제공
❸ 효율적인 인적자원 통제
❹ 고용의 과잉과 부족을 방지해서 적정 인력규모의 유지
❺ 라인과 스텝 간의 관점 통일

1. 내·외부 환경분석

내부환경 분석

조직 내의 노동력과 인적자원활동에 영향을 미치는 조직상황을 평가하는 것으로 조직 인력구조의 구성, 기존의 인적자원 프로그램, 내부 조직 구성원의 욕구파악 등은 인력흐름을 예측하는 데 있어서 유용한 근거로 활용된다.

외부환경 분석은 경제적 상황, 노동시장, 노동조합, 법규 및 규제 등 외부환경의 추세를 분석해서 계획수립 시 적절한 대안을 찾아내는 것이다.

2. 인적자원 소요량 예측

특정 시점에 해당 기업이 필요로 하는 인적자원의 수요를 예측한다.

❶ 총 수요인력(얼마나 많은 인력이 필요한가?)

❷ 순 수요인력(얼마나 많은 인력을 채용해야 하는가?)

❸ 인건비 지불능력(얼마나 많은 인력을 채용할 수 있는가?)

❹ 인력의 질(어떤 직무에 어떤 조건의 인력이 필요한가?)

질적 예측기법

구 분	내 용
자격요건 분석기법	대개 단기적 예측에 적합하며, 현재의 직무에 대한 직무기술서 및 직무명세서를 가지고 현재와 미래의 자격요건을 분석하는 기법을 말하며, 안정적인 환경에서 활용이 쉽다.
시나리오 기법	기업이 조직구조, 직무구조 및 생산기술의 변화 등에 대한 예측이 쉽지 않을 경우, 전문가 집단이나 프로젝트 그룹에 의해 미래에 발생할 경영환경의 변화 및 개별 직무 내용의 변화에 대한 예측 활동을 수행하는 것을 말하며, 불안정하고 복잡한 환경에서 활용이 쉽다.

구 분	내 용
거시적 예측방법	기업의 인건비 지불능력과 관련해서 기업 전체의 소요인원 총수를 결정하며, 전체 부가가치에 따라 산정된 노무비를 기초로 적정인원을 산정하는 방법을 말한다.
미시적 예측방법	작업수행에 소요되는 인원을 사업부문이나 부서별로 산정하고, 이를 집계해서 기업 전체의 소요인원 총수를 결정하며, 직무 단위별 작업량에 따라 적정인원을 산정하는 방법을 말한다.

3. 인적자원 가용량 예측

인적자원 가용량 예측은 특정 시점에 해당 기업이 보유하게 될 인력에 대한 예측 활동을 말한다.

내부노동시장에서의 예측

구 분	내 용
승진도표	현재 종업원의 능력을 정리해서 면밀하게 파악한 개개인의 승진, 이동시기, 순위, 훈련 등의 요건을 명기해 두고 집계
기능목록 (Skill Inventory)	현재 종업원의 경력과 능력을 모아 놓은 인적자원 정보시스템을 활용·관리
마아코브 체인법	미래 어떤 시점에서의 해당 기업 내 종업원의 이동 예측
대체분석	직무의 공석이 어떻게 하위직무 담당자에 의해서 충원되는가?

노동시장, 인구통계 추세, 실업률, 산업 및 직업추세 등 파악한다.

4. 조정

미래의 예측된 인적자원 소요나 가용량을 근거로 해서 조직은 인력의 부족 혹은 잉여에 대한 차이분석을 행한다.
조직은 예상되는 인력의 잉여 또는 부족에 대처하기 위해서 능동적으로 인적자원 활동의 전개가 가능하다.

5. 실천계획 수립

인적자원의 차이 분석을 근거로 조직은 이에 대처하기 위해서 실천계획 (미래의 가능한 사건에 대한 조직의 신중하고 의도적인 반응)을 수립하게 된다.
실천계획에는 거의 모든 인적자원 활동들이 포함될 수 있으며, 실천계획을 수립하기 위해서는 다양한 인적자원 활동을 유기적으로 통합해야 한다.
예를 들어 조직은 인력부족에 대처하기 위해
❶ 외부충원을 강화해서 신규인력의 유입을 시도할 수도 있으며,
❷ 동시에 외부충원기능을 보완하기 위해서 임금수준과 복리후생을 개선할 수도 있다.

❸ 반면에 조직은 신규인력을 채용하기보다는 현재 인력의 생산성을 높이는 방법으로 인력부족에 대응할 수도 있다.

6. 평가 및 모니터링

인적자원 계획은 변화하는 내·외부 환경에 대응하는 지속적 과정이라고 할 수 있다.

인적자원 계획의 마지막 단계는 인적자원 활동들이 얼마나 잘 수행되었는가를 평가하는 것이며, 이를 통해 실천계획이 수립, 개선될 수 있다.

모집관리

모집은 조직이 필요로 하는 유능한 사람들을 적극적으로 선발하기 위해서 우수한 대상자들이 지원하게끔 정보를 제공하고 지원하도록 유인하는 활동이다. 따라서 모집관리의 목적은 선발의 효과를 높이기 위해서 적합한 능력이 있는 지원자가 지원하도록 하는 것이며, 또한 지원자의 수도 적절히 확보해서 선발할 수 있도록 하는 것이므로 모집은 넓은 의미의 선발활동의 연장이라고 할 수 있다.

1. 모집과정

모집과정은 인적자원계획에 따라 선발대상을 모집하는 과정을 말한다. 모집과정은 인적자원계획에 기초해서 인적자원을 정식으로 모집하기 전에 대체 안을 모색하며, 공식적인 모집 활동단계에서 내부모집 또는 외부모집을 통해 인력을 확보하는 순서를 밟는다.

모집이전에 대안을 모색하는 이유는 모집과 선발은 비용이 들고 일단 채용하면 손쉽게 해고할 수 없으므로 긴급이 필요하지 않은 상황에서는 시간외근무·외주·임시직원의 활용 등의 방법을 사용한다. 이 대안으로도 충분치 않으면, 관리자는 종업원 충원요청을 한다. 충원요청 시에는 직무명칭·부서·필요일자 등을 명시해야 한다.

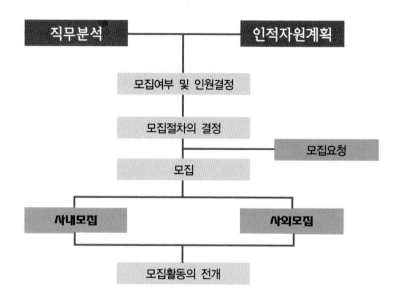

2. 모집계획의 수립

모집원천의 선택

인력수요의 필요에 따라 지원자를 찾아야 하는 경우 이를 외부노동시장에서 구할 것인지 혹은 현재 해당 기업. 즉, 내부노동시장에서 구할 것인지를 선택해야 한다.

❋ 외부노동시장 분석

지원자를 외부노동시장에서 구할 때는 ❶ 실업률 ❷ 지역별 인력공급 가능 정도 ❸ 고용관계법률 ❹ 노동시장에서의 기업 이미지 등을 면밀히 분석해야 한다.

❋ 내부노동시장 분석

기업 내에서 지원자를 구할 때는 ❶ 현재 보유인력의 적정성 ❷ 현직 종업원의 능력 ❸ 변화추세 ❹ 이직률·결근율 ❺ 조직 몰입성 등의 요소를 분석해야 한다.

적절한 선발비율의 결정

선발의 합리성을 높이기 위해 정원표에 의해 결정된 선발 예정 인력을 고려해서 적절한 지원자 수를 결정한다.

3. 모집절차

모집은 일반모집과 특별모집으로 구분할 수 있는데, 일반모집은 상대적으로 단순한 직무수행을 위한 노동집단 모집이다. 반면, 특별모집은 전문가나 관리자를 모집하는 것을 말한다.
그리고 모집 원천에 따라 내부모집과 외부모집으로 구분할 수 있다.

내부모집

내부모집은 조직 내부에서 적격자를 찾는 방법으로 외부모집보다 간편

하고 고과기록 등을 활용해서 적합한 인물을 고를 수 있으며, 추가적인 홍보활동이 필요 없고 종업원들의 사기에 좋은 영향을 미칠 수 있다는 장점이 있다.

그러나 모집범위가 제한되어 있고 사내승진과 같은 성격을 띠는 한계점이 있다. 따라서 사내모집 우선의 경우에는 사내승진 형식으로 먼저 인원이 충당되고 그다음의 빈자리는 사외모집을 통해 채워진다. 내부모집은 주로 다음과 같은 방법으로 이루어진다.

❶ 기능재고표(조직내 모든 구성원의 전문 분야, 자격과 경력, 근무 부서, 현 부서의 근무기간, 승진예정 시기, 개인의 희망 분야 등 자세한 정보를 요약) 또는 관리자목록을 참조해서 적격자를 찾는 방법이다. 기능재고표는 기능직에 적합하고 관리자목록은 관리직에 적합하다.

❷ 내부구성원 특히 부서장의 추천에 의해 좋은 사람은 내부추천으로 확보한다. 그러나 이 경우 부서장의 압력으로 특정 인물이 선정될 가능성이 있는 단점이 있다.

❸ 사내공개모집 제도(사내 게시판이나 인트라넷 등을 통해 충원할 직위를 종업원들에게 알려서 관심 있는 사람들이 응모하게 만드는 방법)로서 사내 게시판에 공개적으로 모집공고를 내어 자격이 있고, 관심이 있는 종업원이 응모하는 방법이다. 직무공지를 통해 조직 내에 공석이 있음을 공개적으로 알리고 조직의 구성원은 직무응찰을 통해 응모한다.

외부모집

외부모집은 외부의 인력시장을 통해 선발대상자를 모집하는 것이다. 모집방법으로는 공개모집과 현장 모집이 있고, 모집원천으로는 광고(신문 또는 인터넷 등), 직업소개소, 고급인력 알선기관, 근로자파견 전문회사,

학교, 단체, 친지, 인재파견업, 자발적 응모자, 전문모집요원, 특별행사 모집과 같이 다양하다. 일반적으로 고급기술이나 관리인력 일수록 학교, 단체기능, 친지가 중요한 모집방법으로 사용되고 있고, 하위계층 인력일수록 광고와 직업소개소가 비교적 많이 사용된다. 외부모집은 모집범위가 넓고 외부의 유능인물을 확보할 수 있는 장점이 있지만 모집 및 인력개발 비용이 들고 부적격자를 채용할 위험도 있으며, 기존구성원의 사기를 저하시키는 단점이 있다.

❋ 광고에 의한 모집

신문 등에 광고하는 경우 자격 없는 지원자가 지원할 수 있는 단점이 있으나 잠재적 지원자를 확보할 수 있어 기업의 이미지에 관한 부각효과를 거둘 수 있고, 전문잡지 광고의 경우 특정 집단에만 집중적인 광고가 가능해서 부적격자의 지원을 차단할 수 있다.

❋ 인터넷 채용시스템 활용

현재는 모든 직무수행과 일상 활동들이 인터넷 중심으로 이루어진다. 따라서 조직은 자사 홈페이지를 통해서 자세한 모집공고를 해야 조직에 적합한 인재를 손쉽게 모집할 수 있도록 유인할 수 있으며, 아울러 조직에 대한 광고를 간접적으로 할 수도 있다.

이는 가장 광범위하게 활용되고 있으며, 회사가 필요로 하는 기술을 지닌 목표지원자를 창출하는 데 가장 효과적인 방법이다. 회사의 입장에서 낮은 단위비용으로 신속하게 자격 있는 지원자의 모집이 가능하다.

회사의 입장에서 구직자들에게 회사에 대해 알릴 수 있는 기회를 갖는 반면에 지원의 용이성 등으로 인해 적임자를 찾는 데 어려움을 겪을 수 있다. 채용 관련 종합서비스를 제공하는 취업포털사이트와 분야별 전문

취업사이트의 매칭 서비스를 활용하는 것도 검토할 필요가 있다.

인터넷을 통한 구직자들의 입소문을 잘 활용할 필요가 있다. 기존의 미디어를 대신하면서 채용환경의 중심지가 된 인터넷은 커뮤니티를 형성함으로써 소문이나 정보가 폭발적으로 확산되기 쉬운 환경을 가지게 되었다. 따라서 취업 커뮤니티에서 연봉, 근무환경 등에 관련된 회사의 그릇된 정보가 유통되는 것을 막는 것도 매우 중요하다.

❋ 현직 종업원의 추천

현재 근무하고 있는 종업원에 의한 인재 추천방법으로 추천자가 해당 기업의 환경을 잘 이해하고 있기 때문에 적임자를 추천할 가능성이 높다. 종업원들의 사기가 높고 기업에 대한 공헌의욕이 강한 기업일수록 이 방법을 채택하면 효과적이다.

신속하고 비교적 비용이 적게 드는 장점이 있으며, 어떤 조직에 있어서는 종업원에 대해서 보상을 하기도 한다. 하지만 조직 내 파벌형성 가능성이 있으며, 자신이 추천한 종업원이 채용에서 누락될 경우 해당 종업원의 사기가 떨어질 수 있다.

❋ 학교 등 교육기관 현지 리쿠르팅 활용

기업이 학교 당국 또는 교수진과 협력을 맺어 조직의 문화와 직무에 알맞은 지원자를 추천받을 수 있다. 이는 또한 현재 고용계획이 없더라도 장래에 필요하게 될 인력확보를 위해서 필요한 수단이 될 수 있다.

기업의 채용방법 중에서 캠퍼스 리크루팅은 괜찮은 인력을 확보하려는 기업의 입장과 재학생의 취업률 제고를 위한 학교의 입장이 맞아떨어져서 양측 모두에게 선호되는 방법이다.

대학 취업정보실에 채용공고를 내거나 학교 측의 동의를 얻어 학교에 직접 방문해서 현장 리크루팅 공고를 하는 것이 우선적으로 검토될 수 있다. 아울러 기업과 연계되어 사업을 하고 있는 기업은 연계되어 있는 교수의 추천을 통해 채용하는 방법도 좋은 방법이다.

교수의 경우 제자가 취업해 있는 기업에, 제자의 경우 교수가 추천해준 기업에 함부로 하기가 어렵기 때문이다.

중소기업의 경우 대학의 취업지도 담당자에게 해당 기업의 장점을 자세히 설명해서 직접 추천할 수 있게 하는 것도 좋은 방법이다. 왜냐하면 구직자인 대학생의 입장에서 볼 때 해당기업에 대한 정보가 부족하기 때문에 지원을 망설이는 것이 일반적이며, 이 때 학교의 취업담당자가 이 회사는 좋다. 라고 추천하면 일반적으로 따라가게 마련이다.

❋ 고용알선기관

최근 들어 정부에서는 정부예산을 활용해서 구직자들에게 다양한 직업교육과 교육수료자에 대한 채용알선 서비스를 제공하고 있기 때문에 회사의 입장에서는 추가적인 훈련비용을 들이지 않고 자격 있는 지원자를 모집할 수 있다.

단순직, 일용직 혹은 연구인력 등 중요인력의 경우에는 상당수의 지원자 Pool을 보유하고 있는 고용알선기관을 활용하면 신속한 채용이 가능하다. 이 경우 회사는 고용알선기관에 일정 금액의 수수료를 지불해야 한다.

❋ 채용 박람회

다양한 기업의 채용 담당자들이 한 장소에 모이고 다수의 지원자를 유인해서 채용면접이 가능하게 하는 방법이다. 평상시에 비해 짧은 기간 동안 구직자들의 정보량도 풍부하고 잘만 활용하면 많은 도움을 받을 수 있다. 참가기업은 박람회 기간 동안 평소에는 유료인 다양한 채용지원 서비스를 무료로 활용할 수 있다.

※ 외부모집방법을 이용 시 평가결과

브리우는 모집방법들 간 직무성과의 차이가 있는지를 연구해서 다음과 같은 결과를 얻었다. 첫째, 전문잡지 광고를 통해 입사한 연구원과 자발적으로 입사한 연구원이 작업의 질, 협동성 및 직무태도에 높은 점수를 얻었다. 둘째, 대학의 취업상담소가 가장 효율성이 떨어지는 모집방법으로 나타났다. 셋째, 신문광고를 통해 입사한 종업원의 결근율이 가장 높게 나왔다.

모집원천	내부 모집	외부 모집
장 점	❶ 사기앙양 ❷ 능력개발 ❸ 모집비용 절감 ❹ 평가의 정확	❶ 새로운 분위기 유발 ❷ 특수한 인재 채용 ❸ 교육·훈련비 절감
단 점	❶ 모집범위 제한 ❷ 탈락자 불만 ❸ 과잉경쟁 ❹ 이동시 교육비용	❶ 적응기간 소요 ❷ 내부인 사기 저하 ❸ 평가의 부정확

4. 모집 시 유의사항

여성모집

모집과 채용에 있어서 여성에게 남성과 동일한 기회를 주어야 하며, 여성근로자를 모집, 채용함에 있어서 직무의 수행에 필요하지 않은 용모, 키, 체중 등의 신체조건이나 미혼조건 등의 조건을 제시해서는 안 된다.

고령자 모집

사업주가 합리적인 이유 없이 연령을 이유로 근로자 또는 근로자가 되려는 자를 차별해서는 안 되며, 합리적인 이유 없이 연령 외의 기준을 적용해서 특정 연령집단에 모집·채용, 임금·임금 이외의 금품지급 및 복리후생, 교육·훈련, 배치·전보·승진, 퇴직·해고 등에서 불리한 결과를 초래하는 경우 연령차별로 간주한다. 사업주가 모집·채용에서 합리적인 이유 없이 연령을 이유로 차별한 경우 500만원 이하의 벌금에 처한다. 연령차별을 당한 자는 국가인권위원회에 진정할 수 있으며, 진정결과 구제조치 등을 권고함에 따라 고용노동부장관이 사업주에 대해 시정명령을 한 경우 이를 이행하지 않을 때에는 3천만원 이하의 과태료에 처한다. 단, 다음의 경우에는 연령차별의 예외로 인정한다.

❶ 직무의 성격에 비추어 특정 연령기준이 불가피하게 요구되는 경우
❷ 근속기간의 차이를 고려해서 임금이나 임금 외의 금품과 복리후생에서 합리적인 차등을 두는 경우
❸ 법률에 따라 근로계약, 취업규칙, 단체협약 등에서 정년을 설정하는 경우

❹ 법률에 따라 특정 연령집단의 고용유지·촉진을 위한 지원조치를 하는 경우

5. 채용공고

채용공고 시 모집인원(정규직 ○명), 모집분야(경리, 인사 등), 근무지(서울, 대전 등) 및 자격요건(4년제 대학 경상계열 우대 또는 직장경력 10년 이상), 전형방법(1차 : 서류심사, 2차 : 면접, 3차 : 신체검사), 제출서류(이력서(연락처 기재, 사진첨부 필수), 자기소개서, 경력증명서 등), 지원기간(○○년 ○월 ○○일(수) ~ ○월 ○○일(금)) 및 지원방법(E-mail 지원(제출서류첨부)), 접수처(****@*****.com(입사관련 문의는 e-mail활용), 현장접수 등) 등이 명시되어야 한다.

❶ 모집인원의 경우 정확한 채용인원을 기재할 필요는 없지만 정규직인지 계약직인지에 대해서는 명확히 해야 한다. 계약직의 경우 채용일로부터 계약기간을 함께 기재해야 한다.

❷ 모집분야와 지원요건의 경우 가장 신경 써야 하는 부분이며, 이를 어떻게 하느냐에 따라 지원자의 규모가 달라진다.

❸ 모집분야를 세분화하고 전문성을 구체화할수록 해당 분야의 전문인력이 지원할 가능성은 커지지만, 그로 인해 기술개발 방향성이 외부로 노출될 수 있으며, 경쟁사로부터의 견제가 발생할 수 있다.

❹ 중소기업의 경우 학력과 경력 등 지원요건이 지원자 확보에 큰 영향을 미치기 때문에 신중을 기할 필요가 있으며, 지나치게 스펙을 높게 잡지 않아야 한다.

❺ 제출서류의 경우 지원 시에는 지원자의 주요 스펙이 기재된 이력서와 자기소개서 등 필수적인 서류만 제출하도록 하고 신체검사 때 등 전형이 어느 정도 완료된 후 합격자에 한해 제출받는 것이 바람직하다.

❻ 자기소개서 작성 시 신입직의 경우 대학 생활 중심으로, 경력직의 경우 업무와 관련된 성과 중심으로 기술하도록 해야 한다.

❼ 채용공고문에는 지원서 제출기간과 제출처가 명확히 언급되어 있어야 하며, 지원 관련 문의처를 명시해 놓아야 전형과 관련하여 혼선이 빚어지지 않는다.

선발관리

선발은 모집활동을 통해서 응모한 지원자 가운데서 조직이 필요로 하는 직무에 가장 적합한 자질을 갖추었다고 판단되는 인적자원을 고용하는 과정이다. 따라서 선발이란 최적의 지원자를 특정직무에 짝지어주는 과정 또는 효율적으로 수행할 수 있는 최적 인적요건, 최적 적성, 기술을 소지한 사람에게 특정조직 구성원의 자격을 부여하는 행위라고 정의할 수 있다. 필요한 인적자원을 외부에서 선발하는 경우 그 적격판정이 매우 어렵고 또한 잘못 선발될 경우 이로 인한 경제적 및 비경제적 손실은 크다.

1. 선발방침

선발의 일차적인 목표가 적격자를 뽑아 직무에 배치하는 것이므로 이러한 목표를 달성할 수 있는 방침을 확보해 둠으로써 선발상의 의사결정을 신속하게 하며, 다른 인사활동과 일관성을 유지할 수 있게 한다. 선발방침에는 다음과 같은 것을 결정한다.

❶ 현직 종업원 중에서 선발할 것이냐 아니면 외부의 지원자 중에서 뽑

을 것이냐에 관한 선발대상에 관한 결정

❷ 선발절차의 수립과 적용시의 공정성 등에 관한 결정

❸ 장애자나 보훈대상자 등 사회적으로 보호받아야 될 자들의 선발에 대한 방침

❹ 선발방법의 결정으로서 선발에 있어서는 응모자를 선발의 모든 절차를 거치게 해서 각 절차에서 받은 시험점수를 합산한 점수로써 선발하는 종합적 접근법과 선별절차의 각 단계마다 그때의 응모자 자격요건이 그 단계의 합격점에 미달하면 선발하지 않는 단계적 제거법이 있다.

❺ 선발의 공정성으로서 선진국, 특히 미국에서는 법률에 의해서 공정한 선발제도를 엄격히 적용하는 경향이 있다. 적절하지 않은 선발평가 도구를 사용하는 것을 금지하고 선발에 사용하는 능력검사나 적성검사의 신뢰도와 타당도에 관한 엄격한 통계적 검증을 법률이 정한 절차에 따라 거치도록 하고 있다.

2. 선발방법의 결정

기업은 인적자원의 선발에 있어서 최고경영자(CEO)의 경영철학, 기업의 과거 성장역사, 기업의 대내외 환경 등을 바탕으로 해서 인재관을 결정하고 이에 따라 인력을 선발하게 된다.

직무중심주의

지원자가 담당할 직무를 기준으로 가장 적합한 사람을 선발하는 방식으로 종업원의 선발에 직무기술서와 직무명세서를 주로 활용한다.

기업의 입장에서는 지원자를 채용한 후 "한 직무의 전문가"로 양성하는 것을 주요 목표로 한다.

경력중심주의

지원자가 현재 공석이 된 직무에서 요구하는 자격요건을 어느 정도 갖추었을 뿐만 아니라, 조직에서 경력을 쌓아가는 과정을 통해 중장기적으로 발휘할 수 있는 지식(잠재능력), 기술을 더 중요시해서 선발하는 방식이다.

기업의 입장에서는 지원자를 채용한 후 "한 부서나 한 직종에서의 전문가(Professionalist)"로 양성하는 것을 주요 목표로 한다.

기업중심주의

종업원을 평생 근무할 사람(종신고용)으로 여기고 기업을 기준으로 해서 그 환경에 가장 적합한 사람을 선발하는 방식이다.

기업으로서는 지원자가 기업에 채용된 후 그 기업의 문화나 풍토에 맞는 "일반 전문가(Generalist)"로 양성하는 것을 주요 목표로 하며, 일종의 기업차원의 선발이라고 할 수 있다.

3. 선발방식의 결정

종합적 평가방법

지원자에게 선발의 모든 단계를 거치게 해서 각 단계에서 획득한 점수를 더한 총 점수에 의해 선발하는 방식으로, 선발기준과의 관련성과 중요성에 따라 비중을 다르게 할 수 있다. 지원자들이 선발의 모든 단계를 거치게 되므로 합리적으로 선발할 수 있으나 많은 비용이 들며, 일반적으로 중소기업에서 선호한다.

단계적 평가방법

선발의 각 단계마다 지원자의 자격수준이 미달되는 경우 제거시키는 방식으로 각 단계에서의 제거요인은 직무성공에 중요한 요소라야 한다.
선발단계별로 지원자를 제거시키기 때문에 선발비용이 적게 드는 반면 우수한 지원자를 탈락시킬 위험이 존재한다.

혼합법

종합적 평가방법과 단계적 평가방법을 혼합시키는 방법으로 서류전형을 실시해서 합격자를 결정한 후, 합격자에 한해 나머지 전형(필기시험, 면접 등)에 대한 점수를 합해 선발하는 방식이다.
우수한 지원자를 탈락시킬 가능성을 최소화할 수 있으며, 기업규모가 어느 정도 큰 기업에 적합한 방식이다.

4. 선발절차

선발절차를 예비적 요구조건 선발절차에 따라 선발하기 전에 세 가지의 예비적 요구조건이 갖추어져야 한다.

❶ 선발을 위한 권한이 있어야 한다. 이는 인력수급계획에 의해서 작성된 선발계획서에 의해 결정된다.

❷ 선발의 기준, 특히 자격요건은 개별 직무명세서를 사용하기도 하지만 직종이나 직급별로 자격요건서를 작성해서 사용하기도 한다. 이는 직무분석결과 작성되는 직무명세서에 의해 결정된다.

❸ 선발의 대상이 될 응모자가 있어야 한다. 계획된 모집프로그램이 지원자를 확보해 준다.

선발절차는 본격적으로 응모자에 대한 정확한 정보를 얻어내기 위한 일련의 절차에 따라 각 단계가 진행될수록 응모자의 장래 능력에 대한 정보를 더 많이 얻게 된다.

서류전형

서류전형은 경영자가 지원자 중에서 지식과 능력 및 의욕을 갖춘 유능한 인재를 선발하기 위해서 입사지원서, 자기소개서, 추천서 등을 평가하는 것을 의미한다. 다시 말해 지원자가 제출한 각종 서류의 내용이 기업의 선발방침에 부합하는지에 대해서 평가하는 것이다.

지원자의 학점, 자격증, 외국어, 출신학교, 경력사항 등을 서류전형 시 주로 평가하며, 신입직과 경력직, 종사해야 할 직무 등에 따라서 각자 가중치를 다르게 부여할 수 있다. 무엇보다 회사 내에서의 활용가능성에 중점을 두고 평가해야 한다.

필기시험은 심리검사, 적성검사, 실기시험 등 지원자가 가지고 있는 직무지식과 능력(발휘능력, 잠재능력) 및 개인특성(성격, 적성) 등을 측정하는 것을 의미한다.

필기시험은 기업의 인재관에 따라 다르게 실시되어야 한다.

❶ 직무중심주의를 채택한 경우 해당 직무를 수행하는데 필요한 숙련도, 직무지식을 대상으로 평가 실시

❷ 경력중심주의를 채택한 경우 지원자의 지식이나 능력을 대상으로 평가실시

❸ 기업중심주의를 채택한 경우 지원자가 기업에 합당한 인격과 품성을 지녔는지 여부에 대한 평가 실시

최근에는 특정 지식에 대한 단편적인 평가보다는 어떤 상황에 대해서 제시한 후 대처방법 등에 대해 자유롭게 기술하게 하는 방식으로 종합적인 평가방식이 주로 활용된다.

선발면접

면접은 목적 있는 대화라고 할 수 있으며, 지원자에 대한 능력과 동기에 대한 정보를 수집해서 이를 평가하는 것을 의미한다. 면접은 다음과 같이 2단계로 실시되기도 한다.

❶ 인사담당자가 선발을 위해서 지원자들을 먼저 만나 그의 일반적인 사항에 대해 미리 파악해서 결격사유가 있는 지원자를 1차 검증(예비면접)하고, 본 면접을 실시하는 경우

❷ 면접을 임원진을 중심으로 한 인성면접과 실무자를 중심으로 한 기술면접으로 구분해서 실시하는 경우

❶ 사전단계	① 이력서 검토
	② 면접지침 검토
	③ 질문사항 준비
❷ 인사 및 분위가 형성	① 인사
	② 착석 요구
	③ 적절한 화제로 분위기 이완
❸ 직무관련 질문	① 교육배경 요청
	② 근무경험 관련 세부사항 요청
	③ 특수한 스킬과 능력
	④ 지원자의 지원동기
❹ 지원자 질문에 대한 답변	① 급여수준
	② 복리후생
	③ 회사비전과 전망
❺ 마무리	① 면접이 거의 끝나간다는 것을 보여줌
	② 다음 단계 설명 및 인사

✽ 면접의 형태

구 분	내 용
구조화 면접	면접자가 기본적으로 아주 세분되고 상세한 내용의 질문 문항을 준비해서 질문하는 형태로 모든 지원자들에게 동일한 순서에 의해 동일한 질문을 하는 방식이다. 질문 문항이 매우 조직적으로 작성되며, 지원자의 배경, 지식, 태도, 동기 등에 대해서 자세한 질문을 많이 하게 된다. 특별한 경우를 제외하고는 보충질문도 없으며, 훈련을 받지 않았거나 경험이 없는 면접자도 별 어려움 없이 면접을 수행할 수 있다는 장점을 가진다.
비구조화 면접	면접자가 특정한 질문 목록을 준비하지 않고 중요하다고 생각되는 내용에 대해서 자유롭게 질문하는 방식이다. 일반적으로 노련한 면접자에 의해서 실시되며, 면접자는 지원자들에게 동일한 질문을 하지 않는 것이 일반적이다.

구 분	내 용
준구조화 면접	중요한 질문은 사전에 설정되지만 면접자가 더 얻고자 하는 정보에 대해서는 자유로이 추가적으로 질문할 수 있는 방식이다.

※ 면접의 방법

구 분	내 용
집단면접	집단면접은 면접자가 한 번에 여러 명의 피면접자를 대상으로 면접을 실시하는 방식을 말한다. 이는 시간이 절약되고 여러 명의 피면접자들 간에 비교가 용이하다는 장점이 있는 반면, 개별지원자가 갖고 있는 특수재능을 파악하기가 어려운 점이 있다.
위원회 면접	위원회면접은 다수의 면접자가 한 명의 피면접자를 평가하는 방식을 말한다. 이는 지원자가 갖고 있는 특수재능을 파악하기가 용이하나, 집단면접에 비해 시간이 많이 소요되며, 피면접자가 심리적으로 위축될 수 있다.
스트레스 면접	스트레스 면접은 면접자가 지원자의 약점을 공개적으로 비난할 때 피면접자가 어떻게 반응하는가를 파악하는 방식을 말한다. 영업직 등 공격적인 업무를 수행해야 하는 특수직무 지원자에 한해 적용하는 것이 바람직하다. 이는 매우 능숙한 면접자에 의해 실시되어야 하며, 지원자가 탈락되었을 경우 해당 기업에 대해 강한 반감을 갖게 될 가능성이 높다.

신체검사

신체검사는 지원자가 직무를 수행하는데 신체적, 정신적 조건을 갖추었는 지를 확인하고, 장애를 가진 사람을 선별해 내기 위한 작업을 의미한다. 직무가 요구하는 신체적 조건을 구비하지 못한 지원자는 탈락시킨다. 하지만 담당할 직무 외의 장애가 있다고 하더라도 직무가 요구하는 신체적 조건을 구비한다면 배제시키지 않을 수 있다.

채용결정

위와 같은 선발 절차를 거친 후 채용계획에 의거해서 최종 채용인원을 결정하게 된다.

5. 선발 시 유의사항

선발 시 발생하기 쉬운 다음과 같은 오류를 방지하기 위한 노력이 필요하다.

선발전형의 한계

❋ 후광효과(Halo Effect)

어떤 대상으로부터 얻은 일부의 정보(좋음, 나쁨)가 다른 부분의 여러 특성을 해석할 때 동일하게 영향을 미치게 된다.
예를 들어 서류전형 시 학력이 좋은 지원자에 대해 높은 점수를 주는 것이나, 면접전형 시 예의 바른 지원자에 대해 후한 평가를 내리는 것이 이에 해당한다.

❋ 첫인상(First Impression) 효과

면접 초기의 인상이 최종 의사결정에 주도적인 영향을 미치는 것을 말한다.

✳ 자기 충족적 예언(Self-Fulfilling Prophecy)

입사지원서나 추천서 등 면접 전에 제공된 정보에 근거해서 면접자가 예측한 대로 평가하는 것을 말한다.

✳ 상동효과(Stereotype Effect)

면접자가 좋은 지원자에 대한 전형적인 특성을 만들어 놓고 그에 맞는 지원자에게 좋은 평가를 주는 경향을 말한다.

✳ 대비효과(Contrast Effect)

여러 명의 부적격한 지원자를 연속해서 평가한 후 평균적인 지원자를 평가할 때 면접자가 아주 우수하다고 평가하는 경향을 말한다.

선발전형 시 개선방안

✳ 면접자 훈련

면접이 기본적으로 면접자와 피면접자 상호간의 커뮤니케이션이기 때문에 상호작용 자체를 원활히 할 수 있는 방향으로 훈련이 이루어져야 한다.

❶ 면접 시 발생할 수 있는 오류 설명
❷ 일관성 있는 질문 및 듣는 자세
❸ 면접 상황의 통제력 유지
❹ 개방적 의사소통 분위기 창출

✳ 객관적인 평가척도의 개발

선발에 관련된 다양한 절차에 대해 객관적인 평가척도를 개발해서 운영하는 것이 바람직하다.

✽ 전형결과에 대한 피드백

선발의 전 과정에서 신뢰성, 타당성, 효과성, 합리성 측면에서 검증하고 그 결과를 피드백해서 향후 선발 시 반영한다.

✽ 선발과정에 현장관리자 참여

현장관리자를 채용 프로세스의 각 단계마다 참여케 함으로써 입사 후 함께 일하게 될 인력의 특징, 장점, 기여 포인트를 알아내도록 한다.

✽ 선발과정에서의 법제 준수

선발과정에서 법이나 정부의 규제에 저촉되거나 위반되지 않아야 한다. 특히 선발방법이 여성, 고령자, 장애인 등 소수집단에 대해서 의도적으로 부정적이지 않도록 주의해야 한다.

채용 및 근로계약체결과 관련한 노동법 유의사항

1. 모집 및 채용 시 유의할 점

모집공고 시 유의사항

필요로 하는 인력을 모집함에 있어서 대개 경력 및 학력, 자격조건, 급여, 복리후생 등을 제시하는 데, 다음 사항에 유의해야 한다.

❶ 채용 결격사유 명시

❷ 시용기간(인턴기간)을 거쳐 정식직원으로 채용하고자 하는 경우 시용제(인턴제) 취지 및 기간 명시

❸ 남녀차별 및 직무수행에 필요하지 아니한 용모·키·체중 등 신체적 조건, 미혼 조건 제시 금지

❹ 정당한 사유 없는 장애인 차별 및 고령자 또는 준 고령자를 이유로 한 차별금지

❺ 장애인 의무고용 율을 고려한 장애인 특별채용 여부

❻ 고령자 및 여성 기준고용 율을 고려한 고령자 또는 여성 특별채용 여부

채용인원의 결격사유

❶ 금치산자
❷ 한정치산자
❸ 파산자로서 복권되지 아니한 자
❹ 병역기피자
❺ 법원 판결 또는 법률에 의해서 자격이 정지된 자
❻ 금고이상의 형을 선고받고 집행이 종료 또는 면제된 날부터 2년 이내인 자
❼ 금고이상의 형의 집행유예선고를 받고 그 유예기간 중에 있는 자

 장애인 의무고용제도

상시 50인 이상의 근로자를 고용하는 사업장은 근로자 총수의 3.4% 이상을 장애인으로 고용해야 하며, 매년 장애인 고용계획 및 실시상황을 고용노동부장관에게 보고해야 함은 물론, 장애인 의무고용비율에 미달하는 경우 장애인 고용부담금(부담금 산정식 : {(상시근로자수 × 의무고용율) − 장애인 근로자수} × 부담기초액 × 해당월수)}을 납부해야 한다. 다만, 상시 50인 미만의 사업장은 고용부담금 납부 의무가 면제된다.

모집 시 제출서류

인력 모집 시 이력서 및 자기소개서, 주민등록등본, 학력 및 졸업증명서, 경력증명서, 자격증 사본 등을 제출토록 한다. 이 경우 이력서에는 학력 및 1개월 이상의 경력을 빠짐없이 기재하도록 한다.

학력 및 경력위조와 해고

기업이 근로자를 고용하면서 학력 또는 경력을 기재한 이력서나 그 증명서를 요구하는 이유는 단순히 근로자의 근로능력을 평가하기 위해서만이 아니라, 노사 간의 신뢰형성과 기업질서유지를 위해서는 근로자의 지능과 경험, 교육 정도, 정직성 및 직장에 대한 정착성과 적응성 등 전인격적인 판단을 거쳐 고용 여부를 결정할 필요가 있어 그 판단자료로 삼기 위한 것이므로, 당시 회사가 그와 같은 허위기재 사실을 알았더라면 근로자를 고용하지 않았을 것으로 보여 지는 한 이를 해고사유로 들어 해고하는 것은 정당하다.

18세 미만인 자를 채용하고자 할 경우에는 호적증명서, 친권자 또는 후견인 동의서를 제출받아야 하며, 15세 미만인 자(중학교에 재학 중인 18세 미만인 자포함)의 경우 고용노동부장관의 취직인허증도 필요하다. 다만, 13세 미만인 자는 원칙적으로 채용할 수 없다.

 15세 미만 채용 시 구비서류 및 취직인허증 발급절차

구비서류 : 호적증명서 및 후견인 동의서, 취직인허증
취직인허증 발급절차 : 취직인허증 교부신청서에 학교장 및 친권자 또는 후견인의 서명 ➜ 사용자가 될 자와 15세 미만인 자의 연명으로 관할 지방노동 관서에 취직인허증 교부신청 ➜ 15세 미만인 자의 취직인허증 교부

2. 근로계약 체결 시 유의사항

근로조건의 명시 및 서면교부

근로계약 체결 시 임금, 소정근로시간, 휴일, 연차유급휴가, 취업장소, 종사업무, 퇴직에 관한 사항 등을 명시해야 하며, 이 중 임금의 구성항목·계산방법·지급방법, 소정근로시간, 휴일 및 연차유급휴가는 서면으로 명시해야 하고, 근로자 요구 시 이를 발급해야 한다. 특히, 기간제 및 단시간 근로자의 경우 다음 사항 모두를 서면으로 명시해야 한다.

❶ 임금의 구성항목·계산방법·지급방법

❷ 근로시간·휴게에 관한 사항

❸ 휴일에 관한 사항

❹ 휴가에 관한 사항

❺ 취업 장소 및 종사업무에 관한 사항

❻ 근로계약기간

❼ 근로일 및 근로일별 근로시간(단시간근로자에 한함)

서면 명시의 방법

근로조건을 서면으로 명시하는 경우 이를 구체적으로 기재하는 것이 바람직하나 휴일, 휴가 등 전체인력에 동일하게 적용되는 사항에 대해서는 "취업규칙에 따른다."라고만 기재해도 무방하다. 다만, 사업장 내 취업규칙이 없는 경우에는 근로계약서상에 이를 구체적으로 명시해야 한다.

미성년자의 근로계약

미성년자라고 하더라도 본인과 직접 근로계약을 체결해야 하며, 친권자 또는 후견인과 근로계약을 체결해서는 안 된다. 다만, 18세 미만인 자의 경우 친권자 또는 후견인의 동의가 필요하며, 근로계약이 미성년자에게 불리하다고 판단되는 경우 고용노동부장관, 친권자 또는 후견인이 이를 해지할 수 있다.

신원보증

회계·재무담당자, 일정 직책 이상 수행자 등 고의 또는 과실로 회사에 손실을 끼칠 수 있는 자에 대해서는 근로계약체결과 동시에 연대보증인의 신원보증서(신원보증기간 : 2년 이내)를 제출토록 한다. 다만, 인보증을 세우기가 어려운 현실을 감안해서 보증보험사의 신원보증보험증서를 제출하도록 함으로써 이를 갈음할 수 있다.

3. 수습 · 시용 · 채용 내정자의 지위와 해고문제

수습 및 시용기간

신규인력을 채용하는 경우 채용일로부터 일정기간 동안을 수습기간으로 정해서 직무교육을 시킬 수 있다. 수습기간 동안에는 인력과의 약정에 따라 책정된 임금을 감액지급 할 수는 있으나, 1년 미만의 기간을 정해서 근로계약을 체결한 근로자 및 1~2주의 직무훈련 만으로 업무수행이 가능한 단순노무종사자는 감액할 수 없다.

수습기간이라고 해서 정당한 사유 없이 채용된 인력을 해고할 수 없다. 이에 반해 신규인력의 업무수행능력을 판단하기 위해서 일정기간의 시용기간(인턴기간)을 거친 후 채용을 확정하기로 한 경우에 시용기간 동안 근무성적이 불량하거나 업무수행능력이 부족하다고 판단되는 경우 그 채용을 취소할 수 있다. 이러한 시용기간은 수습기간과 달리 채용취소에 관한 정당성을 판단함에 있어 해고제한 규정의 적용이 완화된다.

시용기간 중에 있는 근로자를 해고하거나 시용기간 만료 시 본 계약의 체결을 거부
하는 것은 사용자에게 유보된 해약권의 행사로서, 당해 근로자의 업무능력, 자질,
인품, 성실성 등 업무적격성을 관찰·판단하려는 시용제도의 취지·목적에 비추어
볼 때 보통의 해고보다는 넓게 인정되나, 이 경우에도 객관적으로 합리적인 이유가
존재해서 사회통념상 상당하다고 인정되어야 할 것이다.(대법원 1992. 8. 18 선고
92다15710 판결, 1994. 1. 11 선고 92다44695 판결 등 참조)

수습 또는 인턴기간은 직무교육 및 업무수행능력 판단에 필요한 기간을
고려해서 결정하되, 통상 3개월로 한다. 이러한 수습 또는 인턴기간은
연차휴가, 퇴직금 등을 산정함에 있어 근속연수에 포함된다.

채용내정

우수한 인력의 조기 확보를 위해 졸업예정자를 대상으로 미리 인력을
선발해서 채용내정을 할 수 있다. 채용내정 후 인력이 졸업을 하지 못
한 경우에는 채용이 취소되나, 회사의 사정으로 채용이 취소되는 경우
손해배상의 대상이 될 수 있다.

4. 근로계약기간과 기간제근로자

기간제근로자의 사용기간

기간을 정해서 인력을 채용하는 경우 2년을 초과하지 않는 범위 내에서
기간제 인력의 사용이 가능하나, 2년을 초과해서 계속 사용하는 경우
기간의 정함이 없는 근로계약으로 전환된다.(적용범위 : 상시 5인 이상

사업장)

기간제 인력의 사용기간을 산정함에 있어 업무상 재해로 인한 요양을 위해서 휴업한 기간, 육아휴직기간, 병역의무이행을 위한 휴직기간, 업무 외 부상, 질병 기타의 사유로 사용자 승인을 얻어 휴업한 기간은 그 기간에서 제외된다.

2년을 초과하는 기간제 근로

기간제 인력은 2년 이내에서 사용이 가능하나, 다음의 경우 2년을 초과해서 기간제 인력을 사용할 수 있으며, 그 사용기간이 2년을 초과하더라도 기간의 정함이 없는 근로계약으로 전환되지 않는다.

❶ 사업 완료 또는 특정업무 완성에 필요한 기간을 정한 경우

❷ 휴직, 파견 등으로 결원이 발생해서 복귀 시까지 업무를 대신할 필요가 있는 경우

❸ 학업, 직업훈련 등을 이수함에 따라 이에 필요한 기간을 정한 경우

❹ 55세 이상의 고령자와 근로계약을 체결하는 경우

❺ 정부의 복지정책·실업대책 등에 따라 직업능력개발, 취업촉진 및 사회적으로 필요한 서비스 제공 등을 위해서 일자리를 제공하는 경우

❻ 다른 법령에서 기간제 근로자의 사용기간을 달리 정하거나 별도의 기간을 정해서 근로계약을 체결할 수 있도록 한 경우

❼ 4주간을 평균해서 1주간의 소정근로시간이 15시간 미만인 근로자를 사용하는 경우 등

근로계약과
근로계약서의 작성

근로계약이란 근로자가 사용자에게 근로를 제공하고 사용자는 이에 대해서 임금을 지급함을 목적으로 체결된 계약을 의미한다.

계약의 당사자인 사용자는 사업주 또는 대표이사를 의미하며, 근로자는 근로를 제공하려는 본인을 의미한다. 계약체결은 반드시 근로자 본인과 체결해야 하며, 그렇지 않은 경우(대리체결) 무효가 된다.

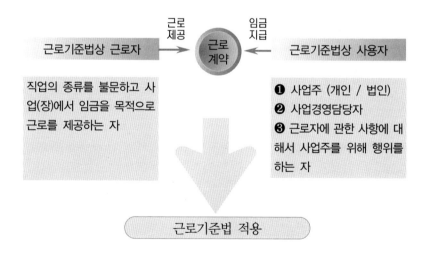

1. 근로계약의 형식

근로계약은 특별한 방식이 필요하지는 않으나(구두계약도 가능), 향후 분쟁의 방지를 위해 서면으로 작성하는 것이 바람직하다.

그리고 근로계약서에는 임금의 구성항목·계산방법·지급방법, 소정근로시간, 휴일, 연차유급휴가, 취업의 장소와 종사해야 할 업무 등을 반드시 서면으로 명시해야 한다. 사용자는 근로계약서와 취업규칙을 근로자가 자유로이 열람할 수 있는 장소에 항상 게시하거나 갖추어 두어 근로자에게 널리 알려야 한다.

2. 근로계약의 기간

기간의 정함이 없는 근로계약(예 : 정년제)

퇴직의 자유가 있는 근로자는 언제든지 계약해지 통고가 가능하고 통고 후 1개월이 경과하면 퇴직의 효력이 발생한다. 반면, 사용자의 계약해지는 근로기준법상 해고에 해당하기 때문에 징계해고, 경영상의 사유 등 정당한 사유가 존재해야 한다.

기간의 정함이 있는 근로계약

사용자는 2년을 초과하지 않는 범위 내에서 기간제 근로자를 사용할 수 있다. 즉, 2년의 범위 내에서는 근로계약기간을 여러 차례 갱신하는 것이 가능하다. 반면, 기간제 근로자를 2년 이상 초과해서 사용할 때에는 해당 근로자는 '기간의 정함이 없는 근로자'로 간주해서 2년을 초과해서 사용한 이후 사용자가 근로계약기간 만료를 이유로 근로계약을 종료하는 것은 근로기준법상의 해고에 해당되어 '해고의 정당한 사유'가 있어서 정당한 해고로 본다.

 기간제 사용기간 제한의 예외 : 2년 초과 사용 가능

❶ 사업의 완료 또는 특정한 업무의 완성에 필요한 기간을 정한 경우
❷ 휴직·파견 등으로 결원이 발생해서 당해 근로자가 복귀할 때까지 그 업무를 대신할 필요가 있는 경우
❸ 근로자가 학업, 직업훈련 등을 이수함에 따라 그 이수에 필요한 기간을 정한 경우
❹ 「고령자고용촉진법」제2조 제1호의 고령자와 근로계약을 체결하는 경우
❺ 전문적 지식·기술의 활용이 필요한 경우와 정부의 복지정책·실업대책 등에 따라 일자리를 제공하는 경우로서 대통령령이 정하는 경우 등

3. 법에서 금지하는 근로계약

계약체결의 자유와 근로기준법 기준 미달금지

근로계약은 당사자가 자유롭게 체결할 수 있다. 다만, 법 기준에 미달하거나 사회상규에 반하는 내용의 계약은 인정되지 않는다. 특히 위약금 또는 손해배상액의 예정, 전차금상계, 강제저축이 금지되고 있으므로 주의해야 한다.

위약금, 손해배상의 예정금지

근로계약을 체결함에 있어 근로자가 근로계약을 이행치 않을 때 손해발생여부 및 손해액과 관계없이 위약금을 물거나 손해배상을 하도록 예정하는 계약을 체결하지 못하게 하고 있다. 위약금이란 근로자가 근로계약상의 의무를 이행하지 않을 경우 사용자에게 일정액을 지불하도록 약정하는 금액이다. 또한 손해배상액의 예정이란 근로계약을 이행하지 않았을 때 배상해야 할 손해액을 실제 손해와 관계없이 미리 정하는 것을 말한다. 단, 지각·조퇴·무단결근 등이 있는 경우에 그 시간에 대한 임금을 삭감하도록 정하거나 근로기준법에 따라 근로자에 대해서 감급의 제재를 정할 경우에 그 감액은 1회의 금액이 평균임금의 1일분의 2분의 1을, 총액이 1임금지급기의 임금총액의 10분의 1을 초과하지 않도록 취업규칙에서 정할 경우에는 근로기준법 위반이 아니므로 가능하다.

그러나 근로자의 불법행위 등으로 사용자에게 손해가 발생했을 때에는 사용자는 근로자에 대해 손해배상을 청구할 수 있다.

전차금상계금지

근로자의 신분이 부당하게 오랫동안 구속되고 근로자로 하여금 불리한 근로조건을 감수하게 하는 것을 방지하기 위해 전차금 또는 전대채권과 임금을 상계하지 못하도록 하고 있다. 여기에서 전차금이란 근로계약을 체결할 때 또는 그 후 근로를 제공할 것을 조건으로 하여 사용자로부터 금전을 빌린 뒤 앞으로 임금에서 반환할 것을 약속한 금전을 말한다. 전대채권은 전차금 외에 근로자 또는 그 친권자 등에게 지급되는 금전으로서 전차금과 동일한 목적을 가지는 것을 말한다. 다만, 가불임금에 대한 상계는 근로자의 편의를 위한 것이므로 전차금 상계금지에 해당하지 않는다.

강제저금의 금지

사용자가 임금의 일정액을 강제적으로 저축케 하고 그 반환을 어렵게 함으로써 근로자를 사업장에 구속시키는 결과를 가져오고 저축금이 기업의 경영자금으로 이용되는 폐단을 방지하기 위한 규정이다. 다만, 노동부장관의 인가를 받은 경우에는 저축금의 관리를 할 수 있다.

 근로계약 체결 시 유의사항

문서로 체결하는 것이 바람직하다.

근로조건은 최소한 근로기준법상의 조건보다 높아야 한다.

근로계약 체결 시 근로조건(임금관련사항, 근로시간, 주휴일, 연차에 관한 사항)을 반드시 서면명시하고, 근로자에게 발급해야 한다.

사용자는 근로자와 위약금 약정계약을 체결하지 못한다.

사용자는 근로자와 임금과 전차금을 상계할 수 없다.

사용자는 근로자의 의사에 반해서 강제로 저축할 수 없다.

보안계약서 징구

❶ 최근 전·현직 종업원에 의한 기술유출이 큰 문제를 야기하고 있으며, 기술유출 방지를 위해 근로계약 체결 때 종업원에게 보안서약서를 징구할 필요가 있다.

현행 부정경쟁방지 및 영업비밀 보호에 관한 법률에 종업원의 비밀유지의무(제2조 제3호 라목)를 인정하고 있으며, 상법에 이사의 비밀유지의무(제382호의 4)를 인정하고 있다.

영업비밀로 분류된 정보에 대해서 함부로 외부에 발설하거나 전달해서는 안 된다는 사실을 종업원에게 사전에 통보한다.

❷ 보안서약서에는 재직 중에 지득한 회사의 기밀을 누설하는 경우 손해배상은 물론 민·형사상 책임을 지겠다는 내용을 명기해야 한다.

재직 중에 작성·개발한 특허나 논문 등 지적재산권의 소유권이 회사에 있음을 명기하고, 영업비밀의 무단사용으로 인한 법적 분쟁여지를 사전에 차단하기 위함이다.

❸ 입사 때 근로계약서에 보안서약 내용을 포함해도 무방하나, 회사와 근로자간의 책임한계를 명확히 해두기 위해 별도의 서약서를 징구하는 것이 보다 바람직하다.

취업규칙의 작성

취업규칙이란 근로계약관계에 적용되는 근로조건이나 복무규율 등에 대해서 사용자가 일방적으로 작성해서 소속 근로자들에게 공통적으로 적용하는 규칙으로서 복무규정, 인사규정 등 그 명칭에 상관없이 복무규율과 임금 등 근로조건에 관한 준칙의 내용을 담고 있는 것은 취업규칙에 해당된다.

1. 취업규칙의 기재사항

취업규칙에는 사용자가 반드시 기재해야 할 필요적 기재사항과 그 밖에 사용자가 임의로 기재할 수 있는 임의적 기재사항이 있다. 사용자는 법령이나 단체협약에 위배되지 않는 한 어떠한 사항도 취업규칙에 기재할 수 있으나, 다음 사항은 반드시 기재해야 한다.

❶ 업무의 시작과 종료시각, 휴게시각, 휴일, 휴가 및 교대근로에 관한 사항

❷ 임금의 결정·계산·지급방법, 임금의 산정기간·지급시기 및 승급에 관한 사항

❸ 가족수당의 계산·지급방법에 관한 사항

❹ 퇴직에 관한 사항

❺ 근로자퇴직급여보장법 제8조에 따른 퇴직금, 상여 및 최저임금에 관한 사항

❻ 근로자의 식비, 작업용품 등의 부담에 관한 사항

❼ 근로자를 위한 교육시설에 관한 사항

❽ 출산휴가·육아휴직 등 여성 근로자의 모성보호 및 일·가정양립지원에 관한 사항

❾ 안전과 보건에 관한 사항

❿ 성별·연령·사회적 신분 등의 특성에 따른 사업장 환경개선에 관한 사항

⓫ 업무상과 업무 외의 재해부조에 관한 사항

⓬ 표창과 제재에 관한 사항

⓭ 직장 내 괴롭힘의 예방 및 발생 시 조치에 관한 사항

⓮ 그 밖에 해당 사업 또는 사업장의 근로자 전체에 적용될 사항

2. 취업규칙의 구성

취업규칙은 법에 의한 필요적 기재사항과 규정 체계 등을 고려해서 다음과 같은 장으로 구성되는 것이 일반적이다.

구 분	내 용
제1장 총칙	취업규칙의 목적, 용어의 정의, 적용범위 등 취업규칙 체계상 필요한 사항을 규정한다.

구 분	내 용
제2장 채용 및 근로계약	채용원칙, 전형방법, 채용제한사유, 채용 시 제출서류, 근로계약 체결방법, 수습 및 시용기간 등 고용과 관련된 제반사항을 규정한다.
제3장 복무	복무의무, 출근·결근, 지각·조퇴·외출, 근로시간 중 공민권행사시간·태아 검진시간·육아시간 부여, 출장, 비상시 출근, 신상변동 신고의무 등 근로제공과 관련된 복무규율을 규정한다.
제4장 인사	인사위원회의 구성·기능 및 운영방법, 배치·전직·승진·대기발령 등 인사이동의 원칙, 휴직사유 및 기간, 휴직기간의 처우, 복직, 육아휴직 및 육아기 근로시간단축 등 회사 인사권과 관련된 사항을 규정한다.
제5장 근로조건	근무형태, 근로시간 및 휴게시간, 각종 근로시간 유연화제도, 연장·야간·휴일근로 제한 및 보상, 휴일, 연차휴가·출산휴가·배우자출산휴가·생리휴가·병가·경조휴가 등 근로자에게 공통적으로 적용될 근로시간 및 휴일·휴가 등의 근로조건에 관한 사항을 규정한다.
제6장 임금	임금 결정의 원칙, 구성항목, 계산 및 지급방법, 비상시 지급 및 휴업수당 등 근로조건 중 가장 중요한 임금에 관한 사항을 규정한다.
제7장 퇴직·해고 등	퇴직사유 및 시기, 사직의 절차, 정년 및 재고용, 해고사유 및 시기제한, 해고예고 및 서면통지 등 퇴직에 관련된 사항을 규정한다.
제8장 퇴직급여	퇴직급여제도의 설정, 퇴직금 및 퇴직연금제도의 운영 등 퇴직 시 지급되는 퇴직급여에 관한 사항을 규정한다.
제9장 표창 및 징계	표창대상, 징계사유, 징계종류, 징계절차 등 근로자의 사기진작을 위한 표창 및 사업장 질서유지를 위한 징계에 관한 사항을 규정한다.
제10장 교육 및 성희롱 예방	직무교육, 사외위탁교육, 성희롱예방교육 및 성희롱 발생 시 조치사항, 직장 내 괴롭힘의 예방 및 발생 시 조치 사항 등 직무능력향상과 안전한 근무환경 조성을 위해 실시하는 각종 교육훈련에 관한 사항을 규정한다.

구 분	내 용
제11장 안전보건	사업주의 안전보건상의 의무, 산업안전보건법령의 요지 게시 및 안전 보건표지 부착, 관리감독자의 의무, 안전보건교육, 건강진단, 질병자 의 취업제한 등 사업장 내에서 발생할 수 있는 위험 및 건강장해를 예방하기 위한 안전보건에 관한 사항을 규정한다.
제12장 재해보상	산업재해에 대한 보상, 업무 외의 재해에 대한 사업주 책임 등 재해보 상에 관한 사항을 규정한다.
제13장 복리후생	복리후생시설 운영, 체육문예활동 지원, 경조금 지급, 식사제공, 재 해부조 등 근로자의 사기진작을 위해서 행해지는 각종 복리후생제도 에 관한 사항을 규정한다.
부칙	취업규칙의 비치, 변경절차, 시행일 등에 관한 사항을 규정한다.

3. 취업규칙의 작성 · 신고

작성 · 신고의무

상시 10인 이상의 근로자를 사용하는 사용자는 법소정의 필요적 기재사항을 기재한 취업규칙을 작성해서 고용노동부장관에게 신고해야 하며, 이를 위반하는 경우 500만 원 이하의 과태료에 처해진다.

여기서 '상시 10인 이상의 근로자를 사용한다.'라고 함은 근로기준법의 전부 또는 일부를 적용 받는 근로자가 상태적으로 보아 10인 이상인 경우를 의미하는 것으로 해당 사업 또는 사업장에서 법적용 사유 발생일 전 1개월(사업이 성립한 날부터 1개월 미만인 경우에는 그 사업이 성립한 날 이후의 기간을 말한다) 동안 사용한 근로자의 연인원을 같은 기간 중의 가동 일수로 나누어 산정한다. 다만, 그 결과가 상시 10인 미만인 경우에도 산정기간에 속하는 일별로 근로자 수를 파악했을 때 법적용 기준에 미달한 일수가 2분의 1 미만의 경우는 취업규칙 작성의무가 있는 반면, 상시 10인 이상인 경우라 하더라도 산정기간에 속하는 일별로 근로자 수를 파악하였을 때 법 적용 기준에 미달한 일수가 2분의 1 미만인 경우에는 취업규칙 작성의무가 없다.

취업규칙 작성의 장소적 기준은 사업장 단위로 보아야 하지만 사업의 종류에 따라 몇 개의 사업장이 동질성을 가지고 있는 경우에는 두 개 이상의 사업장에서 사용하는 근로자가 10인 이상인 경우에도 작성의무를 갖는다.

하나의 사업장이라고 하더라도 근로기준법 제5조(균등처우) 및 기간제 및단시간근로자보호등에관한법률 제8조(차별적 처우의 금지)에 저촉되지 않는다면 직종, 고용형태별 등에 따라 별도의 취업규칙을 작성할 수도 있고, 하나의 사업에 수 개의 사업장이 있는 경우 모든 사업장에 적용할 통일된 취업규칙을 작성할 수도 있다.

작성 · 신고의 절차

취업규칙의 작성·변경에 관한 권한은 원칙적으로 사용자에게 있으므로 단체협약 또는 노사협의회에서 다른 정함이 없는 한 사용자 단독으로 작성하고 변경할 수 있다. 다만, 취업규칙이 근로자의 근로조건에 직접 영향을 미치는 규범이기 때문에 근로기준법에서는 그 작성 또는 변경에 있어 근로자대표의 의견 청취 또는 동의를 요구(위반 시 500만 원 이하의 벌금)하고 있다.

따라서 사용자가 취업규칙을 작성·신고하고자 한다면 우선 사용자가 취업규칙을 작성해서 노동조합 또는 근로자에게 제시하고 근로자 과반수로 조직된 노동조합이 있는 경우에는 그 노동조합, 근로자 과반수로 조직된 노동조합이 없는 경우에는 근로자 과반수의 의견을 들은 후 그 의견을 적은 서면을 첨부해서 고용노동부 장관에게 신고해야 한다.

4. 취업규칙의 변경

취업규칙 변경절차

취업규칙의 작성·변경에 관한 권한이 원칙적으로 사용자에 있으므로, 취업규칙의 변경은 사용자에 의해 일방적으로 이루어질 수 있다. 다만, 그 변경은 근로자의 근로조건의 변동, 특히 불이익 변경은 근로조건의 저하를 초래하므로, 근로자대표의 의견청취 또는 동의를 받아 고용노동부장관에게 신고해야 한다.

따라서 사용자가 취업규칙을 변경하고자 하는 경우 취업규칙 변경 안을 노동조합 또는 근로자에게 제시해서 불이익하지 않는 변경에는 근로자대표의 의견을 듣고, 불이익한 변경에는 근로자대표의 동의를 받아 그 의견 또는 동의여부를 적은 서면을 첨부해서 고용노동부장관에게 신고해야 한다.

불이익변경과 근로자 동의

통상근무를 해온 특정 직종 근로자를 교대제근무자로 변경할 경우, 인사고과에 따라 임금이 삭감될 수도 있는 형태의 연봉제를 도입할 경우 등은 불이익변경에 해당되며, 일부근로자에게 유리하고 일부 근로자에게 불이익한 경우에도 전체적으로 보아 불이익변경으로 본다. 이러한 불이익여부의 판단시점은 취업규칙의 변경이 이루어진 시점이다. 불이익 변경시의 근로자대표의 동의는 당해 사업장에 근로자의 과반수로 조직된 노동조합이 있는 경우에는 그 노동조합, 근로자의 과반수로 조직된 노동조합이 없는 경우에는 근로자들의 집단적 의사결정방법(회의 기타 이에 준하는 방법 등)에 의한 근로자의 과반수의 동의를 얻어야 한다. 회람형식의 동의서에 개별적으로 동의의 내용을 기재하거나 노사협의회에서 근로자위원의 동의가 있다고 해서 근로자 과반수의 동의가 있었다고 할 수는 없다.

일부 직종 또는 고용형태에만 적용되는 취업규칙 변경이 불이익할 경우 그 적용을 받는 근로자 과반수의 동의를 얻는 외에 그 외의 근로자 과반수나 노동조합의 의견도 청취해야 한다.

5. 취업규칙의 효력

효력발생시기와 범위

취업규칙을 작성·변경할 권한은 기본적으로 사용자에게 있으나, 사용자는 각 사업장에 취업규칙을 게시 또는 비치해서 근로자에게 주지시킬 의무가 있으므로, 취업규칙은 이러한 주지 상태가 되면 그 효력이 발생한다. 이 경우 취업규칙에 효력 발생 시기에 대한 명문규정이 별도로 있으면 그에 따른다. 물론, 사용자는 취업규칙을 작성할 때 근로자대표의 의견청취 또는 동의 등의 절차를 거쳐야 하나, 이러한 절차를 거치지 않았다고 해서 취업규칙의 효력이 없다고 할 수는 없다. 따라서 사용자가 일방적으로 취업규칙을 작성 또는 변경하면서 근로자대표의 의견청취 또는 동의 등의 절차를 거치지 않았다고 하더라도 법규적 효력을 가진 취업규칙은 사용자에 의해 작성 또는 변경된 취업규칙이다. 다만, 불이익 변경의 경우 변경 후의 취업근로자와 달리 그 변경으로 기득이익이 침해되는 기존 근로자에 대해서는 종전 취업규칙이 적용되며, 불이익 변경이라 해도 사회통념상 합리성이 있다고 인정되는 경우에는 기존 근로자에 대해서도 변경된 취업규칙이 적용된다.

취업규칙은 원칙적으로 사업 또는 사업장 단위의 모든 근로자에게 적용되며, 취업규칙 시행 당시에 근무하고 있는 근로자에게만 적용되는 것이지 이미 퇴직한 근로자에게까지 소급 적용되지 않는다.

일부 근로자에 대해 특별대우를 하고자 할 때는 취업규칙에서 특별규정을 두거나 그들에게 적용되는 다른 취업규칙을 작성해야 한다.

취업규칙과 법령 · 단체협약 및 근로계약과의 관계

취업규칙은 법령 또는 당해 사업 또는 사업장에 대해서 적용되는 단체협약에 반할 수 없으며, 취업규칙이 법령 또는 단체협약에 저촉되는 경우 고용노동부 장관은 이의 변경을 명할 수 있다.

취업규칙에 정한 기준에 미달하는 근로조건을 정한 근로계약은 그 부분에 관해서는 무효로 하며, 이 경우 무효로 된 부분은 취업규칙에 정한 기준에 의한다.

근로조건의 기준을 정하는 사항은 법령, 단체협약, 취업규칙, 근로계약이 있으며, 일반적인 우선순위는 법령, 단체협약, 취업규칙, 근로계약 순으로 되어있으나, 이러한 우선순위와 관계없이 근로자에게 유리한 조건이 우선해서 적용된다.

제2장

인적자원의 직무관리

[직무분석 업무 PROCESS]

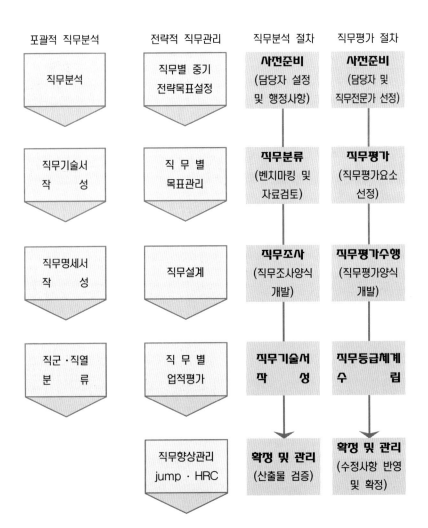

포괄적 직무분석

- 직무분석
- 직무기술서 작　성
- 직무명세서 작　성
- 직군·직열 분　류

전략적 직무관리

- 직무별 중기 전략목표설정
- 직　무　별 목표관리
- 직무설계
- 직　무　별 업적평가
- 직무향상관리 jump · HRC

직무분석 절차

- **사전준비** (담당자 설정 및 행정사항)
- **직무분류** (벤치마킹 및 자료검토)
- **직무조사** (직무조사양식 개발)
- **직무기술서 작　성**
- **확정 및 관리** (산출물 검증)

직무평가 절차

- **사전준비** (담당자 및 직무전문가 선정)
- **직무평가** (직무평가요소 선정)
- **직무평가수행** (직무평가양식 개발)
- **직무등급체계 수　립**
- **확정 및 관리** (수정사항 반영 및 확정)

직무분석은 왜 하나?

1. 직무분석이란?

미노동성(U.S.Employment Service)에서 발간된 「직무분석지침서」에 의하면 "직무를 구성하고 있는 일의 전체, 그 직무를 수행하기 위해서 담당자에게 요구되는 경험·기능·지식·능력·책임과 그 직무가 다른 직무와 구별되는 요인을 각각 명확하게 밝혀서 기술하는 기술적인 수단 방법이다."라고 하였다. 또한 요오더(Yoder)는 직무분석을 "각 직무에 관한 제 사실을 발견해서 기술하는 절차"라고 했으며, 미이(Mee)는 "어떤 직무가 지니고있는 기본요건을 조사하는 방법"이라고 간략하게 정의하고 있다.

이상의 것을 종합해서 정리해 볼 때, 직무분석은 직무 즉 수행하는 일에 요구되는 지식·기술·경험·능력·책임 등을 명확히 조사해서 이를 체계적으로 정리하고 기술하는 과정이라고 할 수 있다. 따라서 직무분석이란 어디까지나 직무의 현재 실태를 명확하게 밝히는 것으로서, 직무의 과거나 미래의 형태와 발전과정을 연구하는 것이 아니다. 즉, 직무분석은 직무가 특정기관, 특정부서에서 현재 어떠한 상태로, 어떠한 특징과 의미를 지니고 있는가를 명확하게 파악하고 기술하는 것으로서, 직무의 「X-RAY 사진」과 같은 것이다.

또한, 여기서 주의해야 할 것은 직무분석이 인적자원관리의 합리화에 필요한 기초적인 일이지만 인적자원관리 전반에 유일한 만능수단이 아니라는 점이다. 이는 마치 「X-RAY」사진을 촬영하였다고 해서 병이 고쳐지는 것이 아니라, 그 결과에 따라 적절한 치료를 함으로써 비로소 건강이 회복되는 것과 같은 이치인 것이다. 따라서 직무분석의 시행 후에는 반드시 사후관리가 잘 이루어져야 되는 점도 중요하다.

2. 직무분석의 목적

기업에 있어서 인적자원관리의 대상인 사람은 추상적인 존재가 아니라 구체적으로 부여된 일정한 일을 수행하는 직무와 연결된 사람이다. 따라서 현대의 인적자원관리는 직무의 담당자로서 사람에 관한 이해와 동시에 사람에게 부여된 직무에 관한 이해가 있어야 한다. 즉, 조직 내의 사람은 직무를 떠나 그 존재 의미를 찾을 수 없고, 직무와의 조화된 관계를 통해서 구체적인 보람을 찾게 된다.

인적자원관리란 조직이 필요로 하는 인력을 확보, 보상, 평가, 개발, 유지하는 과정이다. 이는 어떤 특정 조직에서 개인과 조직 또는 사람과 일의 관계가 서로 과부족이 없도록 관리하는 것을 의미할 것이다. 따라서 합리적인 인적자원관리를 위해서는 사람과 직무와의 관계를 구체적이고 명확하게 밝히지 않으면 안 된다. 즉, 직무분석은 인적자원관리의 기초가 되는 방법(How)을 해결해 주는 것으로서, 합리적인 인적자원관리의 출발점이 된다. 이와 같이 인적자원관리의 합리적이고 과학적인 기초로서 직무분석은 구체적으로는 다음과 같은 목적을 가지고 있다.

❶ 직무권한의 명확화와 합리적인 조직의 확립

조직의 운영을 계획적이고 능률적으로 수행하기 위해서는 먼저 각 근로자에 대한 업무의 배분을 적절히 하고, 그 해당 된 업무의 절차, 책임을 명확하게 해두지 않으면 안 된다. 즉, 직무분석을 통해 직무권한의 명확화와 합리적인 조직의 확립이 필요하다.

❷ 채용, 배치, 이동, 승진 등의 기준

조직의 각 직무에 필요로 하는 자질과 요건을 갖춘 자를 발굴하기 위해서 직무분석이 필요하다. 근로자를 채용할 때에는 막연히 「좋은 사람」을 채용하는 것이 아니라 어떤 직무 즉, 경리담당자로서 또는 영업담당자로서 적합한 소질을 지니고 있는가를 기준으로 채용해야 할 것이다. 근로자의 배치, 이동, 승진의 경우에도 이 점은 마찬가지이다. 즉 근로자가 배치, 이동, 승진 후에 직무를 수행하는 데 적합한 능력이나 경험 등을 갖추고 있는지 판단하려면, 먼저 그 직무가 요구하는 능력이나 수행요건을 명확히 할 필요가 있다.

❸ 직무평가와 평가시스템의 기초

직무평가나 인사고과를 합리적으로 실시하려면 직무와 연관되지 않으면 안 된다. 즉, 맡은 직무를 어느 정도 수행하였는지, 그 직무에 필요한 지식·경험·기술을 어느 정도 가졌는지? 부여된 책임을 어느 정도 수행하였는지를 구체적으로 평가할 필요가 있다. 따라서 이를 위해서는 명확한 평가기준의 확립이 필요한데, 이러한 평가기준은 직무분석에 의해서 그 기초 자료를 구할 수 있는 것이다.

❹ 교육훈련 및 능력개발의 기준

교육훈련의 목적은 직장에서 각 개인이 현재 담당하고 있는 직무나 장래 담당 예정인 직무를 보다 원활하게 수행할 수 있도록 하는 데 있다.

즉, 현재 근로자가 보유하고 있는 직무를 중심으로 교육훈련을 계획하고 실시해야 효과가 있다. 따라서 직무요건에 비추어 현재 직무의 부족한 부분의 보충을 위한 교육훈련 및 능력개발을 위해 직무분석이 필요하다.

❺ 기타 목적

이외에도 합리적인 임금관리(특히 직무급 설정)와 정원산정의 기초작업, 합리적인 업무분담과 안전관리, 작업방법의 개선 내지 합리화, 협력적 노사관계를 위해 직무분석이 요구된다. 즉, 인간의 노동력을 과학적이고 합리적으로 관리하기 위한 기초작업의 하나로서 인적자원관리 전반에 걸쳐 직무분석이 필요하다.

직무분석 결과	➞ 직무기술서와 직무명세서의 작성
모집공고와 인사선발	
배치, 경력개발 및 진로상담	
교육 및 훈련	
직무수행평가(인사고과)	
직무평가	
직무의 재설계 및 작업환경 개선	
적정인원 산정 및 향후 인력수급 계획 수립	
직무분류	

직무분석은 어떻게 하나?

1. 직무분석의 단위

직무의 구조를 명확히 이해하기 위해서 일반적으로 직무와 관련된 용어를 살펴보면 다음과 같다.

과업

과업은 독립된 목적으로 수행되는 특정한 작업 활동, 즉 일(Work)과 활동(activity)을 구성하는 가장 기본적이며, 세분화 된 단위를 말한다. 이에는 육체적인 것과 정신적인 것으로 구성된다. 예를 들면 한 사람이 운영하는 식품 가게의 일을 다음과 같이 설명할 수 있다.

❶ 운영방침과 업무계획을 세운다.
❷ 판매할 상품을 구입한다.
❸ 고객이 오면 상품을 판매한다.
❹ 주문을 받고 배달한다.
❺ 판매액을 계산하고 장표를 정리한다.

따라서 여기서 주인이 행하는 하나하나의 일이 과업(task)이 된다.

직위는 한 사람에게 부여된 과업의 그룹(a group of task)을 말하는 것으로, 어떤 조직 속에서도 근로자의 수만큼 직위가 존재하게 된다. 위에서 설명한 식품 가게에 있어서는 주인이 모든 일(❶ ~ ❺)을 하고 있으므로, 하나의 직위가 있다.

그러나 이 가게가 번창해서 주인 혼자서 일을 수행할 수 없게 되어 판매원(❸, ❺)과 배달원(❹)을 한 사람씩 고용하고, 기타의 일(❶, ❷)은 주인이 한다면 직위는 셋이 된다. 즉 판매원과 배달원의 직위가 새로 생긴 것이 된다.

직무

직위는 한 사람에 의해 수행되는 과업의 그룹을 말하고, 이러한 비슷한 직위를 분류해서 이를 종합한 것을 직무라고 한다. 즉, 직무란 동일하거나 비슷한 직위의 그룹이다. 앞에서 설명한 식품가게가 더욱 번창해서 판매원과 배달원을 한 사람씩 더 증원해서 두 사람씩이 되었다고 하면 가게에서 일하는 사람은 주인 1명, 판매원 2명, 배달원 2명으로 총 5명으로 직위는 다섯이다.

그러나 고객이 오면 상품을 판매하는 일을 담당하는 판매원은 일의 내용과 범위는 같으며, 또한 배달원도 마찬가지다. 따라서 여기서 직무의 수는 판매원, 배달원, 사장으로 3개이다.

직군

직군이란 유사하고 공통적인 직무의 집합으로서 직무의 특수성 및 전문성에 따라 유사한 직무가 결합된 단위라 할 수 있다. 예를 들면 프로그 래머, 변호사, 교사 등 일명 직업이라고도 한다. 이는 조직이 크고 직무의 수가 많아지면 복잡한 직무들을 관리할 필요가 발생함에 따라 형성된 개념이다.

2. 직무분석의 방법

직무분석의 목적·분석·대상 직무의 범위에 따라 다르지만, 일반적으로 면접법, 관찰법, 질문지법의 3가지 방법이 가장 많이 사용되고 있으며, 그 외의 보완적인 방법으로 중요사건법, 워크샘플링법 등이 있다.

면접법

기술된 정보, 기타 사내의 기존자료나 실무분석을 위해 특별히 제작된 조직도, 업무흐름표(flow chart), 업무분담표 등을 자료로 해서 담당자를 개별적으로 혹은 집단적으로 면접해서 직무에 관한 필요한 정보를 수집한다. 면접은 직무에 대해 유사한 질문을 하도록 구조화되어 있으며, 분석자는 보통 면접 전에 그 직무에 대해 잘 알고 있어야 한다.

구 분	내 용
준비단계	❶ 면접대상자들의 상사를 통해서 대상자들에게 면접을 한다는 사실과 일정을 미리 알려주어서 관심을 유도한다. ❷ 면접에 적합한 조용한 장소를 선정한다. ❸ 면접자가 면접대상자보다 더 높은 지위에 있다는 인상을 줄 수 있는 모든 상징을 제거하거나 최소화한다.

구 분	내 용
개시단계	❶ 대화하기에 편안한 분위기 형성을 위해 면접자는 작업자의 이름을 물어서 대화중에 사용하고, 자신을 소개하고, 일반적이고 유쾌한 주제에 관해 먼저 이야기한다. ❷ 면접의 목적을 분명히 밝히고, 작업자의 협조가 필요하다는 것을 설명한다. ❸ 작업자가 말문을 쉽게 열도록 격려한다. 면접자는 정중한 태도를 지녀야 하고 작업자가 말하는 것에 진지하게 관심을 보인다. ❹ 작업자가 중요하게 여기는 목표와 면접을 연관시킨다.
진행단계	❶ 작업자가 직무수행이 이루어지는 논리적 순서에 따라 생각하고 이야기할 수 있도록 도와준다. 만일 직무가 논리적 순서에 따라 수행되는 것이 아니라면 활동의 중요도에 따라 가장 중요한 활동부터 기술하도록 한다. 직무에서의 정상적인 활동에는 포함되지 않지만 가끔씩 하는 활동도 언급하도록 한다. ❷ 작업자가 방금 한 이야기를 요약하거나 질문을 반복함으로써 작업자와의 대화가 끊기지 않도록 한다. ❸ 작업자가 각 질문에 대한 답을 나름대로 정리해서 이야기할 수 있도록 충분한 시간을 주고 한 번에 하나씩의 질문만을 한다. ❹ 대답이 '예' 또는 '아니요' 만으로 나오는 질문을 삼가고 보다 상세한 응답이 나오도록 질문한다. ❺ 유도질문을 하지 말아야 한다. ❻ 간단하고 쉽게 이해되는 언어를 사용한다. ❼ 작업자에게 마음에서 우러나오는 진정한 관심을 보인다. ❽ 작업자에게 냉담하거나 오만하거나 권위적이어서는 안된다. ❾ 면접을 안정되고, 일관된 속도로 진행한다. ❿ 완전한 직무분석을 위해 요구되는 모든 종류의 정보를 구체적이고 완전하게 얻는다. ⓫ 부서 내의 다른 직무와 분석대상이 되는 직무간의 관계를 고려한다. ⓬ 면접 중에 주제를 벗어난 응답을 통제하고 시간을 경제적으로 사용한다. 응답이 주제를 벗어났을 때는 벗어나기 바로 전까지의 응답을 요약하는 것

구 분	내 용
	이 다시 원래의 주제로 되돌리는 좋은 방법이다.
	⑬ 면접자는 인내심을 갖고 면접을 진행해야 하고, 작업자가 혹시 불편해 하거나 신경질적인 반응을 보이지는 않는지를 살펴서 적절히 대처한다.
종결단계	❶ 면접이 이제 곧 끝날 것이라는 것을 알려준다.
	❷ 필요하다면, 작업자가 진술했던 내용을 요약해보는 시간을 갖는다.
	❸ 작업자의 응답이 귀중한 가치를 지니는 정보가 될 것이라는 설명을 한 다.
	❹ 감사의 말을 끝으로 면접을 마친다.

관찰법

훈련된 직무분석 담당자가 직무수행자를 집중적으로 관찰함으로써 정보를 수집하는 방법이다. 보통 자료는 대화형식, 체크리스트 혹은 작업표로 구성된다. 이 방법은 직무가 다른 직무담당자 혹은 다른 상황, 시간의 흐름에 따라 현저하게 바뀌지 않는 것을 전제로 하고 있기 때문에 육체적 작업이나 표준화되거나 짧은 순환과정을 가진 활동을 많이 필요로 하는 직무에 적합하다.

산업현장에서 직무수행을 직접적으로 관찰하는 경우에도 가급적이면 관찰자의 존재를 노출시키지 않는 것이 좋으며, 관찰자의 존재를 의식하지 않도록 해주기 위해서 때로는 폐쇄회로TV(CCTV)나 녹화장비들이 사용되기도 한다. 관찰을 통해 직무에서 작업자들이 행하는 외형적 행동과 작업환경에 관해 생생하게 알 수 있지만 그러한 행동들을 왜 하는지는 알 수 없으므로 관찰법은 제한점을 지닌다. 즉, 관찰법은 직무가 어떤 환경 속(예, 소음이나 고열)에서 어떻게 행해지는지를 몸소 체험할 수 있는 탁월한 방법이기는 하지만 직무행동이 왜 일어나는지에 관해서는 면접과 같은 다른 방법에 의해 파악해야 한다.

설문지법

설문지는 보통 표준화되어 있으며, 직무담당자가 직무에 관련된 항목을 체크하거나 평가하도록 하는 것이다. 이것은 다른 직무분석방법에 비해 시간과 비용이 절약되며, 폭넓은 정보를 얻을 수 있다. 또한, 구조화된 질문지는 컴퓨터를 사용해서 계량적으로 직무정보에 대한 분석을 가능하게 한다.

그러나 이 방법은 개발에 많은 시간과 노력이 소요된다는 점, 해석상의 차이로 오류가 발생할 수 있다는 점, 면접법에서 얻게 되는 협조와 동기부여 효과의 결여, 융통성이 결여된다는 점들이 단점으로 지적된다.

중요사건법

직무행동 중에서 보다 중요한 혹은 가치 있는 면에 대한 정보를 수집하는 것을 말한다. 이는 주로 감독자에 의해 수행되며, 먼저 중요사건이 포착되고 전체로서의 직무에 대한 난이도, 빈도, 중요성 또는 기여도가 평가된다. 중요사건법은 효율적 혹은 비효율적 성과의 체크리스트 개발의 기초가 되기도 한다.

워크샘플링법

단순한 관찰법을 보다 세련되게 개발한 것이다. 이 방법은 전체 작업과정 동안 무작위적인 간격으로 많은 관찰을 행해서 직무행동에 관한 정보를 얻는 것이다. 횡단적으로 상이한 여러 직무담당자의 직무활동을 동시에 기록함으로써 전체 직무의 모습을 그려내기도 하고, 종단적으로 한 명 혹은 몇 명의 동일한 직무의 담당자를 관찰할 수도 있다. 이는 전문적인 작업연구자들이 주로 많이 활용하나 면접과 토의에 의해 보완되어야 하며, 직무성과가 외형적일 때 잘 적용될 수 있는 방법이다.

위 직무분석 방법 중 대표적인 3가지 방법, 즉 면접법·관찰법·질문지법을 다시 요약하여 정리하면 다음과 같다.

구 분	방 법	특 징
1. 면접법	분석원이 직무담당자와 직접면담	❶ 정보의 왜곡 가능성 존재 ❷ 정확한 정보를 유도하기 위해서 능숙한 질문 필요
2. 관찰법	담당자가 하고 있는 일을 직무분석원이 직접 관찰해서 확인	❶ 관찰대상자임을 인식하면 왜곡 정보 유도가능성 존재 ❷ 장시간 소요 ❸ 사무직이나 관리직 등 지적, 정신적 노동을 추구하는 직무에는 부적합
3. 질문지법	모집하고자 하는 직무정보에 관해서 질문항목을 상세히 만들어 직무담당자가 직접 기입	❶ 비용이 적게 들고 빠름 ❷ 응답자가 여가시간을 이용해서 작성하므로 시간을 허비하지 않음 ❸ 질문서의 작성이 어려움 ❹ 질문사항을 정확히 이해하지 못하면 완전한 해답을 못 구함

직무분석의 절차와 직무분석을 잘하는 방법

1. 직무분석의 절차

직무분석의 절차는 일반적으로 준비단계, 실시단계, 정리단계의 과정으로 이루어진다. 준비단계에서는 예비조사 및 직무단위의 결정, 실시단계에서는 직무정보 수집, 정리단계에서는 직무기술서와 직무명세서가 작성되는 것으로 볼 수 있다.

준비단계

준비단계는 예비조사 및 직무단위의 결정으로 이루어진다. 예비조사는 각 직무에 관련된 일의 처리과정·제도·절차, 팀 내의 업무분담 관계 등을 조사하고 배경정보를 수집하는 과정이다. 직무분석은 먼저 개개의 직무내용에 관한 사실의 파악에서부터 시작되지만, 개개의 직무는 결코 고립되어 있는 것이 아니라 다른 직무와 연관되어있는 경우가 많다. 따라서 이러한 예비조사가 필요한 이유는 사전에 충분한 정보와 지식이 없이 바로 개개의 직무분석에 들어가면 다른 직무와의 파악이 어려울 뿐만 아니라 시간과 노력을 낭비하고 여러 오류에 빠질 수 있기 때문이다. 또한, 이 단계에서는 분석의 대상이 될 직무의 단위를 결정하는 것이 중요하다. 여기서 직무단위의 결정이란 각 근로자가 현 직위에서 담당하고 있는 과업을 토대로 동일하거나 비슷한 직위를 묶어 하나의 직무로 파악하는 과정을 말한다.

실시단계

실시단계는 본격적으로 직무정보가 수집되는 과정으로 이 단계를 보통 직무분석이라고 한다. 즉, 직무분석의 핵심이 되는 단계로 이 과정을 통해 직무의 내용과 수행요건 등이 구체적으로 분석된다. 여기서 직무 내용의 분석이란 개개의 직무에서 수행하고 있는 일에 관한 내용을 명확하게 나타내는 것으로 한 직무를 다른 직무와 비교해서 일의 종류, 일의 곤란도 등을 분석하는 것이다. 또한, 수행요건의 분석이란 그 일을 수행할 때 어떠한 정신적·육체적인 능력과 기능이 필요한지, 직무수행의 결과에 따르는 책임은 무엇인지, 그 일을 수행할 때 담당자에게 어떠한 위험과 어려움이 따르는지 등을 분석한다.

이러한 실시단계에서는 앞에서 설명한 여러 가지 직무분석 방법, 즉 실제 직무담당자와 인터뷰한다든지, 업무내용에 대한 관찰 등이 이루어진다.

정리단계

정리단계는 앞에서 얻은 정보를 토대로 직무기술서 및 직무명세서를 작성하는 과정이다. 여기서 직무기술서는 직무조사표에 의해서 제시된 여러 설문 항목을 상세하게 기술해서 개선할 점은 개선하고 정리한 후에 그 요점을 기술하는 것이다. 또한, 직무명세서란 직무기술서에 의한 직무와 그에 필요한 자격요건을 개인에 중점을 두어 일정한 양식에 정리하는 것이다.

이러한 직무분석 절차를 요약해서 정리하면 다음과 같다.

준비단계	실시단계	준비단계
❶ 예비조사 ❷ 직무단위 결정 ❸ 분석요원 선임, 훈련 ❹ 분석방법 결정	❶ 직무내용 ❷ 직무요건(기초조건, 정신적·육체적 조건, 작업환경 조건 등)	❶ 직무기술서 (직무내용에 비중) ❷ 직무명세서 (직무요건에 비중)

2. 직무분석의 성공요인

직무분석의 실패 요인

❶ 뚜렷한 목적의식과 강한 의지에서 시작하기보다 포괄적이고 추상적인 목적으로 실시하는 경우이다. 이는 직무분석 과정에서 목적의식이 희박해지고 그 활용도 미숙해서 직무분석에 대한 저항과 불신을 초래할 수 있다.

❷ 최고경영층의 경영이념이나 철학 등 장기적 목적에 근거를 두고 이에 대한 합리화 방안을 찾기보다는 우선 급한 당면과제의 해결을 위한 방안으로 직무분석을 실시하는 경우이다.

❸ 내부 스텝이나 라인이 직접 추진하거나 참여하기보다는 외부용역에 의존하는 경우이다. 이 경우 직무분석의 결과를 지속적으로 수정하거나, 보완할 수 없어서 세월이 흐름에 따라 무용지물이 될 수 있다.

직무분석의 성공 요인

❶ 무엇보다도 직무분석의 취지와 목적 및 필요성을 전 사원들에게 정확하게 이해시키고 직무분석에 협조하도록 분위기를 조성해야 한다. 이를 위해서는 교육이나 홍보방안을 지속적, 적극적으로 모색하는 것이 중요하다.

❷ 우리 기업은 대개 직무가 표준화되어 있지 않거나, 개인별과 집단별로 명백히 할당되어 있지 않은 경우가 많다. 따라서 우리 기업의 이러한 직무 특성을 잘 고려해서 기업의 실정에 맞게 직무분석을 실시하는 것이 중요하다.

❸ 직무분석을 만병통치약으로 믿고 전적으로 의지해서 직무중심의 인사·조직관리로의 급격한 변화를 시도하기보다는 먼저 직무와 사람이 상호 연결되는 인사·조직 관리나 직무관리가 이루어질 필요가 있다.

직무기술서와 직무명세서

직무기술서와 직무명세서는 직무분석 결과에 따라 얻어진 어떤 특정직무에 관한 정보를 조직적이고 체계적으로 정리한 설명서라고 할 수 있다. 그런데 일반적으로 직무의 특성을 기술한 것을 직무기술서(職務記述書)라 하고 직무에 요구되는 인적요건을 기술한 것을 직무명세서(職務明細書)라 해서 양자를 구별하는 경우도 있고, 양자를 동시에 혼합해서 사용하는 경우도 있다.

1. 직무기술서란?

직무기술서(job description)의 내용은 일반적으로 크게 세 부분으로 나눌 수 있다. 즉 ❶ 직무의 개요 ❷ 수행하는 업무의 내용 ❸ 수행하는 업무의 요건을 기술하는 부분으로 나누어진다. 이 직무기술서를 기초로 해서 직무분석의 목적에 활용되기 때문에 객관적이고 정확하게 기술되어야 한다. 따라서 직무기술서가 갖추어야 할 일반적인 요건을 들면 다음과 같다.

첫째, 명확성(明確性)이다. 명확성이란 그 직무를 모르는 사람도 쉽게 알아볼 수 있도록 확실하게 작성되어야 한다는 것이다.

둘째, 간결성(簡潔性)이다. 이는 직무기술서를 읽는 사람의 시간이 낭비되지 않도록 단순하고 정확한 표현을 사용해야 한다는 뜻이다. 직무에 관한 내용을 복잡하게 나열하거나 미사여구(美辭麗句)를 늘여 놓아서는 안 된다는 것이다.

셋째, 안전성(安全性)이다. 그 직무에 관한 모든 중요한 정보나 직무기술서에 빠짐없이 포함되어야 한다는 것이다.

넷째, 일관성(一貫性)이다. 직무기술서에는 상호 모순된 의미 및 용어가 정리되어 일관성 있게 기술되어야 한다는 것이다.

2. 직무기술서의 형식과 작성요령

직무기술서에는 특정된 양식이 있는 것이 아니고, 그 활용목적에 따라 내용과 형식을 달리할 수 있다.

그러나 어떤 목적에 쓰이든 간에 직무기술서에 빼놓을 수 없는 일반적이고 필수적인 사항은 다음과 같다.

직무확인사항

직무명칭, 직무번호, 직군, 직급, 근무사업장 등을 기술하는 것이다. 직무명은 다른 직무와 명확히 구분될 수 있도록 간략하게 직무의 특성이나 내용 전체를 잘 나타낼 수 있는 명칭을 사용한다. 직무번호는 통계, 운용, 색인 등에 이용하기 위해서 직무분류기준에 따라 직군, 직무 등을 결합해서 부여된 고유번호로서 직무가치와는 무관하다.

직군에는 직무가 해당되는 직군명, 직급에는 직무를 담당하는 사람의 직급 명을 기재한다. 근무사업장은 직무가 존재하고 있는 팀, 사업소, 현장의 명칭을 기입한다.

직무개요와 내용

직무개요는 직무의 목적, 주요내용, 다른 직무와의 관계를 명확히 표현하는 것이다. 직무내용은 직무개요를 상술한 것으로 직무에 따른 작업이나 업무처리 방법이나 절차를 간결하고 명확하게 기술한 것이다. 이러한 직무내용은 읽는 사람이나 이용하는 사람에게 가장 알기 쉽게 배열해야 한다. 그런데 직무내용을 배열하는 방법을 몇 가지 들어보면, 다음과 같다.

첫째는 일을 하는 순서에 따라 배열하는 방법
둘째는 일의 중요도에 따라 순차적으로 배열하는 방법
셋째는 시간의 경과에 따라 배열하는 방법
넷째는 일의 곤란도가 높은 순서에 따라 배열하는 방법 등이 있으나, 분석결과 사용되는 목적에 가장 적합한 방법을 선택하는 것이 좋다.

직무수행 요건

직무수행요건으로는 성별, 적정 연령, 학력(전공), 자격, 면허, 지식, 기능, 능력, 태도, 직무경험, 교육훈련으로 구성된다. 성별은 직무의 성격상 남녀 중 누가 담당하는 것이 적합한가를 나타낸다. 학력은 직무를 수행하는데 필요한 최소한의 학력을 표시하며, 직무수행에 반드시 필요한 전공의 경우도 같이 표시한다. 적정 연령은 직무를 수행하는데, 있어 사회적인 경험, 교육정도, 숙련기간 등을 고려해서 기술한다.

또한, 필요한 자격과 면허가 있으면 기입하고, 지식 부분에는 이론적인 기본지식 정도에 해당하는 학술적 지식과 어떤 직무를 잘 수행하기 위해서 담당자가 알고 있어야 할 실무적 지식을 기술한다. 이외에도 기능(전산이나 외국어 실력 등), 해당 직무를 수행하는데, 꼭 필요한 능력(기획력, 표현력, 판단력 등), 태도(적극성, 신속성, 협동성 등), 직무경험, 교육훈련 등을 기재한다.

3. 직무명세서의 의의와 작성 절차

직무명세서는 직무를 성공적으로 수행하는데 필요한 인적 요건들을 명시해 놓은 것이다. 직무기술서와 마찬가지로 직무명세서도 통일된 양식은 없지만, 일반적으로 포함되는 정보들은 작업자에게 요구되는 적성, 지식, 기술, 능력, 성격, 흥미, 가치, 태도, 경험, 자격요건 등이다.

적성(Aptitude)은 어떤 일을 하거나 배울 수 있는 잠재력이고, 지식(Knowledge)은 능력과 기술이 발현되는 기초로서 직무수행을 적절하게 수행하기 위해서 개인이 소유하고 있는 사실적 혹은 절차적 정보를 말한다. 지식을 소유하고 있다고 해서 반드시 그것을 사용할 것이라고 장담할 수는 없다. 기술(Skill)은 쉽고도 정확하게 직무에서 요구되는 동작을 할 수 있는 신체적 혹은 운동 능력을 말한다. 능력(Ability)은 직무수행에 요구되는 인지적 능력으로서 교육이나 경험을 통해 당장 어떤 일을 할 수 있는 준비상태를 말한다. 성격은 다른 사람이나 상황에 독특한 방식으로 반응하는 상대적으로 일관되고 안정적인 개인의 경향성을 말한다. 성격에는 동기적 요소가 포함되어 있으므로 지식, 기술, 능력을 가지고 있어도 개인의 성격에 따라 그것을 발휘하지 않을 수도 있다. 흥미는 특정 활동에 대한 선호나 취미이고, 가치는 인생의 목표나 생활방식에 대한 선호이며, 태도는 물리적 대상, 사람, 기관, 정당 등과 같은 사회적 대상에 관한 감정이나 신념이다.

직무분석을 통해서 얻어진 직무자명세에 관한 정보는 모집과 선발, 직무평가, 교육훈련, 직무수행평가(인사고과) 등에 유용하게 쓰인다. 예를 들어, 직무분석을 통해서 비행기 조종사는 나안 시력이 반드시 1.0 이상이 되어야 한다는 것을 알았다면 이러한 정보가 직무명세서에 포함될 것이며, 조종사 모집공고를 낼 때도 최소한의 지원요건으로서 이러한 시력제한을 둘 수 있을 것이다.

직무명세서는 주로 지식, 기술, 능력, 기타 특성들을 중심으로 작성하는데 직무에서 요구되는 인적 요건들의 수준이나 유형을 가급적 구체적으로 쓰는 것이 좋다.

직무명세서는 다음과 같은 절차에 따라 작성될 수 있다.

첫째, 직무를 분석해서 성과의 기준을 결정한다.

둘째, 성공적인 직무성과를 가져올 인적 특성을 선택한다.

셋째, 이러한 특성에 적합한 직무후보자를 테스트한다.

넷째, 이러한 후보자의 직무성과를 측정한다.

다섯째, 인적 특성과 직무성과 사이의 관계를 분석한다.

[직무기술서 작성 예]

1. 직 무 명	인적자원관리	2. 직무번호	1103
3. 직 군	사무	4. 직 종	인적자원
5. 직 급	2급	6. 근무사업장	본사

7. 직무개요

사원의 채용, 배치, 급여, 평가, 훈련, 유지, 퇴직 등 인적자원관리 전반에 대한 업무를 수행하며, 부하의 업무수행을 지도한다.

8. 직무내용

❶ 연간 인력수급계획을 입안하고 사원의 채용, 배치, 급여, 평가, 훈련, 유지, 퇴직 등 인적자원관리 전반에 대한 업무를 수행한다.

❷ 직원의 능력개발을 위해서 팀별 교육훈련계획을 입안해서 이를 실시한다.

❸ 인사규정에 의해 인사평가를 실시하고, 승진자를 결정한다.

❹ 인적자원관리 제규정을 연구하고 검토해서 개정하는 업무를 수행한다.

❺ 기타 위에 관련된 업무를 지시에 따라 수행하며, 부하의 업무수행을 지도한다.

9. 수행요건

일반요건	성 별	남	적정연령	31~35	학력(전공)	인문계 대학 졸업정도

지 식	학 술	인사관리론 및 조직관리론에 관한 일반적 지식			
	인적자원관리에 필요한 규정에 대한 구체적 지식, 임금관리에 대한 개괄적 지식				
기 능	전 산	HRM 시스템 조작능력	외 국 어		
특 성	능 력	기획력, 판단력, 지도력	태 도	공정성, 협조성	
책 임	지 도	부하에 대한 지휘, 감독	업 무	협조 연락 응대 (고용노동부, 보훈처 등)	
경 험	직 무	인적자원관리 업무 4년	교 육	인적자원관리 실무교육	
작업조건	작업장소	사무실 안	작업환경	양호하고 위험이 없음	
특기사항					

[직무명세서 작성 예 : 인사과장의 요건]

❶ 성별 : 남·여 무방함

❷ 교육 : 다음 과목을 포함하는 최저 4년제 대학교육 이수(인사관리, 산업심리학 등)

❸ 경험 : 인적자원관리 및 관련 분야에 있어서 최근 4년간 근무경험이 있을 것

❹ 성격 : 회사 내의 조화를 유지할 수 있는 능력, 근로자에 대한 관심이 높을 것, 주의 깊고 착실할 것, 조직하고 운영할 수 있는 능력

❺ 지식 : 인적자원관리 일반에 대한 이해·능력·적성·흥미·성격 등의 개인차에 대한 지식·노사관계에 능통할 것

직무분석은
어디에 사용하나?

1. 직무평가

직무분석의 결과 직무기술서와 직무명세서가 작성되고, 이것을 기초로 해서 직무평가가 이루어진다. 즉, 먼저 직무분석을 통해서 직무의 내용과 요건을 명확히 하는 직무기술서와 직무명세서가 작성되면, 또한 이것을 기초로 직무의 상대적인 가치를 결정하는 과정인 직무평가를 통해 기업 내부의 임금 격차를 합리적으로 책정하는 직무급을 도입하게 된다.

따라서 기업에 있어서 성공적인 직무급제도의 도입과 확립을 위해서는 반드시 거쳐야 할 과정이 직무평가라고 할 수 있다. 이렇게 볼 때 직무분석과 직무평가와 직무급은 매우 밀접한 관계가 있음을 알 수 있다.

직무평가의 방법은 크게 종합적 방법과 분석적 방법으로 나뉜다. 전자는 다시 서열법과 분류법으로 나뉘고, 후자는 점수법과 요소비교법으로 나뉜다.

서열법

서열법은 직무별 중요도와 난이도, 노력, 책임, 지식, 숙련도 등을 종합적으로 판단해서 서열기준에 따라 분류하는 방법이다. 예를 들면 수, 우, 미, 양, 가 5등급으로 각 직무를 서로 비교해서 순위를 결정하는 방법이다. 이 방법은 각 직무를 간단·명료하게 평가할 수 있으며, 비교적 서열을 쉽게 구분할 수 있는 장점이 있다. 반면에 평가자의 주관개입 등 감정적 요인이 작용할 우려가 있고, 직무가 단순히 순서대로 나열되어 있으므로 서열 배분에 있어서 신뢰성이 낮다는 단점이 있다. 또한, 직무의 수가 많고 내용이 복잡한 경우에는 평가의 효율이 떨어지며 부서간, 계층간 상대평가가 곤란하다는 단점도 지적된다.

분류법

분류법은 사전에 결정된 등급에 따라 각 직무를 적절히 판단하여 해당 등급에 맞추어 넣는 평가방법이다. 이때 분류는 평가하려는 직무를 수와 복잡성에 따라 상·중·하와 같은 등급으로 간단하게 정할 수도 있고 더 세분해서 정할 수도 있다. 이 방법은 미리 만들어 놓은 등급표를 가지고 평가한다는 점에서 서열법보다 개선된 방법이라고 할 수 있다. 또한, 서열법과 같이 비교적 간단하고 이해하기 쉽다는 장점이 있다.
그러나 단점으로는 서열법과 마찬가지로 분류된 등급 기준에 대한 신뢰성이 떨어지는 점, 직무 수가 많으면 등급 분류가 곤란하다는 점이 있다.

직무등급	등급의 정의	비 고
1급	일상의 정형적인 반복된 업무 또는 특별히 훈련이 필요 없는 보조적인 업무	신입사원
2급	❶ 간단한 작업 ❷ 몇 개의 정해진 규칙에 의한 업무 ❸ 엄격한 감독하에 항상 일어나는 정규적 업무	사원 1년차
3급	❶ 상당한 사무직 재능을 요하는 업무 ❷ 규칙적인 업무로서 사용규칙이 많은 것.	사원 2년차
4급	한정된 분야에 대해서 깊은 지식을 요하는 업무	대리
5급	❶ 관리지식이 있어야 하는 업무 ❷ 일반적 지식이 있고 방침·정책을 잘 알고 또 전례가 없는 사항에도 응하지 않으면 안 되는 업무 ❸ 당사에 있어서 오랜 경험이 있어야 하는 업무	과장
6급	❶ 고도의 전문적인 업무 ❷ 비밀을 요하는 업무 ❸ 경영자를 보좌하는 업무	부장

점수법

점수법은 직무의 가치를 점수로 나타내어 평가하는 방법으로서 먼저 평가요소를 선정하고, 각 평가요소에 적당한 수의 단계를 설정해서 각 단계에 점수를 배분한다. 즉, 이는 평가의 대상이 되는 직무 상호간의 여러 가지 요소를 뽑아내어 각 요소의 척도에 따라 직무를 평가하는 방법으로서 직무평가방법 중 가장 많이 사용되는 방법이다. 점수법에 의한 직무평가 실시의 일반적인 절차는 다음과 같다.

❶ 평가요소를 선정한다. 직무에 대한 평가요소는 일반적으로 기능, 책임, 노력, 작업조건 등이 사용되고 있다.

❷ 평가요소의 가중치와 기준을 설정한다. 평가요소가 선정되면 각 평가요소의 가중치를 선정해야 한다. 이러한 가중치는 백분비로 표시되는 것이 보통이다. 또한, 평가요소와 가중치가 설정되면 다음 각 요소의 우열을 판단하는 기준을 정해야 한다.

❸ 점수를 계산한다. 이는 각 요소가 선정되고 가중치 및 기준이 설정되어 있으면 어렵지 않게 계산할 수 있다.

❹ 대표직무의 임금을 조사한다. 직무가 평가되고 점수가 계산되면 이를 화폐적 가치로 환산하는 작업이 이루어진다. 이러한 전환의 기초적인 수단은 임금조사에 의해 가능할 수 있다.

❺ 임금체계를 설계, 조정, 운영한다. 임금조사가 끝나면 곧 그 기업의 실정에 알맞은 임금체계(직무급)를 설계해야 한다. 또한, 기본적인 임금체계의 설계가 끝나면 종합적인 관점에서 경영내부와 외부의 변수를 고려해서 임금체계를 조정해야 한다. 이와 같이 직무평가 방법으로 가장 많이 활용되는 점수법은 평가척도 산정이 쉽고 다양한 항목에 대한 평가가 가능하다는 점, 평가결과에 대해 높은 신뢰성을 가질 수 있다는 점에서 장점이 있다.

그러나 단점이라면 모든 직무에 정확하게 적용시킬 수 있는 점수배정이 어렵고, 개발하는데 시간과 경비가 많이 소요되는 점을 들 수 있다.

[직무평가 사례]

1. 직무평가요소(예)

지식	문제해결	책임	근무환경
깊이 폭 대인관계	사고의 깊이 사고의 넓이	자유로운 정도 업무집행에 대한 영향 책임의 정도	육체적 노력 물리적 환경 주의력 정신적 스트레스

2. 평가요소의 가중치(예)

평가요소		가중치(%)	지 식
문제해결	사고의 깊이		
	사고의 넓이		
책임	자유로운 정도		
	업무집행에 대한 영향		
	책임의 정도		
근무환경	육체적 노력		
	물리적 환경		
	주의력		
	정신적 스트레스		
계		100	100

3. 직무평가 기준표(예)

등급 평가요소	1	2	3	4	5	비고
지 식	척도	기본이해	기초능력	중급실력	전문적 수준	마스터 수준
	3	6	9	12	15	15
	2	4	6	8	10	10
	3	6	9	12	15	15
	8	16	24	32	40	40

4. 직무평가의 점수 산정(예)

평가요소		가중치(%)	지 식
문제해결	사고의 깊이		
	사고의 넓이		

평가요소		가중치(%)	지 식
책임	자유로운 정도 업무집행에 대한 영향 책임의 정도		
근무환경	육체적 노력 물리적 환경 주의력 정신적 스트레스		
계		( )점	( )점

5. 직무평가의 과정

직무분석	직무평가	실시단계	직무가치 점수환산	직무급 설 정
직무기술서 직무명세서		노 하 우 문제해결 책　임 근무환경	직급별 환산점 수 산출 직무등급 설정	직급등급 가이 드 설정

요소비교법

요소비교법은 기업의 가장 중심이 되는 대표직무 즉, 기준이 되는 직무(key job)를 선정하고 각 직무의 평가요소를 기준직무의 평가요소와 비교해서 직무의 상대적 가치를 결정하는 방법이다. 이는 앞의 점수법을 개선한 것으로 점수법의 점수 대신 이러한 기준직무와 비교해서 임금액을 결정하는 것이 특징이다. 이 방법의 장점으로는 평가기준의 설정으로 다른 직무의 요소비교를 통한 평가가 쉽고, 또한 평가를 금액으로 나타낼 수 있어 점수법에 비해 시간과 노력이 많이 들지 않는다는 점이다. 그러나 단점으로는 기준직무를 정하는 것이 어렵고 기준직무가 선정되더라도 평가 요소별 임금액을 배분하는 것이 쉽지않다는 점을 들 수 있다.

2. 직무설계

직무설계의 의의

직무설계(job design)란 직무를 수행하는 사람에게 의미와 만족을 부여하고자 하는 시도 하에 생산조직이 그 목표를 보다 효율적으로 수행 할 수 있도록 일련의 작업 군과 단위직무 내용 및 작업방법을 설계하는 활동이다.

그러므로 직무분석에 의해서 각 직무의 내용을 분석한 다음 그것에 영향을 미치는 인간적·조직적·기계적 요소를 규명해서 근로자에게 직무만족을 부여하고 또 생산성을 향상시킬 수 있는 작업방법을 결정하는 절차라고 할 수 있다.

직무설계의 목적

직무설계는 모든 계층의 조직구성원에게 직무 그 자체에서 만족과 의미를 부여받도록 해서 근로자의 모티베이션과 생산성을 향상시키려는 것을 목적으로 한다. 또한, 직무설계의 양대 목표라 할 수 있는 생산성과 직무만족의 영역 중에서 경영자가 중시해야 할 것은 생산성보다 모티베이션이어야 한다. 왜냐하면, 기업의 목표달성이란 과제는 그 과정에 참여하는 근로자의 모티베이션 없이는 불가능하기 때문이다.

분업의 원리에 대한 반발과 행동과학적 지식의 도입에 의해서 실행되는
직무설계나 직무재설계는 다 같이 능률향상과 인간성 회복을 목적으로
한다고 할 수 있으며, 그 구체적인 항목을 열거하면 다음과 같다.

❈ 구성원 모티베이션의 향상

직무설계는 구성원 모티베이션의 향상을 그 목적으로 한다. 경영자는
근로자의 무관심이나 권태감을 간파했을 때 조직 내 직무설계 프로젝트
의 도입이 필요하다. 즉, 직무를 개선함으로써 직무불만족을 감소시키
고, 아울러 사기를 향상시키는 활동이 필요하다.

❈ 생산성 향상

직무설계는 생산성 향상을 그 목적으로 한다. 생산성이란 인적자원과
물적자원의 효율적인 이용의 측정척도이며, 산출율 이상의 의미를 지닌
다. 즉, 생산성이란 능률성을 뜻하는 것으로서 산출과 더불어 투입도
고려하는 개념이다. 이러한 투입과 산출의 관계에서 볼 때, 직무설계는
기계 산출량이나 인간 산출량 또는 이 양자의 증대를 목적으로 시도되
어 진다. 따라서 직무설계는 근로자의 모티베이션 향상과 동시에 그 결
과로서 나타나는 인적자원의 효율적인 이용을 목적으로 한다고 할 수
있다.

❈ 재화와 용역의 양과 질 개선

직무설계는 재화와 용역의 양과 질의 개선을 그 목적으로 한다. 기업이
생산하는 재화와 용역의 양과 질의 측면에서 많은 생산을 하는 것이 직
무설계의 중요한 목적이다.
그러나 오로지 양적인 측면에서 생산의 증가만을 직무설계의 목적으로

하지 않고 재화와 용역의 질을 개선하는 것을 그의 중요한 목적으로 삼는다.

※ 원가절감

직무설계는 원가절감을 그 목적으로 삼는다. 원가절감은 생산성 향상과 재화 및 용역의 질의 개선에 관한 결과로 나타난다. 즉, 기술을 분석하고 인간 노력이 이용되는 방법을 분석함으로써 불필요한 설비, 공정 및 직무가 제거되어 효율성과 능률성의 기준으로 보아 합리적으로 직무를 수행할 수 있게 된다. 그 결과로서 불필요한 비용을 감소시킬 수 있는 것이다.

※ 이직과 훈련비용의 감소

직무설계는 이직과 훈련비용의 감소를 그 목적으로 한다. 직무만족은 모티베이션과 생산성에 직접 영향을 미치는 것으로서, 이는 자발적 형태의 이직이든 간에 이직을 감소시킨다. 연구결과에 의하면 직무만족이 되어 있는 근로자는 그렇지 못한 근로자보다 직무상 필요한 기능을 빠른 속도로 습득한다. 따라서 직무설계를 통한 직무만족의 증대는 이직을 감소시키고 학습속도를 가속화시킴으로써 훈련비용을 줄여준다.

※ 신기술에의 신속한 적용

직무설계는 신기술에의 신속한 적응을 그 목적으로 한다. 대부분의 직무설계는 작업방법의 변화를 뜻하는 직무 재설계이다. 따라서 기술변화나 신공정을 도입할 경우는 신기능을 교육시키는 것과 기존의 기능을 종전과 다른 방법으로 이용할 필요성이 있게 된다. 즉, 직무설계는 신기술의 조건을 충족시킬 수 있는 수단을 제공한다.

현대적 직무설계

직무설계는 전통적인 의미에서의 직무설계와 현대적 의미에서의 직무설계로 구분할 수 있다. 즉, 전통적 직무설계가 낮은 욕구 수준에서의 기술적인 욕구충족에만 관심을 집중하고 있는 한편, 현대적 직무설계는 직무담당자의 기술적·조직적 욕구뿐만 아니라, 사회적·인간적 욕구까지도 충족시킬 수 있도록 직무내용, 작업방법 및 작업 상호 간의 관계를 결정하는 것이다.

오늘날 행동과학에 근거를 둔 직무연구가 개발되어져서 기술적인 측면뿐 아니라, 자아 성취적인 '일'에 대한 인간의 욕구도 고려하는 입장에서 현대적인 직무설계가 행해지고 있다. 직무설계에 의한 직무변화를 통해서 근로자의 모티베이션이 향상되리라는 기대에서 직무가 사람에게 적합하도록 설계 되어지고 있다. 이러한 직무설계의 이론을 뒷받침하는 가정은 생산성이 물적 및 인적자원의 효율적 이용의 함수이기 때문에 모티베이션의 개선이 생산성의 향상에 꼭 필요하다는 것이다.

3. 직능조사

직능조사의 의의

「일」과 「능력」에 맞는 처우를 실시한다는 것은 부여된 업무를 능력 즉 지식, 기술, 직능, 경험, Skill 등을 어떤 레벨에서 수행하고, 달성해 나가는가? 또한, 해야만 되는가? 를 명확히 설정해 두고 그 일을 상사의 기대대로 달성하기 위해 필요한 능력향상을 추진하는 것이다. 제도로 뒷받침해주는 인적자원과 개발이 되기 위해서는 「일하는 사람」의 「능력」을 평가하고, 「일의 결과와 과정」을 평가해서 공정한 처우를 해주어야 한다. 직능조사는 이러한 제도화를 뒷받침해주는 출발로서 의미가 있다.

직능 또는 직무조사와 직무분석 양자는 전혀 이질적인 것이다. 직능조사란 자사의 니즈에 적합한 등급 기준을 작성하기 위해, 업무 및 그 업무를 수행하는 데 필요한 능력의 내용을 조사, 정리하는 작업이다. 능력조사를 겨냥해서 행해지며, 능력조사의 분석 결과는 능력기준(등급기준)으로 활용한다. 반면에 직무분석이란 어떠한 직무(업무)가 있으며, 또 그 직무는 어느 정도의 가치(임금)를 갖고 있는가를 조사·분석하는 작업이며, 분석 결과는 직무급 산정이나 기타의 목적으로 활용한다.

직능조사와 직무분석과의 작업의 차이는 조사와 분석의 결과를 인적자원·처우에 어떻게 결합시키는 가라는 목적과 방법에 차이가 있다. 미국의 경우 직무분석과 평가의 결과를 토대로 한 '직무'중심의 능력주의를 전개하고 있으며, 유럽의 경우 직종(craft)의 사회적 가치를 기준으로 한 능력주의를 실시하고 있다. 사람을 중심으로 한 일본이나 우리나라가 지향하는 능력주의는 사람중심에서 일하는 사람중심으로 발전하는 것이다. 기업이 지향하는 목표 혹은 기업이 요구하는 인재상을 기준으로 인적자원을 전개시키는 것이다. 직능조사는 사람중심의 인적자원관리 시스템에 흡수시키기 위한 노력에서 비롯된 것이다.

직능조사를 통해서 밝혀내는 내용은 대개 다음 5가지로 요약될 수 있다.

❶ 우리 회사, 우리 부(과)에는 도대체 어떠한 업무(과업)가 있는가(과업조사)

❷ 업무(과업) 각각은 어느 정도 레벨의 업무인가(과업수준 : 업무의 난이도 평가)

❸ 몇 등급에게 그 업무의 완전한 처리를 기대할 것인가(자격등급별 과업의 지정 ⇨ 직능요건)

❹ 어떠한 지식과 기능이 있어야만 그 일을 완전히 처리할 수 있는가(자격등급별 능력의 추출 ⇨ 직능요건)

❺ 지금 어느 부서에서 누가 어떻게 그 업무들을 분담하고 있는가(과업 분담표의 작성 ⇨ 직능기준서)

직능조사의 내용

직능조사의 내용은 조사의 목적에 따라 조사대상 기업의 규모에 따라 달라진다. 또한, 조사내용은 조사대상의 수준을 개인수준으로 하느냐, 부·과단위로 하느냐에 따라 달라진다.

직무분석의 경험이 있거나 분석 결과가 어느 정도 정리가 되어있을 경우는 「직종」 수준에서 직능조사를 실시할 수도 있다.

직종이란 업무의 성질·종류, 필요로 하는 지식·기능이 공통되거나 유사하다고 판단되는 업무를 그룹 핑한 것이다. 업무의 난이도와는 관계없다. 종별로 구분해서 그룹 핑한 것으로, 통상은 부·과 단위의 직종을 구성한다.

비슷한 업무 그룹을 종별로 구분해서 실시하는 것이 계통적으로 효율적인 조사가 가능하며, 자격별 직능 차를 확실히 파악할 수 있으므로 직무조사는 이 직종을 단위로 해서 행하는 경우가 많다.

그러나 조사대상이 직무분석과는 달리 「사람」이므로 부단위를 범위로 그 속에서 근무하는 개인을 대상으로 조사를 실시한 다음 이를 다시 부과 단위로 수집·정리해서 직종별로 체계화하는 과정을 밟게 된다.

직무분석을 통한 적정인원 산정

조직이 급변하는 경영환경에 신속히 대응해서 경쟁력을 향상하고, 조직 기능 활성화와 직무수행 능력개발로서 조직인력을 효율적으로 운용하기 위해서는 직무분석을 통한 합리적인 정원산정과 관리가 필요하다.

조직이 경영활동을 가장 경제적이고 효과적으로 수행하기 위해서는 조직운영 단위와 질적, 양적, 상황적 측면에서 과업목표의 합리적 운영에 필요한 적정정원을 객관적으로 설계한 후 유지, 운용, 통제하는 효율적인 인적자원관리가 필요하다.

그러므로 정원관리는 직무구조와 조직 규모에 대한 적정인원 개념으로 직무분석과 인력계획을 연결해주는 중요한 위치를 차지하고 있다.

적정인력의 도출을 위해서는 인사전략에 적합한 적정인력을 도출해야 한다. 그 방법으로서는 현재 인력구조의 최적화와 인력운영 혁신의 방법이 있다. 현재 인력구조의 최적화는 전략적 경영목표 달성에 필요한 기능중심으로 인력을 재배치하거나, 인력의 전문성을 발휘할 수 있도록 재배치하는 것을 말하며, 인력운영의 혁신은 생산성 제고를 위한 인력의 전환배치와 아웃소싱 방안과 인력운영의 유연성을 제고하는 것을 말한다.

❶ 일반적으로 정원은 인원수 대비 인건비, 생산성, 인적 사기의 최적 수준(Optimal Level)을 찾는 과정이다.

❷ 회사는 일정수준의 정원을 유지함으로써 인건비 통제, 생산성 유지, 직원 사기 관리의 효과를 얻을 수 있다.

1. 정원산정 시 고려 사항

❶ 우리회사의 경영목표를 효과적으로 달성하는데 필요한 적정인력은 얼마일까?
○ 현재 인력규모는 적정한가?
○ 인력은 전략적인 가치창출활동을 담당하고 있는가?
○ 인건비 관리는 적절한가?
○ 인력의 생산성은 어느 수준인가?
❷ 현재 우리기업의 적정인력 산정의 실시 니즈는 무엇인가?
○ 회사경영의 어려움으로 인력구조조정을 하고자 한다.
○ 인력 생산성의 저하로 경쟁사와의 경쟁력이 하락하고 있다.
○ 인건비가 가중되고 있다.
○ 현업에서는 지속적인 인원증가 요청을 하고 있다.
○ 상당수의 인력이 무임승차자(Free Rider)로 보인다.
○ 인력운영의 기준이 마련되어 있지 않다.
○ 성과가 구체화되고 있지 않다.
❸ 무분별하고 형식적인 인력운용이 가져오는 위험성은 무엇인가?
○ 무임승차자(Free Rider)의 대량생산
○ 인력 생산성의 저하
○ 가중되는 인건비 부담
○ 성과와 괴리된 처우

○ 유능하고 전문적인 인력양성의 한계 및 사외유출

❹ 현재까지 사용하고 있는 적정인력산정 방법론의 문제점은 없는가?

○ 구태의연한 방법론을 활용하고 있다.

○ 업의 특성 분석을 하고 있지 않다.

○ 경쟁사의 현황분석이 제대로 이루어지지 않고 있다.

○ 성과와의 연동을 고려치 않고 있다.

○ 전략과 조직구조의 분석이 이루어지지 않고 있다.

○ 직무에 대한 가치분석이 제대로 활용되지 못하고 있다.

○ 전략적 적정인력의 산정보다는 현상적 적정인력산정에 치중해서 미래를 반영하지 못하고 있다.

2. 정원의 종류

구 분	내 용
방침정원	회사의 방침 및 전략에 따라 인력을 채용하는 경우의 정원(예 : 신규사업 추진 인원, 비서)
법정정원	법으로 강제로 정하고 있는 정원(예 : 장애인 고용)
설비정원	공장에서 단위 설비가동을 위해서 필요한 인원
조직정원	회사의 조직표상 반드시 있어야 할 인원(예 : 부서장)
업무량 정원	직무별, 또는 부서별 연간 업무 총시간을 기준으로 한 정원

3. 정원산정 방법

정원산정은 거시적 지표를 활용해서 효율적 인력 규모를 예측하는 방법과 현 업무량을 기준으로 부서별 인원을 산정하는 방법을 병행한다.

현재 인력운용의 적정성 판단	거시 정원 산정방법	조직별 적정인원 산정
	❶ 매출액, 부가가치, 인건비간의 상관관계를 바탕으로 효율적인 인력규모의 산정 ❷ 1인당 평균인건비 상승률을 통한 미래 특정시점 1인당 평균인건비 예측	대상 : 전조직 부서장 : 조직인력 팀장 및 팀원 : 팀 R&R 수행 위한 필요인력 규모
전략적 방향에 따른 인력 변화 대응	미시 정원 산정방법 ❶ 현행 업무대비 적정인력 규모보유에 대한 분석 ❷ 비효율적인 업무흐름이나 수행방식의 개선을 통한 업무 효율화	

직무분석을 통한 정원산정은 단위 팀별로 조직구성원들이 수행하는 업무에 소요되는 표준시간을 산정해서 업무가동률을 도출하고 이를 기준으로 해서 단위부서별로 필요 적정인력을 산정한다.

표준근무시간 산정

연간 총 근무시간 중 연간 실제 근무가능 시간을 산출해서 이를 표준근무시간으로 한다. 즉, 정해진 프로세스에 따라 주어진 작업조건 하에서 그 업무에 대해 요구되는 특정 숙련도를 지닌 담당자가 그 업무에 대해 정신적·육체적으로 업무를 충분히 수행할 수 있을 것이라 판단되는 적정한 업무량을 기준으로 표준속도로 작업을 할 때 1명이 1년 동안 업무 수행을 위해 실제로 투입할 수 있는 근무가능시간의 총시간수를 의미한다.

[표준근무 가능 시간의 산출 예]

구 분	산출내역	시간, 일수
전체	365(주5일제 적용시)	365
법정공휴일	일요일, 토요일, 신정, 설, 추석, 삼일절, 식목일, 석가탄신일, 현충일, 제헌절, 광복절, 개천절, 성탄절, 중복으로 인한 조정일 수	121
각종 사고일수	휴가, 연수, 휴직, 지각·조퇴 등으로 인한 사고일 수	30
실근무일수	365일 - 151일	214
여유율	인적여유, 관리여유, 작업여유(25% 적용)	428
1인당 표준근무 가능시간	(214일 × 8시간) - 여유율	1,284

여유율의 산정

여유율은 업무수행 상 발생하는 제반 여유 요인을 일괄해서 직종별로 부여한다.

여유시간이란 표준근무시간 동안 업무를 수행함에 있어서, 인적 또는 물적으로 요구되는 사전 준비시간을 의미한다.

[여유율 산출방법]

구 분	외경법	내경법
개념	기본시간에 대한 비율	실제가동 시간에 대한 비율
여유율 계산	여유시간의 합계/기본시간의 합계× 100	여유시간의 총계/기본시간 총계 + 여유시간 총계×100

근무가능시간의 산정

팀별 근무가능시간의 산정은 과거 1년간의 시간외근무실적 자료와 시간외 근무시간에 대한 개인별 응답 자료를 토대로 해서 산정한다.

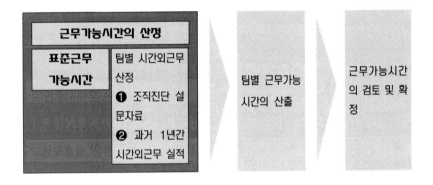

개인별 업무가동률 산정

업무가동률이란 1인당 연간 요구되는 업무시간에 비해서 실제로 수행하고 있는 시간을 비교한 것이다.

✳ 업무가동률의 종류

❶ 최소 업무가동률(업무가능 총시간 대비 업무가동률)

개인이 실제 일하고 있는 시간을 연간 업무가능 총시간으로 나눈 비율로서 최소정원 산정 기준이 된다.

❷ 표준 업무가동률(표준시간 대비 업무가동률)

개인이 실제 일하고 있는 시간을 연간 업무가능 총시간으로 나눈 비율로서 표준정원 산정 기준이 된다..

❸ 최대 업무가동률(부서업무기준시간 대비 업무가동률)

개인이 실제 일하고 있는 시간을 연간 업무가능 총시간으로 나눈 비율로서 최대정원산정 기준이 된다.

✳ 업무가동률 산정방법

❶ 최소업무가동률 = 개인별 실제업무시간 ÷ 업무가능 총시간

❷ 표준업무가동률 = 개인별 실제 업무시간 ÷ 업무표준시간

❸ 최대업무가동률 = 개인별 실제업무시간 ÷ 부서별 업무기준시간

❹ 부서평균가동률 = Σ개인시간 ÷ 인원 단, 부서 평균가동률 계산에서 2개의 팀을 맡은 부서장의 경우 0.5인으로 계산한다.

부서별 정원산정

✳ 부서별 정원 산정 방법

❶ 부서 내 현재의 인원을 조직정원(부서장 및 팀장), 법정정원, 설비정원 및 업무량정원 산정기준 인원(부서장 및 팀장을 제외한 실무자)으로 나눈다.

❷ 업무량정원 산정 기준인원들의 연간 총시간의 합을 업무가능 총시간, 표준 업무시간, 및 부서별 업무기준시간으로 각각 나누어 최소정원, 표준정원 및 최대정원을 산출한다.

❈ 부서별 정원 종류

❶ 최소 : 현인원 중 부서장 및 팀장(조직정원)을 제외한 인원의 연간총시간의 합을 업무가능총시간으로 나눈 값

❷ 표준 : 현인원 중 부서장 및 팀장(조직정원)을 제외한 인원의 연간총시간의 합을 표준 업무시간으로 나눈 값.

❸ 최대 : 현인원 중 부서장 및 팀장(조직정원)을 제외한 인원의 연간총시간의 합을 부서별 업무기준시간으로 나눈 값

❈ 부서별 여유 인력

❶ 최대 : 현인원 중 부서장 및 팀장(조직정원)을 제외한 인원에서 최소정원을 차감한 값

❷ 표준 : 현인원 중 부서장 및 팀장(조직정원)을 제외한 인원에서 표준정원을 차감한 값

❸ 최소 현인원 중 부서장 및 팀장(조직정원을 제외한 인원에서 최대정원을 차감한 값

제**3**장

인적자원의 개발과
교육훈련 · 경력개발 · 이동관리

[교육훈련 시 업무 PROCESS]

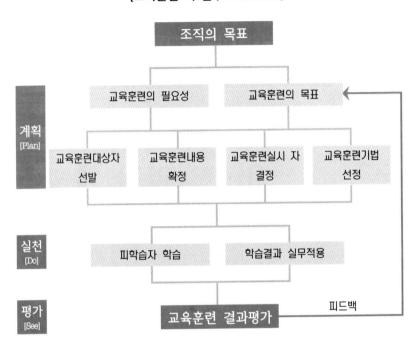

[경력개발 업무 PROCESS]

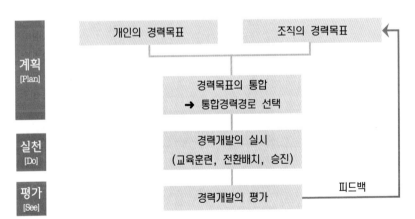

인적자원개발

1. 인적자원개발의 의의

인적자원개발(Human Resource Development)은 교육훈련과 개발을 통해서 조직목표에 대한 조직 구성원의 공헌을 높이기 위해서 계획된 학습과정이라고 정의할 수 있다.

2. 인적자원개발의 목적

❶ 기존 또는 기대되는 직무요건에 맞추어 개인의 능력을 향상시키는 것
❷ 궁극적으로 이를 통해 보통 인재의 능력에 플러스알파를 추가한 성과형 인재를 만들어 가는 것

교육훈련의 절차

1. 교육훈련의 의의

교육훈련은 조직의 목적을 달성하기 위해서 종업원의 직무를 수행하는데 필요한 전문역량(지식, 기술, 능력, 태도)을 지속적으로 변화시키는 체계적인 활동을 말한다.

구 분	내 용
교 육	직무의 일반적이고 개념적인 지식을 향상시키는 것
훈 련	기초지식을 포함해서 현재 수행하는 직무와 관련된 특별한 업무기술을 향상시키는 것

2. 교육훈련의 절차

기업의 교육훈련은 조직의 목표를 바탕으로 해서 일반적으로 다음과 같은 절차를 거쳐 추진된다.

교육훈련 계획수립(Plan)

❶ 교육훈련의 필요성을 조직, 개인, 직무 차원에서 분석하고 교육훈련의 목표를 설정한다.

❷ 교육훈련의 목표에 따라 교육훈련 대상자를 선발하고 교육훈련 내용을 확정한다.

❸ 교육훈련실시 자 결정 및 교육훈련 기법을 선정한다.

교육훈련 실시(Do)

피교육자의 학습과 학습결과의 실무적용이 이루어진다.

교육훈련 결과평가(See)

교육훈련 결과평가 후 피드백을 통해 향후 교육훈련 목표설정에 반영한다.

교육훈련 프로그램의 운용

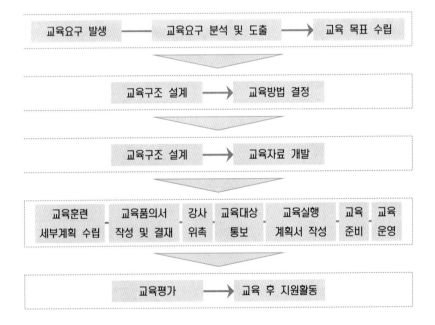

교육요구 발생 ── 교육요구 분석 및 도출 ──▶ 교육 목표 수립

교육구조 설계 ──▶ 교육방법 결정

교육구조 설계 ──▶ 교육자료 개발

교육훈련 세부계획 수립 ─ 교육품의서 작성 및 결재 ─ 강사 위촉 ─ 교육대상 통보 ─ 교육실행 계획서 작성 ─ 교육 준비 ─ 교육 운영

교육평가 ──▶ 교육 후 지원활동

1. 교육요구 발생

구 분	내 용
경영 요구(Business Needs)	조직, 부서(팀)의 목표 또는 성과와 관련된 니즈

구 분	내 용
수행 요구 (Performance Needs)	특정 직무수행자들의 직무수행상 행동(활동)과 관련된 니즈
교육 요구(Training Needs)	성공적인 직무를 수행하기 위해 지원되어야 할 지식, 기술, 태도와 관련된 니즈
직무환경 요구 (Working Environment Needs)	직무환경(지원시스템/업무 프로세스 등) 적응과 관련된 니즈

2. 교육요구분석 및 도출

설문조사

❶ 설문조사서를 개발해서 그 결과를 통해 교육요구를 확인하는 방법
❷ 조직구성원들의 다양한 의견을 수렴할 수 있고, 많은 사람이 참여하면서도 경제성이 높음
❸ 설문조사의 목적을 정확히 이해해서 응답하기 어려우므로 기대하는 결과물을 성공적으로 얻을 가능성이 가장 낮은 방법이다.

인터뷰

❶ 교육 요구내용에 맞는 인터뷰 주제 및 대상자를 선정해서 인터뷰를 실시한 후, 결과를 분석해서 교육요구를 도출하는 방법
❷ 일대일 인터뷰와 그룹으로 하는 형태가 있다.
❸ 개개인의 경험을 바탕으로 실제적인 교육요구를 파악할 수 있으며, 대면에 의한 조사를 통해 감성적인 부분 및 이면에 내재되어 있는 요구

의 확인이 가능하다는 장점이 있다.

❹ 능숙한 인터뷰 스킬이 필요하며, 대면방식에 의해 누구의 의견인지가 분명해서 대상자들이 심리적 부담감을 가질 수 있다는 단점이 있다.

직무분석

❶ 도출하고자 하는 교육요구 내용에 적합한 직무들을 선정한 후 직무수행담당자를 중심으로 교육적 요구가 무엇인지를 확인하는 방법

❷ 각 직무별로 처해진 상황을 고려해서 교육요구를 도출하기 때문에 정확한 Output을 기대할 수 있다는 장점이 있다.

❸ 각 직무별 요구수준이 다양하게 반영되어 교육요구를 집약해서 활용하는 데 어려움이 내재되어 있고, 시간적, 경제적 비용이 소요된다.

직무전문가 워크숍

❶ 도출하고자 하는 교육 요구내용에 적합한 전문가를 선정해서 이들과 함께 워크숍을 통해 교육적 요구사항이 무엇인지를 확인하는 방법이다.

❷ 직무 전문가의 생생한 경험을 중심으로 도출되기 때문에 현장감 있는 결과물이 도출될 가능성과 활용성이 가장 크다는 장점을 가지고 있다.

❸ 적절한 직무 전문가를 선발해서 장시간 워크숍을 수행해야 하므로 전문가들의 적극적인 참여가 반드시 요구된다.

3. 교육목표수립

❶ 교육 요구 분석을 바탕으로 교육목적 및 목표수준을 정한다.

❷ 교육의 목표는 학습자의 교육 후 행동변화에 대한 기대 수준이다.

❸ 전체 교육목표와 하위목표를 기술한다.

❹ 목표수준은 측정가능 한 지표나 행동 기술문으로 작성한다.

❺ 교육목표의 예

가. 효과적인 영향력 행사를 위해 개발되어야 할 리더십 행동을 작성한다.

나. 효과적인 의사소통을 위해 지켜야 할 행동계획을 수립한다.

4. 프로그램설계

프로그램설계란 요구분석 단계에서 발견한 교육적 요구를 충족하는 프로그램을 구성하는 것을 말한다.

교육구조 설계

❶ 교육목표와 학습주제를 선정한다.

가. 교육목표는 실제 교육이 끝났을 때 학습자의 바람직한 수행과 행동을 기술해야 한다.

나. 교육목표는 학습자가 훈련을 통해 배운 내용을 실행할 수 있는 조건이 기술되어야 한다.

다. 학습자가 배운 능력이 성과에 영향을 주었는지 결정하는 기준이 있어야 한다.

❷ 교육목표에 적합한 교육시간을 정한다.

❸ 학습주제에 따라 교육목표에 맞는 교육내용의 전체구조를 설계한다.

5. 프로그램개발

설계된 프로그램으로 구체적인 실제 학습 내용을 개발하는 과정이다.

자체 콘텐츠 개발

❶ 자체 개발해서 교육내용을 구성한다.

❷ 자체 콘텐츠 개발의 방법

가. 현재 학습자 수준의 이해를 위한 진단을 실시한다.

나. 교육목표와 내용에 대한 사내 전문가를 선정한다.

다. 사내 전문가에게 콘텐츠를 얻는다.

라. 콘텐츠의 구성

마. 학습 콘텐츠를 전달하기 쉽도록 다양한 기법을 통해 다듬는다.

이미 개발된 자원을 활용하는 방법

❶ 내부 콘텐츠 개발이 어렵고, 전문가가 개발한 학습 콘텐츠를 활용해야 할 경우

❷ 교육목적과 목표에 맞는 외부 교육 프로그램을 선정해서 교육내용으로 구성하는 방법

❸ 하부목표에 따라 모듈별로 외부 강사나 교육 전문기관의 프로그램을 도입해서 전체 교육내용을 조직하는 방법

❹ 외부 강사 및 교육 전문기관의 교육 프로그램 도입 프로세스

가. 외부 강사 및 교육기관의 전문성과 교육철학 검토

나. 교육의 목적과 목표를 알리고 교육 프로그램 제안 요청

다. 제안서 및 교육내용 검토

라. 프레젠테이션 및 질의응답을 통한 최종 검토

마. 외부 강사 및 교육기관 협상 대상 선정 및 협의

바. 최종 선정 및 계약

❺ 조직의 문화적 특성과 업무 특성을 고려해서 교육내용을 조직한다.

6. 교육운영

교육 프로그램을 실행하는 과정이다.

❶ 교육운영 세부계획 수립

❷ 교육품의서 작성 및 결재

❸ 강사 위촉

❹ 교육대상 통보

❺ 교육 실행 계획서 작성

❻ 교육준비

❼ 교육진행

❽ 교육종료

❾ 교육행정

7. 교육 프로그램 평가

교육평가의 기본 철학

❶ 기업교육의 평가는 철저히 교육의 목적 및 목표를 기준으로 수행되어야 한다.

❷ 기업교육의 평가방법 및 항목개발은 교육이 실행되기 이전 단계인 기획단계에서 이루어져야 한다.

❸ 평가의 결과는 어떠한 형태로든 교육과정 및 학습에 대한 효율성을 향상시키는 목적으로 활용되어야 한다.

교육평가의 모델

구 분	내 용
Level 1. 반응평가 (Reaction Evaluation)	교육내용이나 강사에 대한 교육생의 만족도 평가
Level 2. 학습평가 (Learning Evaluation)	교육종료 후 교육생의 학습 성취도 평가
Level 3. 업무 활용도 평가 (Behavior Evaluation)	교육내용을 현업에 어느 정도 유용하게 적용하는지에 대한 평가
Level 4. 조직 기여도 평가 (Result Evaluation)	교육이 경영전반에 기여한 영향력을 평가

8. 교육 후 지원활동

❶ 사전·후 진단 및 피드백
❷ Action Plan 평가
❸ News Letter
❹ 심화 교육과정 실행
❺ 업무 개선 도구 개발

교육훈련 프로그램의 분류

1. 장소에 의한 분류

직장내 훈련(OJT : On the Job Training)

피교육자가 현재 부여받은 직무를 그대로 수행하면서 직장의 상사 내지
선배동료로부터 제반 교과내용을 학습하는 방법이다.

구 분		사내교육(O.J.T)		
		팀내 교육	수시 교육	전사 교육
임원		자기주도 학습 프로그램		사내·외 강사 및 사외의 전문 교육기관에 의뢰해서 신정보전달, 의식개혁, 사례발표, 안전교육 또는 프로젝트 수행에 관한 교육 등을 전사적으로 실시
관리	팀장	팀장주관으로 각 팀원별로 직무능력 향상을 위해 반기별 교육계획을 수립해서 교육실시	필요에 의해서 승인을 얻은 후 수시로 실시	
관리	파트장			
일반	대리, 주임			
일반	사원			
신규		신규사원교육		

장 점	단 점
❶ 교육과 직무의 동시 수행과 비용·시간의 절약이 가능하다. ❷ 구체적·현실적인 교육이 가능하다.	❶ 교육 전문성에 한계가 있으며, 작업에 지장을 초래할 가능성이 크다. ❷ 다수 종업원을 대상으로 한 교육은 불가능하다.

※ 팀내 교육

해당 팀장은 반기별로 팀내 교육계획을 수립해서 개인 능력 및 숙련도에 의거 교육을 실시한다.

※ 수시 교육

사내·외 강사 및 사외 전문 교육기관에 의뢰해서 신 정보전달, 의식개혁, 사례발표, 안전교육 기타 프로젝트 수행에 관한 교육 등을 전사적으로 실시한다.

기타 전사적인 교육이 필요하다 건의된 사항에 대해 협의를 통해 추가할 수 있다.

※ 전사 교육

❶ 계층별 육성해야 할 기본소양, 관리능력 향상을 목적으로 사외 전문 교육기관에 위탁해서 실시하는 교육

❷ 계층별 교육내용을 지정하고 해당자는 교육내용에 의거 관련 교육 일정을 선택·제출한다.

❸ 계층별로 지정된 교육내용 중 연 1개 과정 이상을 반드시 이수해야 한다.

❹ 계층이 이동된 경우, 변경된 계층에 해당하는 교육을 이수해야 한다.

직장외 훈련(Off JT : Off the Job Training)

직장에서의 실무 또는 작업을 떠나서 전문적으로 실시하는 훈련으로 보통 단계적으로 행해진다.

일반 종업원 대상의 도입 및 기초교육, 감독자 대상의 TWI(Training Within Industry)교육, 중간관리자 대상의 MTP(Management Training Program), 최고 경영자 대상의 AMP(Advanced Management Program) 등이 있다.

구분		사외교육(OFF.J.T)			
		계층별교육 (기본소양교육)	직무능력 향상교육	자기계발 교 육	법정교육
임원		자기주도 학습 프로그램			
관리	팀장	경영관리에 관한 넓은 식견과 판단력 배가	경영목표 달성에 필요한 전문지식, 관리기법 습득	계층별 교육, 직무능력 향상교육 이외에 자기계발을 위한 교육	법정자격취득 및 유지를 위한 교육
	파트장				
일반	대리, 주임	일선 감독자로서의 능력배양으로 생산성 향상	직무기능향상을 위한 교육에 중점		
	사원				
	신입	기업문화에 대한 이해 및 회사개요 숙지			

장 점	단 점
❶ 다수의 종업원에게 통일적인 교육을 할 수 있고, 교육전문성 확보가 가능하다. ❷ 직무를 벗어나 훈련에 전념할 수 있으므로 훈련 효과가 높다.	❶ 작업시간의 감소 및 교육비용 등으로 회사의 경제적 부담이 커진다. ❷ 실무와 동떨어질 가능성이 크고, 진도조정이 어렵다.

✳ 계층별 교육

구 분	내 용
팀장	MBO, 고급관리자, 리더쉽, Project Management, 코칭 리더십과 갈등관리, 조직혁신, 경영전략
파트장	MBO, 중견관리자, 리더쉽, 팀리더, 조직혁신, 시간관리, 합리적 문제해결과 의사결정기법, 정보관리, 경영전략, MTP
대리, 주임	MBO, 시간관리, 정보관리, 합리적 문제해결과 의사결정기법, 창의력 개발과 마인드 파워, 실무기획능력 향상, 대인관계, TWI
사원	일반사원 능력향상, 초급관리자, 대인관계, 실무기획 능력향상, 창의력 개발과 마인드 파워, 시간관리, 정보관리
신입사원	신입사원 직무능력 향상

✳ 직무능력향상 교육

❶ 경영이념 구현에 필요한 전문지식, 관리기술 및 기능의 습득을 위해서 사외 전문기관에 위탁해서 실시하는 교육이다.

❷ 계층별 해당 직무 능력향상에 필요한 교육을 선정해서 경영지원팀에 제출하며, 이를 심사해서 경영지원팀에서 최종결정한다.

❸ 해당 계층에 속한 직무향상 교육 중 연 1개 과정 이상을 반드시 이수해야 한다.

❹ 계층이 이동된 경우, 변경된 계층에 해당하는 교육을 이수해야 한다.

✳ 신규사원 교육

❶ 신·전입 사원은 입사 후 3개월 이내에 신규사원 기본교육을 반드시 이수해야 한다.

회사의 사정에 의해서 교육이 이행되지 못한 경우 경영지원팀은 그 기간을 연장할 수 있다.

❷ 신·전입 사원에 대한 교육은 기본교육과 직무교육을 병행한다.

❸ 기본교육은 경영지원팀에서 주관하며, 직무교육은 해당팀 직무교육 프로그램에 따라 실시한다.

2. 대상에 의한 분류

신입직원 교육훈련

신입직원에게 조직을 이해시키고 조직의 새로운 경험에 대한 충격을 완화시킴으로써 조직에 빠르게 적응할 수 있도록 도와주는 교육을 의미한다.

❊ 단계

신입직원 교육훈련은 일반적으로 입직훈련, 기초훈련, 실무훈련의 3단계로 구분할 수 있다. 하지만 반드시 3단계를 순서대로 거치는 것은 아니며, 2단계를 동시에 혹은 1단계로 끝나는 경우도 있다.

❊ 종류

구 분	내 용
❶ 멘토링 프로그램	선배직원(Mentor)이 연하의 동료나 신입사원에게 그의 지혜와 경험을 지도하는 교육훈련 형태를 말한다.
	신입사원이 조직이나 직무에 대한 정보제공을 통해 조직에 적응하도록 지원하고, 심리적 상담 등을 통해 신입사원이 경력

구 분	내 용
	개발이라는 적극적인 자세로 전환하도록 지도한다.
❷ 조직사회화 프로그램	신입사원이 입사 초기에 신입 조직에 대한 충격을 완화시키도록 하기 위해서 기존의 조직구성원과 유사하게 조직을 이해하고 배우게 하는 교육 형태로 일종의 오리엔테이션 프로그램이라고 할 수 있다. 기본적으로 신입직원이 조직에 잘 적응할 수 있도록 돕고, 본인의 적성에 맞는 직무 분야에서 일할 수 있는 여건 조성에 교육훈련의 초점을 맞춘다.
❸ 코칭 프로그램	최근 들어 부하직원에 대해 지시하고 명령하기보다는 적절한 질문을 통해 스스로 답을 찾아갈 수 있도록 지원하는 코칭 프로그램이 유행하고 있다.

재직직원 교육훈련

현직 종업원의 자질을 높임으로써 작업능률을 높이고, 직무수행능력을 배양하기 위한 교육을 의미한다.

구 분	내 용
❶ 분야별 교육 훈련	일선 종업원을 대상으로 실무 기초능력을 배양하기 위한 교육 프로그램
❷ 감독자 교육 (TWL, Training Within Industry)	감독자를 대상으로 한 교육훈련으로 직장을 조직적, 합리적으로 훈련시키기 위해 작업지도, 작업개선, 작업관계 등을 지도하는 교육
❸ 관리자 개발(MTP, Management Training Program)	경영원리와 관리기술을 훈련하기 위해 토의를 주로 하고 강의, 실습 등을 함께 실시

구 분	내 용
❹ 최고경영자 개발 (AMP, Advanced Management Program)	경영에서 나타나는 결함을 시정하기 위해 토 의를 중심으로 교육실시
❺ 자기계발 (SD, Self Development)	다른 사람에 의한 교육훈련이 아니라 자신의 책임하에 자기의 이해와 평가로 자기 성장을 위해서 자주적으로 노력하는 방식 기업이 개인의 역량개발을 할 수 있는 분위 기 형성과 체계적인 지원 대책을 강구할 경 우 교육효과가 극대화될 수 있다.

교육훈련의 종류와 새로운 기법

1. 집합교육

오프라인 교육이라고도 하며, 특정한 장소(강의장)에 교육대상들이 모여서 강의를 듣거나, 문제를 해결하기 위한 워크숍 등을 통해서 학습하는 과정이다.

장 점	단 점
직접전달이라는 측면에서 교육의 효과성이 높다고 할 수 있으며, 학습자들이 참여하는 다양한 교육적 방법을 실행함으로 교육의 성과향상에 기여할 수 있다.	교육시간과 장소가 정해져 있고, 교육대상자들을 모으기 위한 사전 시간 조정이 필요하다.

2. 온라인 동영상 교육

인터넷을 통해서 학습자가 스스로 학습하는 교육업무 환경과 시간의 제약에 따라 교육대상이 한자리에 동시에 모이기 힘든 경우 온라인 교육을 고려할 수 있다.

장 점	단 점
시간과 공간의 제약을 받지 않으며, 교육의 진행 속도와 다양한 콘텐츠를 학습자가 선택할 수 있다.	학습에 대한 동기와 의지가 부족할 경우, 전혀 학습의 효과를 보기 어렵다.

3. 독서통신교육

교육의 목적에 따라 도서를 선택해서 책을 읽고, 온라인 혹은 오프라인으로 부여된 과제를 제출한다.

장 점	단 점
시간과 공간의 제약을 받지 않고, 자발적이며 지속적인 학습방법으로 교육문화 정착에 기여한다.	학습 동기가 갖추어 지지 않을 경우 형식에 그치기 쉽다.

4. e-Learning

다양한 형태의 교육 콘텐츠를 통해 교육자와 학습자, 학습자와 학습자 간의 쌍방향 커뮤니케이션이 가능하고, 학습자에게 다양한 선택권이 주어지면서 참여자 간에 상호평가가 가능한 온라인 학습체계이다.
학습조직(Learning Organization)의 첨병으로 구성원과 조직의 자율적
이고 능동적인 학습을 촉진한다.

5. Action Learning

실제 경영 현장에서 경영 성과와 직결되는 이슈 혹은 과제를 정해진 시
점까지 해결하고, 이를 통해 개인과 조직이 함께 성장할 수 있도록 하
는 학습기법이다.

효과

경영 현장의 이슈를 학습의 토대로 활용해서 복잡한 조직 문제의 해결
책을 찾는데 탁월한 효과가 있다.
❶ 학습조직 운영 등을 통해 개인의 역량개발과 동시에 기업의 성과향
상을 도모할 수 있다.
❷ 구성원들에게 실질적인 문제를 다루어 볼 수 있는 기회를 제공함으
로써 향후 리더로서 자질을 개발시킬 수 있다.

성공요인

적절한 이슈를 선정해야 한다.
❶ 조직의 이익과 직결되어있는 중요한 문제인가?
❷ 참여하는 구성원들의 권한과 책임소재가 명확한가?
조직 차원의 지원이 필요하다. GE의 Action Learning 프로그램이 성

공할 수 있었던 배경에는 잭 웰치의 강력한 의지가 뒷받침되어 있었다.

6. Blended-Learning

효과

e-Learning의 학습성과를 극대화하기 위한 On-Off Line 연계 교육을
실시한다.
❶ 학습효과 극대화 및 시간과 비용의 최적화 가능
다양한 교수 설계 전략, 미디어 개발 방식 등을 적절히 혼합한다.
❷ 학습기회의 확대
학습장소를 집, 회사 등으로 확대할 수 있다.

성공요인

❶ 전달 방법보다는 학습객체의 활용성에 중점을 두고 운영
❷ 개인의 학습 스타일에 맞는 다양한 접근 전략을 개발
❸ 내가 원하는 내용을 원하는 시점에 받을 수 있도록 구성

교육훈련 시 유의사항

1. 교육훈련의 목표 구체화

교육훈련의 목표가 팀워크 배양인지, 개인의 역량 강화에 있는지, 아니면 현장의 문제해결에 있는지, 전문가 양성에 있는지를 명확히 해야 한다.

2. CEO의 관심과 적극적인 지원

CEO가 얼마나 관여하고 지원하느냐에 따라 교육성과의 차이가 크게 발생한다. 필요시 약간의 강제성을 부여하는 것도 괜찮은 방법이다.

3. 핵심역량을 강화하는 차별화된 교육훈련 실시

백화점식의 나열식 교육훈련보다는 선택과 집중의 원리에 따라 핵심역량을 강화하는 방향으로 추진하는 것이 바람직하다.

❶ 기업 경영 성과와의 연계

교육훈련을 통한 막연한 능력개발보다는 현장 중심으로 기업의 경영성
과와 연계되어 추진되어야 한다.

❷ 정보기술의 적극적인 활용

인터넷 등 정보기술을 적극적으로 활용하면 시간과 비용의 절감이 가능
하다.

경력개발의 의의와 절차

1. 경력 및 경력관리의 의의

경력

경력은 개인의 인생에 있어서 일과 관련된 경험 및 활동의 유형을 말하며, 기업에서의 경력이란 개인이 전 생애에 걸쳐서 경험한 일이나 직무활동을 수행한 역사라고 할 수 있다.

경력관리

경력관리는 한 개인이 입사로부터 퇴사에 이르기까지의 경력경로를 개인과 조직이 함께 계획하고, 실시해서 개인목표와 조직목표를 장기적인 관점에서 달성해 가는 종합적인 인적자원관리를 의미한다.

장 점	단 점
❶ 다수의 종업원에게 통일적인 교육을 할 수 있고, 교육전문성 확보 가능	❶ 작업시간의 감소 및 교육비용 등으로 회사의 경제적 부담이 커진다.

장 점	단 점
❷ 직무를 벗어나 훈련에 전념할 수 있으므로 훈련효과가 높다.	❷ 실무와 동떨어질 가능성이 크고, 진도 조정이 어렵다.

경력관리의 요소

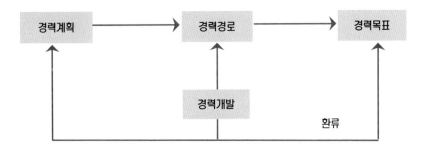

구 분	내 용
경력목표	개인이 조직에서 도달하려고 하는 최종의 직위
경력계획	경력목표를 설정하고 이 경력목표를 달성하기 위한 경력경로를 구체적으로 선택하는 과정
경력개발	개인은 경력계획을 수립해서 경력목표에 도달할 수 있는 경력경로를 설계하며, 경력개발의 제반 활동을 통해서 자기 자신을 개발하고, 이를 통해 경력목표를 달성하게 된다.
경력경로	개인이 설정한 경력목표에 도달할 수 있는 길이며, 개인이 경험했거나 앞으로 경험해야 할 직위의 연속을 의미한다.
환류	목표와 실제 활동 사이에서 발생하는 오차는 피드백 과정을 거쳐 경력계획과 경력개발 활동에 반영된다.

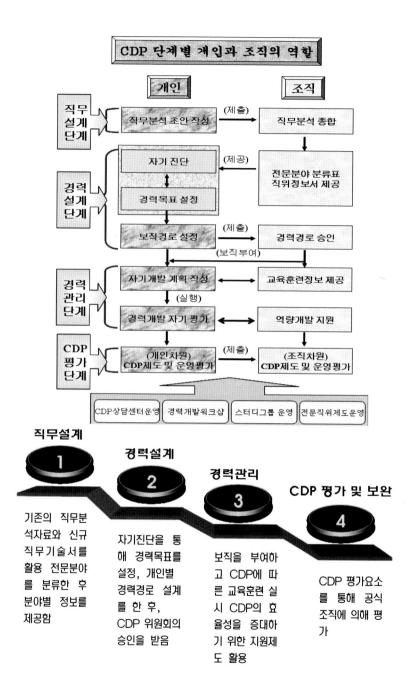

CDP 단계별 개인과 조직의 역할

| 개인 | 조직 |

직무 설계 단계
직무분석 조안 작성 —(제출)→ 직무분석 종합

경력 설계 단계
자기 진단 ←(제공)— 전문분야 분류표 직위정보서 제공
경력목표 설정
보직경로 설정 —(제출)→ 경력경로 승인
(보직부여)

경력 관리 단계
자기개발 계획 작성 ←→ 교육훈련정보 제공
(실행)
경력개발 자기 평가 ←→ 역량개발 지원

CDP 평가 단계
(개인차원) CDP제도 및 운영평가 —(제출)→ (조직차원) CDP제도 및 운영평가

CDP상담센터운영 | 경력개발워크샵 | 스터디그룹 운영 | 전문직위제도운영

직무설계
1

경력설계
2

경력관리
3

CDP 평가 및 보완
4

기존의 직무분석자료와 신규 직무기술서를 활용 전문분야를 분류한 후 분야별 정보를 제공함

자기진단을 통해 경력목표를 설정, 개인별 경력경로 설계를 한 후, CDP 위원회의 승인을 받음

보직을 부여하고 CDP에 따른 교육훈련 실시 CDP의 효율성을 증대하기 위한 지원제도 활용

CDP 평가요소를 통해 공식 조직에 의해 평가

2. 경력관리의 목적

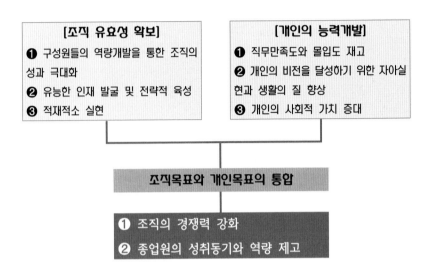

[조직 유효성 확보]
❶ 구성원들의 역량개발을 통한 조직의 성과 극대화
❷ 유능한 인재 발굴 및 전략적 육성
❸ 적재적소 실현

[개인의 능력개발]
❶ 직무만족도와 몰입도 재고
❷ 개인의 비전을 달성하기 위한 자아실현과 생활의 질 향상
❸ 개인의 사회적 가치 증대

조직목표와 개인목표의 통합
❶ 조직의 경쟁력 강화
❷ 종업원의 성취동기와 역량 제고

❶ 인재의 효율적인 확보 및 배분을 통한 조직 효율성의 증대

경력관리는 기업의 목표달성에 즈음해서 어떤 직책의 담당자가 언제, 어떻게 충원될 수 있는가에 대한 장·단기의 정보를 제공하고 이에 대한 대책을 강구하게 된다. 보다 구체적으로는 종업원의 노동력 질 향상, 이직방지, 후임자 양성을 기함으로써 인재의 확보 및 배분에 기여한다.

❷ 종업원의 성취동기 유발

경력관리는 종업원에 대해 승진 가능성을 제시함으로써 성장욕구 충족 및 모티베이션 향상에 기여하게 된다.

종업원 입장에서는 역량개발을 통해 개인의 시장가치를 제고 하게 된다.

3. 경력관리의 절차

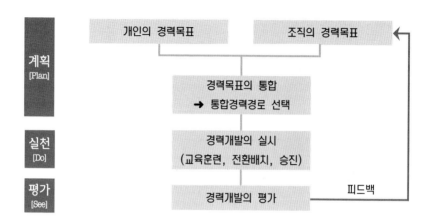

경력관리의 계획

개인의 경력목표에 따른 경력경로의 구상과 기업의 경력목표에 따른 경력경로의 구상을 통합해서 통합 경력경로를 설정한다.

경력목표를 통합하는 것은 개인의 비전과 조직의 비전을 결합시키는 활동이며, 개인의 주도로 이루어지는 것이 가장 바람직하다.

개인과 조직의 경력목표가 서로 다를 때에는 직속 상급자와 인사담당자에 의한 경력조정이 필요하다.

경력관리의 실천

❶ 경력관리의 실천은 경력개발을 통해 이루어진다.

경력개발은 경영자가 재능 있는 인재를 선발해서 그의 역량을 향상시킴으로써 역동성 있는 조직으로 만들 수 있도록 하는 것이다. 제도적 차원에서 배치전환과 승진, 활성화 차원에서 교육훈련이 있다.

❷ 기업이 종업원의 경력을 체계적으로 관리하기 위해서는 경력관리시스템을 구축해야 한다.

가. 조직구성원을 분야별로 어떤 인재로 양성할 것인가를 결정

나. 분야별 인재상을 정의하고 이에 필요한 역할과 수준을 구체화

다. 인재상에 언급된 역량을 육성하는데, 필요한 기간과 우선순위 결정

경력관리의 평가

❶ 경력관리의 평가는 통제의 일환으로 실시하며, 종업원과 기업의 경력욕구와 경력개발이나 활동의 성공여부를 종합적으로 평가한다.

❷ 목표와 실제 활동 사이에서 발생하는 오차는 피드백 과정을 거쳐 조직의 경력목표 설정 때 반영된다.

4. 경력관리의 설계

기능적 경력경로

기능적 경력경로는 전통적인 경력경로의 형태이며, 개인이 특정조직의 하위 직위에서부터 상위 직위에 이르기까지 한 전문 직무만을 계속 수행해서 수직적으로 이동하는 방식을 의미한다.

종업원의 경우 해당 직급 내 특정직무를 계속해서 수행하며, 승진하더라도 동일한 직무만 수행한다. 이는 직무 중심의 전문가 양성을 목적으로 한다.

장 점	단 점
경력경로가 명확하며, 한 분야에 오래 근무할 수 있으므로 해당 분야의 전문가로 양성할 수 있다.	중간 관리층이 취약해지고 인력배치가 경직될 수 있다.

네트워크 경력경로

네트워크 경력경로는 조직에서 종업원 개인의 직무가 변화할 가능성에 대비해서 수평뿐만 아니라 수직적으로 이동시킴으로써 다양한 경험을 쌓게 하는 형태이다.

개인은 해당 직급 내에 여러 직무를 수행하며, 승진하더라도 상위직급에서 여러 직무를 수행한다.

기술인력 경력경로

※ 이중(Dual Ladder) 경력경로

기술분야의 종업원이 주로 대상이 되며, 기술직 종업원이 상위직급으로 이동하면서 전문직과 관리직 가운데 하나를 선택해서 이동할 수 있는 형태이다.

기업의 전문직 선호자에 대해서는 '기술 전문가'로 양성하고, 관리직 선호자에 대해서는 '기술관리 전문가'로 양성한다. 하지만 기업이 관리직 선호자(기술관리 전문가)에게 인사권 및 예산편성권 등 핵심권한이 부여되지 않으면 기존 관리직과의 갈등 가능성이 존재한다.

이 밖에도 영업직이나 여행가이드와 같은 경우에도 이중 경력경로가 해당될 수 있다.

❋ 삼중(Triple Ladder) 경력경로

다중(Multiple) 경력경로라고도 하며, 이중 경력경로에 프로젝트 관리를 포함해서 '超기술관리 전문가'를 양성하고자 하는 형태이다. 이 형태는 기업의 연구소와 같은 조직에서 매우 유용하며, 전문 직종에 근무하는 종업원들에게 어느 일정 수준 이상의 직급에 도달할 경우 폭넓은 권한을 부여한다.

프로젝트와 관련된 인사권, 예산편성과 집행권, 프로젝트팀 구성과 관리권, 부하직원에 대한 교육권 등 관리직과의 갈등을 해소할 수 있으며, 전문직 구성원들에 대한 동기부여가 가능해진다.

여성인력 경력 경로

여성 인력은 남성 중심의 사회문화, 기업 내 성차별 의식·관행·제도, 기업과 정부 차원의 복리후생제도 미비 등으로 인해 경력개발에 많은 어려움을 겪고 있다. 높은 성과를 보이는 여성이 경력 기회를 갖지 못한다면 기업 입장에서도 큰 손실이다.

기업은 경력경로 설계 시 남성과 여성을 차별하지 않아야 하며, 여성의 강점을 활용할 수 있는 방안으로 설계되는 것이 바람직하다.

❶ 유리천장(Glass Ceiling) 철폐

여성이 기업 내에서 고위직으로 진급하는 것을 막는 눈에 보이지 않는 투명한 장벽

❷ 승진에 필요한 광범위한 경영 스킬 습득 지원

여성인력에게도 핵심직무에 접근할 수 있는 내용의 교육훈련 실시

❸ 여성 특유의 상호작용적 리더십 육성

❹ 승진된 여성 고위층에 의한 멘토 시스템 운영. 또한, 여성이 결혼한

후 가정과 경력을 잘 조화할 수 있도록 융통성 있는 경력경로를 설계할 필요가 있다.

❺ 일과 가정의 요구를 조화하기 위한 프로그램을 운영하고 이러한 프로그램이 경력관리와 효율적으로 통합될 수 있도록 운영

탄력적·선택적 근로시간, 재택근무, 육아휴직, 파트타임 등

맞벌이 부부의 경력경로

점점 많은 여성인력이 노동시장에 진입해서 경력을 추구함에 따라 기업들도 맞벌이 부부의 경력관리에 관심을 가져야 한다.

가장 우선적으로 기업은 배우자의 지역적 재배치에 대한 상담 기능을 강화해야 한다. 만약 부부 중 한 명이 타지역에서 근무해야 할 경우 기업이 경직되게 행동한다면 자칫 유능한 인재를 잃을 수 있다. 무엇보다 맞벌이 부부에 대한 결혼생활 문제를 감소시키기 위해 융통성을 부여해야 한다(예 : 근무 스케줄 조정, 육아휴직 보장 등).

경력개발 시 유의사항

1. 최고경영자의 지원

최고경영자가 경력관리의 목적과 의의를 명확히 인식하고, 이 활동에 대한 물적, 심적 지원을 해줄 때 경력관리가 실제로 행동화될 수 있다.

2. 경력관리제도의 점진적 도입

경력관리 제도를 도입해서 단번에 효과를 보려고 하면 오히려 부작용이 생길 가능성이 크다.

2~3년 정도의 기간을 두고 경력관리제도의 도입 및 운영에서 야기되는 여러 문제를 신중히 고려해서 점진적으로 정착시켜 나가야 한다.

3. 경력관리 업무의 독립성 확보

경력관리는 그 성과가 당장에 드러나지 않기 때문에 자칫하면 소홀하게 취급될 수 있다. 조직의 위계상 명확한 책임과 권한을 갖는 부서에 소속되어 업무의 독립성을 지켜야 한다.

구 분	내 용
Performance	막연한 능력개발형이 아니라 성과와 어떻게 연계시킬 것인가를 다뤄야 한다.
Value	일반적인 종합인재 육성이 아닌 그 기업의 핵심가치에 기반을 두어야 한다.
Leadership	종전의 지도자, 조직관리 능력이라는 지휘·통제 측면의 리더십이 아니라 핵심역량에 바탕을 둔 '차세대 리더'를 어떻게 양성할 것인지를 현재의 리더가 고민하게 해주어야 한다.
Development	강요된 학습이 아닌 스스로 몸값과 시장가치를 높이게 하는 학습, 현장학습이 되게끔 해야 한다.

이동관리의 유형과 유의사항

1. 이동관리의 의의

이동관리는 종업원들에게 새로운 직무를 부여해서 이를 수행하도록 함으로써 기대하는 기능, 지식, 능력 및 의욕을 점차적으로 향상시키는 것을 의미하며, 배치와 전환으로 구분된다.

구 분	내 용
배치(Placement)	신규 채용된 종업원을 각 직무에 처음 배속시키는 것
전환(Transfer)	배치된 종업원을 어떤 사정으로 인해서 현재의 직무에서 다른 직무로 바꾸어 재배치시키는 것

2. 이동관리의 목적

❶ 종업원들에게 다양한 경험을 쌓게 해서 조직 전체를 이해하고 관리할 수 있는 역량을 배양함으로써 조직을 이끌어갈 후계자 양성

❷ 종업원들을 여러 부서에 근무시킴으로써 그들의 역량을 효과적으로 활용

❸ 종업원들이 같은 직무를 계속해서 수행함으로써 나타나는 타성을 제거하고 근로의욕을 높이고 자아발전의 기회 증대

❹ 종업원 입장에서 역량과 성과의 향상 도모

❺ 조직의 경직성을 방지하고 활성화에 기여

3. 이동관리의 유형

직무순환

기업의 직무 순환(Job Rotation)은 수평적 또는 수직적 직무확대로 종업원들에게 다양한 직무 경험을 쌓게 해서 지식과 능력을 향상시키는 방식이다. 각 작업자가 직무를 서로 바꾸어 수행하는 작업 형태로서 한 작업자가 같은 업무를 오래 맡음으로써 나타나는 타성 등 부작용을 방지할 수 있다. 기업의 비용부담 증가와 업무 전문성 확보가 어려울 수 있다.

교정적 이동

교정적 이동(Remedial Transfer)은 종업원이 처음 배치된 직무에 대해 적성이 맞지 않을 때, 집단 내 인간관계가 원만하지 않을 때 이의 개선을 위해 이동시키는 형태이다.

특정 개인이 상사와 부하 간의 갈등이 심화되어 집단 내 인간관계에 문제가 생겨 협동 분위기가 훼손될 때 많이 실시한다. 이 경우 기업은 해당 종업원을 다른 집단 혹은 직무로 이동시킬 때 개인-직무-집단 간의 적합성을 극대화할 수 있도록 노력해야 한다.

교대근무(Shift Transfer)는 업무의 내용을 변화시키지 않고, 근무시간만 바꾸는 근무 형태이며, 이동과는 관계가 없다고 할 수 있다.

예를 들어 기계설비를 24시간 계속 가동해야 하는 경우 3교대 내지 2교대 근무 인력편성이 불가피하며, 이 경우 개인의 바이오리듬을 고려해서 실시하는 것이 바람직하다.

4. 이동관리 시 유의사항

직무적합성의 원칙

이동관리는 적재(Right Man)·적소(Right Place)·적시(Right Time)에 이루어져야 한다. 직무를 중심으로 해서 종업원의 역량, 직무, 시간 세 가지 측면을 모두 고려해서 이들 상호 간의 적합성을 극대화시킬 수 있는 방향으로 실시해야 한다.

인재육성의 원칙

이동관리는 종업원의 역량을 향상시킬 수 있도록 실시되어야 한다.

기업 입장에서 종업원을 인재로 육성하기 위해 교육훈련을 실시할 수도 있지만, 배치와 전환을 통해 새로운 직무를 수행하는 과정에서 자연스럽게 지식과 능력을 향상시킬 수 있다.

직무균형의 원칙

이동관리는 전체 종업원의 상황을 고려해서 실시되어야 한다.

제4장

인적자원의 평가관리

[평가관리 업무 PROCESS]

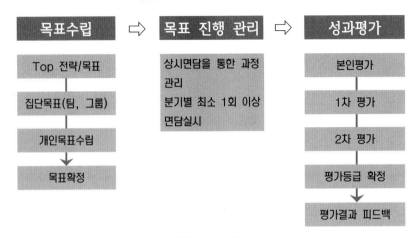

[다면평가 PROCESS]

사전 준비 단계	❶ 평가자 교육 ❷ 평가자 선정 ❸ 평가항목 설정 ❹ 평가기준 설정 ❺ 평가 일정 및 유의사항 공고
평가실시	❶ 본인 평가 ❷ 타인 평가(상사, 부하, 고객) ❸ 전산화가 효율적 ❹ 실행을 가능케 함
평가점수 산출	❶ 편견, 주관성 등으로 인한 판단 오류 제거 ❷ 조정계수 이용 ❸ 특이 점수 제외 ❹ 평가능력도 인사고과에 반영한다. ❺ 잘못된 평가를 한 평가자는 차기 연도에 제외시킨다.
피드백 및 인사고과 반영	❶ 평가 결과분석 ❷ 피평가자에게 피드백 개인별 능력개발에 활용하도록 한다. ❸ 승격 등 인사제도에 평가결과를 활용한다. ❹ 평가 후 만족도 조사

인적자원평가의 평가란?

1. 인적자원평가

인적자원평가의 의의

인적자원평가는 기업의 종업원과 그가 속한 집단(팀, 그룹 등)의 업무능률향상과 능력개발을 목적으로 각자의 자질, 역량, 기술, 업적 등 과업수행능력, 품성 등에 대해서 정기적으로 측정하는 공적인 시스템으로 사원의 가치를 측정해서 인사 전반에 활용함으로써 개인의 발전과 회사의 발전을 위해서 활용되는 경영 핵심 활동이다.

평가의 목적

❶ 평가는 회사의 인력정책 방향을 설정하는 기준

평가는 인사 정책에 대한 객관적인 의사결정을 할 수 있는 개개인의 능력과 실적에 대한 객관적인 자료를 제공하고, 회사가 보유한 인력에 대한 질적 수준을 판단하는 기준이 된다. 이를 바탕으로 회사의 인력정책 방향을 설정한다. 즉, 인적자원의 개발, 배치 및 승진을 위한 기초자료로 활용된다.

❷ 평가를 통해 직원의 능력개발을 위한 정보수집이 가능하며, 이를 근거로 체계적인 인재육성이 가능하다.

직원의 강·약점을 정확하게 파악해서 능력개발, 교육훈련 등의 니즈를 찾아내서 계획적이며, 효율적인 인재육성이 가능하다.

❸ 임금결정의 기준과 인적자원 방출의 주요 근거가 된다.

❹ 평가는 공정한 처우를 위해서 반드시 필요하다. 경쟁원리를 도입해서 개인의 업적이나 능력에 상응하는 개별적, 차별적인 보상이 따라야 하며, 그 기준은 평가이다.

평가의 구성

❶ 인적자원 평가는 흔히 인사고과라고 불리 우는 개인평가와 집단평가로 구분할 수 있다.

❷ 개인평가는 종업원 개인의 역량과 업적이나 성과 및 행동에 대한 평가이며, 평가결과의 반영 비율은 기업의 특성이나 업무의 성격에 따라 다르지만, 일반적으로 집단평가에 비해 반영 비율이 높다(예 – 60:40, 70:30).

❸ 집단평가는 집단의 역량 및 성과 등에 대한 평가이며, 집단이 받은 평가치를 집단의 구성원들에게 동일하게 반영한다.

최근 들어 그 중요성이 증가하고 있지만, 집단별 평가와 보상을 강조하다 보면 무임승차(Free Rider)의 문제가 발생할 수 있다.

평가의 절차

인적자원평가의 절차는 목표수립, 목표진행관리, 성과평가 등 3단계로 구분할 수 있다.

❶ 목표수립 단계에서는 최고경영자의 전략이나 목표에 따라 집단의 목표를 설정하게 되며, 집단의 목표에 따라 개인의 목표를 설정하게 된다.

❷ 목표진행관리 단계에서는 공식평가의 횟수와 무관하게 상시면담을 통해 목표달성을 위한 일정관리가 이루어지며, 이 경우 분기별 최소 1회 이상 평가자와 피평가자 간의 면담을 실시하는 것이 바람직하다.

❸ 성과평가 단계에서는 본인 평가 후 반드시 면담을 거쳐야 하며, 공정성 확보를 위해 다단계 평가가 실시되어야 한다.

평가의 관리기준

❊ 타당성(Validity)

평가내용(요소)이 평가목적을 얼마나 잘 반영하고 있는가에 대한 척도이며, 평가요소 선정이 평가목적과 일치해야 한다.

예를 들어 항공사에서 기내서비스 만족도에 대해 평가한다면 승무원에 대해서 평가하는 것은 타당하지만 항공기 정비공이나 발권 업무를 담당하는 사람에 대해 평가하는 것은 타당하지 않다.

❶ 임금, 교육훈련, 승진, 이동 등의 목적별로 평가가 이루어져야 한다.

❷ 전체 종업원을 대상으로 한 공통평가 항목도 필요하지만, 직종별, 직급별로 세분화된 평가항목을 개발할 필요가 있다.

※ 신뢰성(Reliability)

평가하고자 하는 내용이 얼마나 정확하게 측정되었는가에 관한 척도이며, 평가제도 자체의 완벽함보다는 운영과정에서 잡음이 없도록 하는 것이 중요하다. 평가상 오류에 대해 간단히 살펴보면 다음과 같다.

구 분	내 용
관대화 경향 (Leniency Tendency)	평가 결과가 정규분포를 나타내지 않고 평균치 이상에 집중되어있는 것을 말한다.
중심화 경향 (Central Tendency)	평가 결과가 정규분포를 나타내지 않고 평균치에 집중되어 있는 것을 말한다.
가혹화 경향 (Strictness Tendency)	평가 결과가 정규분포를 나타내지 않고 평균치 이하에 집중되어있는 것을 말한다.
후광효과 (Halo Effect)	특정 항목의 평가 결과 혹은 피평가자의 인상이 평가에 영향을 주는 것을 말한다. (예) 친절하면 성실하고 책임감이 강하다
상동적 오류 (Stereotyping Error)	어떤 사람이 속한 집단에 근거해서 평가에 영향을 받는 것을 말한다. (예) 종교가 있는 사람은 성실하다
최근 결과에 대한 편중성 (Recent Behavior Bias)	과거의 성과나 행동보다는 최근에 일어난 일에 더 많은 영향을 받음으로써 평가상 오류를 범하는 것을 말한다.

구 분	내 용
상관편견 (Correlational Bias)	평가자가 평가항목의 의미를 정확히 이해하지 못해서 발생하는 오류를 말한다.

신뢰성을 증대시키기 위해서는 다음의 방법을 사용한다.

❶ 절대평가와 상대평가를 적절하게 혼합하여 사용

(예) 교육훈련 : 절대평가, 승진 : 상대평가

❷ 평가 결과의 공개

❸ 평가자에 대한 교육 강화

❹ 다면평가 도입

✱ 수용성(Acceptability)

피평가자가 얼마나 저항 없이 평가의 목적, 결과 등을 수용하는가에 관한 척도이며, 평가 시 무조건 점수를 잘 주는 것이 최상의 방법은 아니다.

평가에 대한 만족도는 실제 평가 결과의 높고 낮음보다는 본인의 예상과 얼마나 일치하느냐에 달려 있다(KAIST, 2002).

수용성을 증대시키기 위해서는 다음의 방법을 사용한다.

❶ 평가제도를 개발하거나 개선할 때 종업원 대표의 참여

❷ 평가자와 피평가자를 대상으로 평가에 대한 교육훈련 실시

❸ 평가에 대해 투명하게 홍보

✱ 실용성(Practicability)

평가에 소요되는 시간적, 금전적 비용을 얼마나 최소화하고 편익을 극

대화할 수 있는가에 관한 척도이다.

실용성을 증대시키기 위해서는 다음의 방법을 사용한다.

❶ 인사평가에 대해 적절하게 투자해야 한다.

정확한 평가를 위해 비용을 지나치게 투자하거나, 전혀 투자하지 않는
것 모두 바람직하지 않다.

❷ 인사평가의 분별력을 높여야 한다.

❸ 평가표의 단순화 등을 통해 평가를 쉽고, 짧게 실시할 수 있어야 한다.

2. 개인평가

개인평가는 종업원이 어떤 지식, 능력, 업적, 직무태도 등을 보유하고
있거나, 이를 수단으로 해서 조직의 성과향상에 얼마나 기여했는가에
대해 객관적이고 체계적으로 평가하는 것을 의미한다.

평가의 체계는 크게 역량(Competency)평가와 성과(Performance)평가
로 구분할 수 있다.

역량평가는 직무수행에 요청되는 자세, 의욕, 인간관계, 팀워크, 리더
십, 책임감 등을 평가하는 것을 말하며, 성과평가는 개인의 역량을 투
입해서 나타나는 산출물(업적)에 대해 평가하는 것으로 최근 인사평가
에서 가장 중요시하는 요소이다.

구 분	역량평가	성과평가
평가목적	❶ 승진 및 업무승계 시 활용 ❷ 장기적 관점의 평가	❶ 기본급 및 보너스 결정시 활용 ❷ 단기적 관점의 평가

구 분	역량평가	성과평가
평가항목	회사의 전략과 연계한 역량 및 리더십 평가(10개 내외 항목)	❶ 회사의 전체성과에 기초한 사업부, 팀, 개인의 정량적 성과 ❷ 스텝 부문의 경우 회사 전체성과와 일부 전략적 항목
평가방식	❶ 미리 설정된 능력 항목에 3~5단계로 평가 ❷ 다면평가방식 적용 가능	연초에 설정된 목표기준에 대해 3~5단계로 평가
평가주기	실적평가와 분리해서 연 1회	회계연도 말에 연 1회
평가자	직속상사 또는 평가위원회	직속상사

개인평가의 대표적인 방법으로는 다면평가와 MBO를 예로 들 수 있다.

3. 집단평가

집단평가는 기업의 역량과 성과를 집단 내지 부문별로 측정하고 분석해서 이를 기업환경 및 여건하에서 설정된 경영상의 기준과 비교해서 판단하는 것을 의미한다. 집단평가는 다음을 목적으로 한다.

❶ 단위별로 개인과 집단의 책임의식, 목표수행의식을 촉진해서 궁극적으로 기업 전체의 역량과 업적 향상

❷ 각 분야의 관리 표준화를 이루고, 나아가 운영방법을 개선함으로써 관리제도의 수준 향상 도모

❸ 각 집단의 단위별로 책임경영체제를 확립하고, 기업에 필요한 유능한 경영자를 양성

집단평가의 대표적인 방법은 BSC를 예로 들 수 있다.

다면평가

다면평가는 상사는 물론이고 피평가자를 포함해서 동료, 부하, 내·외부 고객 등 피평가자를 관찰할 수 있는 주변의 많은 사람이 함께 평가하는 방식으로 360도 평가라고도 한다.

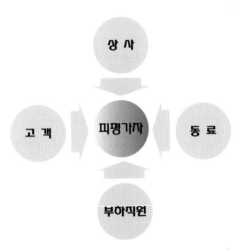

❶ 평가신뢰성 확보 : 상사의 단방향 평가에서 탈피해서 여러 관점의 평가결과로 인사판단 의사결정 과정의 객관적 자료로 활용

❷ 개인역량 강화 : 평가결과에 대한 피드백을 통해 자아반성의 계기 마련 및 부족한 역량개발노력 등 동기부여

❷ 의사소통활성화 : 관찰을 통해 느낀 점을 평가를 통해 전달, 평가결과를 수용하는 과정에서 활발한 의사소통 및 조직 활성화
❸ 건전한 조직문화 구축 : 상·하·동료 간의 여러 방면의 의사소통과정을 통해 수직·수평적 관심 제고로 조직문화변화 및 발전

1. 다면평가의 목적

구 분	개발목적	평가목적
활용	❶ 개인의 개발과 성장을 증진하기 위해 활용 ❷ 보상이나 승진과 같은 관리상의 의사결정을 위해 사용되지 않음. 사용되더라도 소극적인 참고자료로 활용	평가 결과를 바탕으로 보상과 승진과 같은 인사관리 상의 의사결정에 직접 활용
결과관리	❶ 피평가자에게 직접 Report ❷ 평가자는 평가 결과를 참고해서 평가에 반영할 뿐 공식적인 결과의 관리는 수행하지 않는다.	평가 결과는 인사부에서 직접 관리하고 평가 결과를 공식화한다.
적용비율	다면평가를 활용하는 조직의 약 75%가 개발목적으로 활용한다.	다면평가를 활용하는 약 25%가 평가목적으로 활용한다.

2. 다면평가의 효과

구 분	내 용
평가의 신뢰성 확보	❶ 상사의 일방성 탈피, 다양한 관점을 종합 ❷ 신뢰성 확보를 통해서 과학적인 인사상 의사결정에 큰 도움을 준다.

구 분	내 용
개인의 역량강화	평가 결과에 대한 피드백을 통한 자아반성 및 개발노력이 가능하다.
성과에 대한 다양한 관점	관점에 따른 성과에 대한 차이점 파악이 가능하다.
조직의 요구사항 전달	❶ 피평가자에게 팀과 조직 차원에서의 개발을 위한 요구사항 전달이 가능하다. ❷ 리더십 개발에 용이하다. ❸ 리더의 조건 및 현 상황 파악도 가능하다.
커뮤니케이션 활성화	❶ 관찰을 통해 느낀 점을 평가를 통해 전달한다. ❷ 평가를 수용하는 과정에서 활발한 커뮤니케이션이 가능하다. ❸ 조직 활성화를 도모한다.

3. 다면평가 프로세스

사전 준비 단계	❶ 평가자 교육 ❷ 평가자 선정 ❸ 평가항목 설정 ❹ 평가기준 설정 ❺ 평가 일정 및 유의사항 공고
평가실시	❶ 본인 평가 ❷ 타인 평가(상사, 부하, 고객) ❸ 전산화가 효율적 ❹ 실행을 가능케 함
평가점수 산출	❶ 편견, 주관성 등으로 인한 판단 오류제거 ❷ 조정계수 이용 ❸ 특이 점수 제외 ❹ 평가능력도 인사고과에 반영한다. ❺ 잘못된 평가를 한 평가자는 차기연도에 제외시킨다.

피드백 및 인사고과 반영	❶ 평가 결과분석
	❷ 피평가자에게 피드백 개인별 능력개발에 활용하도록 한다.
	❸ 승격 등 인사제도에 평가 결과를 활용한다.
	❹ 평가 후 만족도 조사

4. 설계 및 활용

구 분	역량평가
평가문항과 척도	평가목적과 조직상황에 따라 설계하며, 역량평가를 다면평가 방식으로 적용하는 것도 괜찮은 방법이다.
평가자 선정	평가자는 이해관계에 영향을 받지 않도록 선정해야 한다.
평가의 실시	❶ 평가자 교육 : 편견, 온정주의, 고의성이 있는 악의적인 평가 차단
	❷ 평가자에게 평가 관련 가이드라인 제시
평가결과의 활용	❶ 개인에게 피드백해서 개인의 능력개발과 신뢰성 확보
	❷ 구성원들의 태도 변화와 인간관계의 재정립에 기여

5. 활용 시 유의사항

❶ 평가 시 이해관계에 따라 담합가능성이 있다.

❷ 평가자별로 평가 성향의 편차가 발생할 수 있으며, 이의 해결을 위해 오류시정 장치를 마련해야 한다.

가. 평가결과에 대해서는 최고점과 최저점을 제외하고 분석

나. 분석결과 최고점과 최저점을 획득한 사람의 최종 점수 차가 만점의 일정비율(예 : 20%)을 넘지 않도록 해야 한다.

MBO(Management By Objectives, 목표관리법)

MBO는 종업원이 미리 상급자와 상의해서 달성할 목표를 정해 놓고 일정기간이 지난 후 계획했던 목표와 달성한 성과를 서로 비교하면서 달성 여부에 대해 평가하는 성과평가 방식이다. 이는 목표를 통해서 종업원을 효과적으로 동기부여를 시키면서 관리하는 제도로써 성과주의 인사제도의 핵심이라고 할 수 있다.

직무측면	개인측면	조직측면
목표관리에서는 고과기준의 설정 시 구성원들이 맡고 있는 직무의 특수한 성격을 고려할 수 있다	특정기간 동안에 이루어야 할 명확한 목표와 책임을 규정하고, 피드백을 제공함으로 동기부여와 성과개선에 도움을 줄 수 있다	사전계획을 강조하는 하나의 관리 스타일로 부서 간의 커뮤니케이션과 조정을 용이하게 해주고, 권한의 이양과 분권화를 촉진할 수 있다

구 분	내 용
장 점	❶ 명확한 목표설정으로 구체적인 평가와 이를 통한 성과주의 인사의 실현 ❷ 종업원의 참여와 결과에 대한 피드백으로 평가의 수용성과 공정성 도모 ❸ 지속적인 지도와 상담을 통해 구성원의 역량증진 도모
단 점	❶ 평가내용이 성과(업적)에만 국한되기 때문에 다른 인사평가의 목표에 대

구분	내 용
	한 공헌도는 그다지 높지 않음
	❷ 상사가 무리하고 비합리적인 요구를 하는 경우 상사 – 부하 간의 갈등 야기
	❸ 실용성 측면에서 시간과 비용이 많이 듦
	❹ 사무직과 같이 성과개념이 명확하지 않은 직무에서는 목표설정에 많은 어려움이 존재할 수 있으며, 이 경우 목표관리법이 형식에 치우칠 가능성이 크다.

1. MBO 프로세스

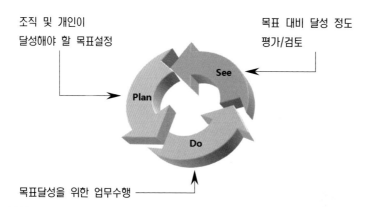

조직 및 개인이
달성해야 할 목표설정

목표 대비 달성 정도
평가/검토

Plan
See
Do

목표달성을 위한 업무수행

구 분	내 용
목표설정(Goal Setting)	조직 전체의 목표를 고려해서, 충분한 합의를 거쳐 목표 확정
행동계획(Action Planning)	목표실행의 수단 결정, 실질적 계획 개발
자기통제(Self-Control)	종업원 자신이 성과를 직접 검토함으로써 체계적으로 성과에 대한 측정 및 감시
주기적 검토 (Periodic Review)	행동이 목표설정 단계에서 수립된 기준에서 벗어날 때 행동 수정, 미래 성과향상의 전환 계기

목표설정

목표설정은 경영자의 목표지향성을 자극해서 달성가능한 목표를 탐색·확인함으로써 스스로 목표달성을 위한 아이디어를 창출하고 자신의 능력개발을 촉진하도록 한다.

그러나 대부분의 경영자들은 목표설정의 어려움 때문에 MBO의 도입을 두려워하는 경향이다. 따라서 MBO 도입의 핵심과제는 경영자들에게 달성가능하고 측정가능 한 목표설정기법을 제공하는 것이다.

❶ 목표는 특수화되어야 한다.

❷ 목표는 측정가능 한 결과로 정의되어야 한다(계량화).

❸ 개인목표는 조직의 전체목표에 연계되어야 한다.

❹ 목표는 정기적으로 평가되어야 한다.

❺ 목표달성 기간이 명시되어야 한다.

❻ 가능한 한 결과치는 계량화되어야 하고 확인할 수 있어야 한다.

❼ 목표는 신축성이 있어야 하나 정당한 조건에서 변화되어야 한다.

❽ 목표는 결과달성을 위한 행동계획을 포함해야 한다.

❾ 목표는 우선순위를 할당해야 한다.

 ## 각 부서의 목표설정 항목 참고사항

1. 전체조직의 목표설정

❶ 투자수익률 15%를 4/4분기 이내에 성취한다.

❷ 다음 회계연도 중에 유동비율(유동자산/유동부채×100)을 300% 이상으로 유지한다.

❸ 모든 독립 사업부의 경영통제보고시스템을 4월 30일까지 완성한다.

❹ 향후 3년 이내에 2개의 신제품을 시장에 진출시킬 수 있도록 기술능력을 개발

한다.

❺ 공장의 자본적 지출을 2년 내에 3,000만 원에서 1,500만 원으로 낮추되, 금년 중에 2,500만 원으로 감소시킨다.

2. 재무 부문의 목표설정

❶ 외상채권 회수기간을 현재의 평균 33일에서 25일 이내로 단축시킨다.

❷ 매출액의 감소 없이 금년 말까지 15%의 판매이익 개선과 30%의 판매비용 절감을 성취한다.

❸ 재고자산 수용 한도의 80%를 보유하도록 연말까지 회사가 필요한 운영자금을 3개 은행으로부터 15%를 증액시킨다.

❹ 6개 부서의 경영자로부터 7월에서 12월 사이에 매월 각각 10개의 원가절감 아이디어의 제안을 수집한다.

❺ 월간 반품 비용을 전년도 월평균 2,000만 원에서 내년도 1,500만 원으로 감소시킨다.

3. 마케팅 부문의 목표설정

❶ 중국시장에 대한 현재의 판매촉진비용을 유지하되 12개월 이내에 신제품 매출액을 15% 증가시킨다.

❷ 재고제품회전율을 회계연도 내에 4회전에서 6회전으로 제품판매를 촉진한다.

❸ 월별 계획에 따라 신제품 판매를 촉진하기 위해서 3개의 도매상과 거래약정을 체결한다.

❹ 제품 Y의 출시 준비를 확실히 하기 위해서 전지역 판매원을 대상으로 하는 교육 프로그램 A를 연초에 완료한다.

❺ 거래관계에 관한 고객불만을 거래 건수의 22%에서 10%로 감소시킨다.

❻ 종업원 1인당 매출액을 향후 5년 동안에 5,000만 원으로 향상시킨다.

4. 연구개발부문의 목표설정

❶ 신제품의 설계와 개발을 1억 2,000만 원 이내의 비용으로 14개월 이내에 완료한다.

❷ 신제품의 예상매출액 15억 원을 다음 회계연도 중에 달성할 수 있도록 세 가지 신제품을 마케팅 부문에 공급한다.

❸ 생산부로부터 3개월 이내에 생산, 원가, 일정에 관한 계획을 승인받는다.

❹ 신제품개발계획을 유지하면서 다음 5개년 계획기간에 연구개발 예산을 순매출액의 4.5%에서 3.5%로 감소시킨다.

5. 생산 부문의 목표설정
❶ 긴급 작업프로그램 A를 완성하는 동안 계획된 작업시간의 5% 수준에서 잔업시간을 유지한다.
❷ 펌프와 수선공 비용을 연간 기계공 1인당 1,000만 원에서 500만 원으로 감소시킨다.
❸ 기존의 계획에 추가하여 승인된 1,000평방 미터 2층 공사를 5,000만 원 이내에서 금년 봄까지 완성한다.
❹ S 조립공정에서 철판의 용접 불량률을 6%에서 3%로 감소시킨다.
❺ 고객서비스를 유지하기 위해서 발주일로부터 인도일까지의 기간을 3주일에서 2주일로 단축한다.

6. 인사 부문의 목표
❶ 충원을 요청한 엔지니어의 인원과 날짜를 지키면서 엔지니어 한 사람당 모집비용을 450,000원에서 250,000원으로 감소시킨다.
❷ 단체협약 변경요구를 모든 경영층에 알리고 단체교섭 준비를 위한 전략적 통찰력을 얻을 수 있도록 격월로 토론회를 개최하고 두 차례의 모의단체교섭 회의를 실시한다.
❸ 사무직 사원의 퇴직률을 25%에서 15%로 감소시킨다.
❹ 고충 발생빈도를 연말까지 연평균 35건에서 20건으로 줄인다.
❺ 감독자 600명을 대상으로 2일간의 MBO 교육 · 훈련 세미나를 12월까지 완료한다.

업무수행

목표달성을 위한 업무수행은 개인의 성취지향성에 기초를 둔다. 구성원은 전체조직과 경영자의 목표와 관련해서 개인의 목표를 자발적인 노력과 자기통제에 의해서 하며, 경영자는 목표공동체로서 종업원의 목표달성을 위해서 적극적인 협력과 지원을 제공해야 한다.

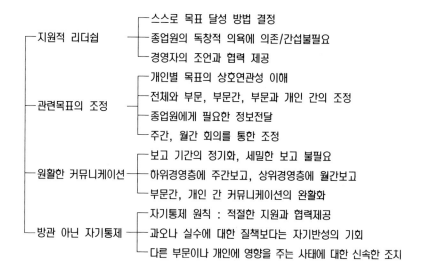

지원적 리더쉽
- 스스로 목표 달성 방법 결정
- 종업원의 독창적 의욕에 의존/간섭불필요
- 경영자의 조언과 협력 제공

관련목표의 조정
- 개인별 목표의 상호연관성 이해
- 전체와 부문, 부문간, 부문과 개인 간의 조정
- 종업원에게 필요한 정보전달
- 주간, 월간 회의를 통한 조정

원활한 커뮤니케이션
- 보고 기간의 정기화, 세밀한 보고 불필요
- 하위경영층에 주간보고, 상위경영층에 월간보고
- 부문간, 개인 간 커뮤니케이션의 완활화

방관 아닌 자기통제
- 자기통제 원칙 : 적절한 지원과 협력제공
- 과오나 실수에 대한 질책보다는 자기반성의 기회
- 다른 부문이나 개인에 영향을 주는 사태에 대한 신속한 조치

성과평가

MBO의 성과평가는 기초에 설정한 목표가 계획대로 달성되고 있는가를 측정·평가하고, 계획과의 차질이 발생한 경우에 그것을 시정하고 통제하기 위한 것이다. 즉, 목표를 추구하는 과정과 목표의 성취도를 측정·평가·피드백하는 과정이다.

성과평가는 객관성과 공정성에 기초를 둔다. 즉, 계량화된 목표를 기준으로 객관적인 피드백 자료에 의한 자기평가에 의존하며, 경영자의 지도와 합의를 통해서 최종평가를 확정 짓게 된다.

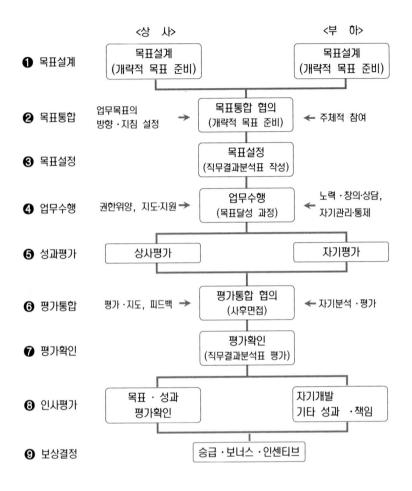

		〈상 사〉	**〈부 하〉**
❶ 목표설계		목표설계 (개략적 목표 준비)	목표설계 (개략적 목표 준비)
❷ 목표통합	업무목표의 방향·지침 설정 →	목표통합 협의 (개략적 목표 준비)	← 주체적 참여
❸ 목표설정		목표설정 (직무결과분석표 작성)	
❹ 업무수행	권한위양, 지도·지원 →	업무수행 (목표달성 과정)	노력·창의·상담, ← 자기관리·통제
❺ 성과평가		상사평가	자기평가
❻ 평가통합	평가·지도, 피드백 →	평가통합 협의 (사후면접)	← 자기분석·평가
❼ 평가확인		평가확인 (직무결과분석표 평가)	
❽ 인사평가		목표·성과 평가확인	자기개발 기타 성과 ·책임
❾ 보상결정		승급·보너스·인센티브	

2. 운영 시 유의사항

목표설정의 원칙 : SMART

· S : Specific(목표는 누구나 이해할 수 있도록 구체적이어야 한다.)

· M ： Measurable(목표 달성정도를 정성적/정량적으로 측정할 수 있어야 한다.)

· A ： Achievable(목표는 달성가능하면서도 도전적이어야 한다.)

· R ： Result-Oriented(목표는 결과 지향적이어야 한다.)

· T ： Time-Bound(목표는 시간의 제약(예를 들어 1년)이 존재해야 한다.)

종합적인 관점에서 평가

목표의 난이도, 달성도, 중간 점검 결과, 피평가자의 직급 등을 고려해서 종합적으로 평가한다.

BSC(Balanced Scorecard, 균형성과표)

BSC는 말 그대로 '균형성과 측정기록표'로써 기업이 달성하길 원하는 공통의 비전과 경영목표를 구현하기 위한 구체적인 방법론을 측정지표로서 명확화하는 것이다. 회계적인 측정에만 치우쳤던 기존의 성과측정 시스템의 한계를 보완하기 위해 세 가지 관점(고객의 관점, 내부 비즈니스의 관점, 학습과 성장의 관점)을 추가해서 조직의 비전과 전략을 달성하기 위한 요소를 4가지 관점에서 균형되게 평가하는 새로운 전략적 성과평가시스템을 말한다.

BSC에서는 과거 인사고과에 사용목적을 가진 성과측정이라는 부분에 덧붙여 전략의 실천을 위한 성과측정 지표 간의 인과관계라는 부분을 강조하고 있으며, 이를 위해 비계량적 정보도 이용해야 한다고 말하고 있다. 성과측정 지표 간의 인과관계가 바로 전략과 구체적 행동지침의 일관성을 가능하게 해주는 부분이다.

BSC는 상대적으로 거시적인 평가지표로써 개인보다는 팀, 그룹 등 집단의 성과관리를 위해 활용된다.

BSC는 조직의 비전과 전략 수립의 실질적인 성과측정을 통해서 현 상황의 문제점 도출 및 분석된 성과를 토대로 미래성장을 위한 핵심역량에 자원을 집중하는데, 그 목적이 있다.

1. BSC의 구성

BSC는 재무적 측정지표와 고객만족, 내부 프로세스, 조직의 학습 및 성장능력 등 비재무적 지표로 구성되어 있다.

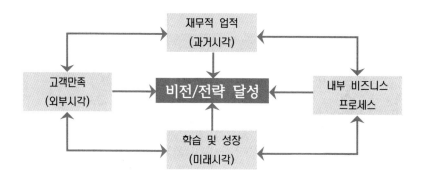

BSC를 구성하는 측정지표들은 조직의 구성원들이 회사 전체의 비전을 향해 나아갈 수 있도록 설계된다. 즉 기업전략의 구체적 행동지침으로 표현되는 것이다. 종합적이고 다차원적인 경영관리를 위해 회계적 관점을 포함한 비재무적 관점인 고객의 관점, 내부 비즈니스의 관점, 학습과 성장의 관점에서 목표와 측정지표를 도출해 구성원들이 회사의 전략적인 목표와 부합해서 활동하는지 측정할 수 있는 정보를 제공하는 것이다.

재무적 업적(과거시각)

재무적 관점은 사업 단위에 투자한 자본에 대해서 더 높은 이익률을 얻으려는 조직의 장기적 목표중심의 관점으로 기업자본의 사용에 대한 적정성, 안정성 등을 나타내준다. 이는 기업재무상태의 건실성 여부를 나타냄과 동시에 다른 모든 기업 경영의 결과를 반영하는 측면을 보여주는 것이다.

기업에서는 재무적 측면에서의 장기전략을 영업현금흐름(cash flow)의 극대화 또는 비용 절감을 통한 이윤극대화 등으로 세울 수 있고 이를 위한 구체적 측정치로는 잉여주주현금흐름(free cash flow), 생산성장률(volume growth rate), 투자수익률(Return on Investment : ROI), 자기자본이익률, EVA(Economic Value Added), 수익성 등을 사용할 수 있다.

고객만족(외부시각)

고객은 기업의 입장에서 보면 수익의 원천이다. BSC에서는 세분화된 고객집단의 성향 또는 제품에 대한 만족정도를 반영하고 있다. 이렇게 파악된 정보는 내부 비즈니스 프로세스와 종업원의 학습 및 성장 측면의 결과로 반영된다고 본다. 이는 바로 고객의 취향을 중심으로 제품과 서비스를 생산 및 공급해야 한다는 측면을 강조하는 것이다. 따라서 기업은 '타겟 고객층의 만족 극대화'를 전략적 목표로 세울 수 있고, 그것의 구체적 측정 수단으로서 고객의 만족도, 고객 유지율, 대리점 매출 증가율, 시장점유율, 고객유지비율, 신규 고객 수, 전체 고객 수 등을 사용할 수 있다.

프로세스(내부시각)

성과를 최대한으로 달성하기 위해 어떠한 프로세스에서 탁월해야 하는지 규정하는 것이 이 관점의 목표이다. 이는 바로 가치사슬(value chain)을 의미하는 것인데, 기업의 가치를 증대시킬 수 있는 핵심적 역량을 찾는 것이다. 즉, 내부 비즈니스 시각에서 고객에 초점을 둔 측정지표를 토대로 해서, 자사제품 및 서비스가 고객들의 기대를 충족시키기 위해서는 내부적으로 무엇을 해야 하는지를 파악하는 것이다. 또한, 프로세스 면에서 경쟁사들보다 앞서기 위해 무엇을 준비해야 하며, 그것을 통해 효율적인 프로세스 과정을 만들어 내는 것이다.

효율적인 비즈니스 프로세스 과정은 합리적 비용 배분을 통한 제품/서비스의 생산이므로 생산과정의 효율성에 중점을 둔 성과측정치를 도출하게 된다. 따라서 신제품 출하율, 재고수준(Inventory Levels), 제품의 질 척도(Quality Index), IT 시스템, 생산의 효율성, 품질, 스피드, 사후 서비스 등이 측정치로 사용된다.

학습 및 성장(미래시각)

학습과 성장의 관점은 재무, 고객, 내부 비즈니스 관점의 목표들이 달성될 수 있게 하는 원동력으로써의 기능을 수행한다. 성과를 거두는 기반을 마련하고 직원들을 교육시키거나 필요한 정보가 시기적절하게 제공될 수 있도록 시스템을 갖추게 하는 것이 이 관점의 목표이다.

학습과 성장을 가능하게 하는 것은 바로 구성원의 역량과 업무 환경이므로 이에 대한 자료 분석을 통해 조직구성원의 역량을 가장 잘 발휘될 수 있는 요소들을 찾을 수 있다. 기업은 이를 위해 직원 만족도, 전략 이행 정도, 직원숙련도, 정보획득 가능성, 연구개발 등을 측정지표로 사용할 수 있다.

2. BSC의 필요성

성과측정 시스템으로서의 BSC

❶ 고객 관점의 가치면제는 운영의 우수성, 제품의 선도력, 고객 친밀성을 고려한다.

❷ 고객/주주에게 가치를 제공할 수 있도록 내부 프로세스를 평가한다.

❸ 학습과 성장관점의 성과지표들은 BSC의 다른 성과지표들을 가능하게 한다.

❹ 재무 관점의 성과지표들은 다른 성과지표들을 이용한 실행전략의 향상된 결과를 알려준다.

전략경영 시스템으로서의 BSC

❶ 전략목표, 성과지표, 목표값, 이니셔티브의 관점에서 전략을 해석하고 이를 통해 비전 장애를 극복한다.

❷ BSC를 통해 모든 직원이 기업전략에 어떻게 기여할 것인가를 나타냄으로써 인적 장애를 극복한다.

❸ BSC의 목표와 관련해서 필요비용과 수익을 구체적으로 명시해서 자원 장애를 극복한다.

❹ 전략과 연계된 성과지표를 이용해서 관리 장애를 극복한다.

의사소통 도구로서의 BSC

❶ 잘 설계된 BSC는 전략에 대해 잘 설명하고 있다.

❷ 선정된 명확하고 객관적인 성과지표는 막연하고 불분명한 비전과 전략을 구체화 시킨다.

❸ BSC 결과물을 공유하는 것은 직원들의 전략에 대한 이해를 높일 수 있다.

3. BSC의 구현

BSC 구현의 전제조건

산업과 관계없이 성공적인 BSC를 위한 전제조건 세 가지가 있다. 이 점은 BSC를 구현하기 위해 명심하고 이행해야 할 최소한의 노력이며, 조건이다.

✳ 경영자의 적극적인 후원과 지지

BSC에 있어서 중요한 것은 기업에서 BSC시스템을 직접 사용하는 C Level(CEO, CIO, CFO)들의 적극적인 후원과 지지가 필수적이다. 경영층의 적극적인 후원과 지지로 부서 관리자, 중간관리자, 개인 단위에 이르기까지 기업의 비전과 전략에 대한 이해가 바탕이 되어 기업의 목표를 달성할 수 있도록 합의를 이루어야 하는 것이다.

✳ 회사에 맞는 BSC Framework 구성

기업의 비전 및 전략에 따라 현재, 향후에 달성해야 할 목표를 재무, 고객, 비즈니스 프로세스에 따라 설정한 후 이러한 목표에 따른 달성 정도를 파악할 수 있는 측정지표를 설정한다. 여기에서 기업의 목표를 달성하는데, 중요하게 영향을 미치는 성과동인을 설정하고 결과를 낳은 원인이 되는 측정지표의 '인과관계'를 설정한다.

BSC를 기업 내에서 채택해서 적용하기 가장 어려운 관문 중의 하나가 이 작업이다. 기업이 가져나가야 할 청사진(Vision)을 설정해서 청사진 달성을 위한 전략 및 전략적 목표를 설정하기 때문이다.

※ BSC Framework를 경영자에게 쉽고 빠르게 정확한 정보로 제공할 수 있게 시스템화

Kaplan과 Norton이 BSC에 있어 가장 중요한 것은 경영자가 판단할 수 있는 가장 정확한 정보를 제공하는 것이라고 했듯이, 정확하고 적절한 정보를 주는 시스템을 구현하기 위한 다양한 정보 전달 메커니즘이 필요하다.

구현 프로세스

BSC의 구축은 전략 및 비전을 확립한 후 전사 차원의 비전을 BSC의 관점과 통합해서 전략적 목표를 수립하고, 각 전략적 목표에 대한 측정지표 및 지표별 목표 도출 등의 프로세스를 거쳐 이루어진다.

구 분	내 용
기초분석 단계	❶ 산업에 대한 정의 및 향후 Trend 분석/예측 ❷ 해당 산업 내 기업의 역할 규명
전략/비전 확립 단계	기업의 전략 방향 및 전사 비전의 명확/구체화 실시
관점 확립 단계	BSC를 구성하는 각 관점을 논의/결정(재무적 관점 외의 비재무적 관점의 선정)

구 분	내 용
전략적 목표확립 단계	❶ 전사 비전을 각 관점과 통합 ❷ 전략적 목표를 수립
KFS(Key Factor for Success) 분석 단계	전략적 목표를 달성하기 위해 필요한 핵심 성공 요인의 규명
측정지표 도출 단계	❶ 핵심 성공 요인을 측정할 수 있는 평가지표 도출 ❷ 평가지표 간의 인과 관계 명확화
전사 BSC 구축 단계	전사차원의 BSC를 구축함
하위 BSC 구축 단계	전사 차원의 BSC를 하위 조직 단위로 분해
목표 Setting 단계	하위 조직 단위의 전략적 목표 Setting
Action Plan 수립 단계	하위 조직단위의 전략적 목표달성을 위한 실행계획의 수립
BSC 실행 단계	전사적으로 구출된 BSC를 실행

성공적인 BSC 구축을 위한 조건

구 분	내 용
지원과 참여를 통한 조직구성원 간의 공감대 형성	❶ 최고경영자의 적극적인 지원 및 참여 ❷ 기업 구성원의 일상 업무 활동과의 통합 ❸ BSC의 주요 목적 중 하나는 기업의 비전/전략적 목표의 커뮤니케이션 및 목표달성을 위한 참여 유도임
우선순위 부여	복수의 경영 개선 프로젝트 중에서 BSC에 우선순위를 부여하고 BSC 위주로 통합함
전사 대표 프로젝트팀	기업의 전 활동 부문을 커버하는 팀 구성을 통해 균형 잡힌 시각 유지
전략에 기초	❶ BSC 구축의 기본적 요인

구 분	내 용
전략에 기초	❷ 사업부문 간 서로 다른 목적을 추구하는 준 최적화의 위험 회피
지표의 일관성	전사적으로 공통된 정의의 핵심 성과지표 도출
지표 간 균형 및 인과관계 도출	❶ 단순히 4가지 시각의 지표 도출만으로는 불충분함 ❷ 각 지표 간에 상호 인과관계 도출
지표별 목표 Setting	❶ 지표별로 장기목표와 단기목표 설정 ❷ 월별 측정을 통해 과정 관리를 실시
기존의 관리 시스템과 통합	예산/보고서 및 인센티브 시스템 등 다른 정보시스템 및 경영혁신시스템과 일체감 있게 구축/통합
측정의 타당성 및 적시성 의 확보	❶ 정보 집계의 공정성 및 진실성 확보 ❷ 정보시스템 구축으로 성과에 대한 적시성 있는 정보의 제공
지속적인 관리 및 피드백	지속적인 관리와 분석을 통해 문제점 분석 및 시스템의 개선

4. BSC 활용 시 유의사항

❶ BSC 지표는 전략과 비전을 반영하고, 타당성과 수용성을 고려해야 한다.

❷ BSC 지표 도출시 거시적 평가지표와 개인별 성과평가지표의 연계와 조율

❸ 평가 결과와 인사관리 하위기능(승진, 인센티브, 교육훈련 등)과의 효율적인 연계방안 마련

제**5**장

인적자원의 임금관리

[임금관리 업무 PROCESS]

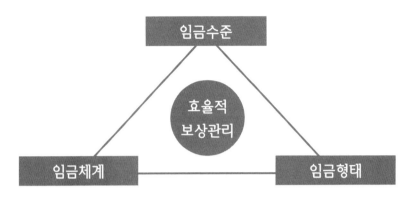

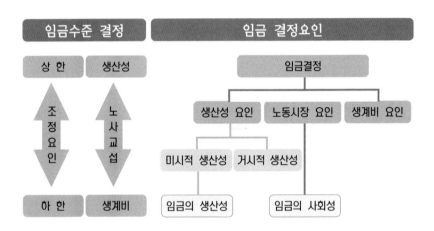

임금 및 임금관리

임금은 사용자가 근로의 대가로 근로자에게 임금, 봉급, 그 밖에 어떠한 명칭으로든지 지급하는 일체의 금품을 의미한다.

임금관리는 사용자가 근로자에게 지급하는 임금이 적정성(임금수준), 공정성(임금체계), 합리성(임금형태)을 유지할 수 있도록 관리하는 것을 말한다.

1. 임금수준관리

임금수준의 의의

임금수준은 일반적으로 회사 종업원에게 지급되는 평균임금의 수준이 동종업계의 다른 회사에 비해 어떠한가의 문제를 의미하며, 임금의 적정성(외부 공정성)과 관련된다.

임금수준 결정에 있어서 대외적 비교 및 사회적 균형을 달성하기 위해 노력해야 한다.

임금수준의 결정구조

❋ 기업의 지불능력 : 임금의 상한선

❶ 생산성 분석

구 분	내 용
물적 노동생산성	(작년의 생산량/종업원 수)와 (금년의 생산량/종업원 수)를 계산하고, 그 증가비율에 비례해서 임금이 인상되어야 공정하다고 보는 것을 말한다. 하지만 생산품이 더 혹은 덜 팔릴 수 있고, 제품의 가격이 하락할 수 있으며, 이러한 물적 생산성 향상이 반드시 노동에 의한 것이 아니라 새로운 경영기법이나 공정개선 등으로 이루어질 수도 있다.
매출액 노동생산성	매출액에서 임금총액이 차지하는 비율을 의미한다.
부가가치 노동생산성	부가가치(총매출액 - 제조원가)에서 인건비가 차지하는 비율을 의미한다. 제품의 시장가치를 반영하기 때문에 합리적이기는 하지만 그 비율을 정확히 산정하기가 어렵다.

❷ 수익성 분석

수익성 분석은 매출액 이익률(이익/매출액)과 자본이익률(이익/자본)을 기준으로 하고 있으며, 손익분기점 분석과 원가 구성 분석이 있다.

구 분	내 용
손익분기점 분석	손익분기점은 총수입과 총비용이 일치하는 수준에서의 매출액을 의미하며, 매출액이 손익분기점을 넘어서면 이익이 발생하고, 미치지 못하면 손실이 발생한다.
원가구성 분석	전체 원가구성 요소 중 인건비를 과거의 자료에 근거해서 계산하고 이를 임금수준 결정에 활용하는 기법이다.

❋ 근로자의 생계비 : 임금의 하한선

임금수준의 하한선은 임금이 과연 생계비를 충당시킬 수 있느냐 하는 것이 기본 관심이며, 이는 근로자 가족의 생계유지까지 가능한 수준으로 해석해야 한다. 어떤 경우라도 법률상 강제되어있는 임금의 최저한도 수준을 넘어야 한다.

❋ 임금수준의 결정

기업의 지불능력이 임금수준의 상한선이 되며, 종업원의 생계비 수준이 하한선이 된다. 여기에 타사(특히 동종업계의 경쟁기업)의 임금수준, 최저임금제 등 사회적 균형의 문제가 양자의 조정요인으로 그 중간에 위치하게 하는 것이 가장 바람직하다.

임금수준의 조정

임금수준은 물가수준 변동, 연공, 평가 결과 등에 의해 대부분 1년에 1회 조정되며, 이때의 조정은 대부분 임금 인상의 형태로 이루어진다.

✽ 승급

❶ 동일 직급 내에서의 임금수준의 변화

❷ 직무와 직능의 질은 변하지 않고, 임금수준의 상승 폭이 그다지 크지 않다.

❸ 대부분 기업에서 1년에 1회 이상 실시

✽ 승격

❶ 직무나 직능의 질이 향상된 것을 이유로 행해지며, 급여수준의 향상을 수반하게 된다.

❷ 일반적으로 승급과는 달리 매년 실시되는 것은 아니며, 흔히 승진과 관련되어 실시된다.

2. 임금체계관리

임금체계의 의의

임금체계(Wage Structure)는 조직 차원에서 종업원 개인의 임금을 결정하는 기준을 의미하며, 임금의 내부공정성과 관련된다.

임금체계의 결정요인

✽ 기본급

직무급, 연공급, 직능급으로 구분할 수 있으며, 회사에서 지원하는 식비, 교통비 등의 약정수당이 포함된다.

❋ 수당

약정수당과 연차휴가 보상·초과근무수당 등의 법정수당이 포함된다.

❋ 상여금

근로계약에 의해 사전적으로 결정된 것이 아니라 근로 의욕을 고취하기 위해 기업의 경영 성과 등에 따라 지급하는 것으로 기본급의 보조 기능으로 우리나라와 일본 등에서 시행되는 독특한 제도이다.

직무급

직무급은 직무의 상대적 가치에 따라 임금을 결정하는 제도로써 동일노동에 대해서 동일 임금을 지급한다는 임금의 공정성 측면에서 가장 합리적인 임금체계라고 할 수 있다.

✻ 장·단점

장 점	단 점
❶ 능력주의 풍토 조성과 임금 배분의 공정성 제고가 가능해짐 ❷ 개인별 임금 차에 따른 불만 해소 및 동일노동 동일 임금 실현 ❸ 공정한 임금 지급을 통해 유능한 인력의 확보와 활용 용이	❶ 절차가 복잡하고 객관적인 평가 기준의 설정 곤란 ❷ 연공 주의에 친숙한 경우 이에 대한 저항 가능성 ❸ 한국의 경우 노동이동이 자유롭지 못하기 때문에 상대적으로 적용 제한

✻ 전제조건

❶ 직무가 기능적으로 분화되고 표준화되어 있어야 하며, 직무분석과 직무평가가 가능해야 한다.

❷ 직무 중심의 합리적인 채용과 인사평가 시스템 확립이 선행되어야 한다.

❸ 상위직급부터 순차적, 점진적으로 실시해야 한다.

❹ 노사 모두가 직무급을 공평하고 타당한 임금제도로 수용할 수 있어야 한다.

연공급

연공급은 학력, 다른 직장의 근무연수를 포함해서 근속연수를 기준으로 임금을 결정하는 제도이다.

장 점	단 점
❶ 생활 보장으로 기업에 대한 귀속의식 확대 가능	❶ 동일노동 동일 임금의 실시 곤란 ❷ 성과와 능력을 제대로 반영하지 못해

장 점	단 점
❷ 평가가 어려운 직무에서 적용이 용이함 ❸ 연공존중의 풍토에서 질서 확립 및 사기 유지 가능	고급인력의 확보와 유지 곤란 ❸ 인건비 부담의 가중과 임금관리의 경직성 야기

직능급

직능급은 종업원이 보유하고 있는 '직무수행능력'의 가치를 기준으로 임금이 지급되는 제도이며, 연공급과 직무급을 비교·분석해서 이들의 장점을 절충한다.

직무급이 '일'에 대한 임금이라면, 연공급은 '사람'에 대한 임금이고, 직능급은 '일을 전제로 한 사람'에 대한 임금이라고 할 수 있다.

직능급은 직무내용이 아니라 직무능력이 중심이기 때문에 직무평가가 엄격하게 요구되지 않고, 적정배치가 잘 되어있지 않더라도 종업원의 능력만 평가할 수 있다면, 활용이 가능하다.

※ 장·단점

장 점	단 점
❶ 종업원들이 자기계발 의지를 갖게 함으로써 성장욕구 충족 기회를 제공 ❷ 직능자격을 기준으로 임금액이 명시되어 있으므로 장래의 임금액을 알 수 있어 근로의욕이 향상될 수 있음 ❸ 연공급의 자동승진과 직무급의 직급승진에서 나타나는 인사의 경직성을 해소할 수 있음	❶ 직능급 강화시 종업원들이 형식적인 자격기준에 치우칠 가능성이 있음 ❷ 적용할 수 있는 직종이 제한되어 있음 (예 : 의사, 운전기사, 디자이너 등)

❶ 합리적인 직능등급 구분과 종업원 능력평가의 체계화
❷ 직능 자격제도에 대한 종업원의 수용도 증대

3. 임금형태 관리

임금형태는 임금산정 내지 임금지급 방법을 총괄하는 것을 의미하며, 종업원의 작업의욕의 향상과 직접적인 관련이 있다.

고정급

고정급은 수행한 작업의 양과 질에는 무관하게 단순히 근로시간을 기준으로 임금을 산정해서 지불하는 방식으로 연봉제, 월급제, 주급제, 일급제, 시급제 등이 있다.

※ 지급원칙

❶ 근로자에게 직접 지불해야 한다.
가. 근로자의 요청에 따라 지정된 은행의 '본인계좌'에 입금하는 것은 가능
나. 제3자에게 임금수령을 위임 또는 대리하게 하는 행위는 원천적으로 무효
❷ 임금 전액을 지불해야 한다.
가. 근로의 대가로 발생 된 전액을 지급해야 한다.

나. 사용자의 근로자에 대한 채권, 손해배상청구권을 가지고 임금채권과 상계할 수 없다.

다. 퇴직금에 대해서 근로자에 대한 사용자의 대출금 채권으로 상계할 수 없다.

라. 4대 보험 공제, 노동조합비 공제(Check-off), 임금의 가불금액 공제, 계산 착오로 인한 공제 등은 전액불 원칙에 위반되지 않는다.

❸ 통화로 지급되어야 한다.

가. 임금은 통화로 지급되어야 하며, 현물급여는 원칙적으로 금지된다.

나. 법령 또는 단체협약에 특별한 규정이 있는 경우는 예외

❹ 정기적으로 지급되어야 한다.

가. 임금은 매월 1회 이상 기일을 정해서 지급되어야 하며, 기일은 특정되어야 하고, 주기적으로 도래해야 한다.

나. 정근수당, 근속수당, 장려금, 능률수당, 상여금 등 각종 수당은 정기적인 지급대상에서 제외된다.

❊ 고정급 활용 가능 업무

❶ 생산 단위가 명확하지 않거나 측정될 수 없는 경우
❷ 작업자의 노력이 생산량과 관계없는 경우
❸ 작업의 질이 특히 중요한 경우
❹ 감독이 철저하고 감독자가 공정한 과업의 양을 잘 알고 있는 경우

포괄임금제

❶ 초과근무수당(연장수당, 야간수당, 휴일수당)을 실제 일한 시간만큼 별도로 계산하는 것이 아니라 정액으로 일정한 금액으로 지급하는 방식으로 근무형태나 업무 성질에 따라 초과근무시간을 계산하기 어려운 업무에 대해서만 예외적으로 인정한다.
❷ 정액에 포함된 초과근무시간 그 이상으로 초과근무수당과 노동절 근무수당, 연차수당, 퇴직금은 포괄임금에 포함되지 않는다.
❸ 근로시간의 산정이 곤란한 경우처럼 근무형태의 특성이 인정되고, 포괄임금 지급에 관한 약정이나 합의가 있어야 하며, 근로기준법, 최저임금법 등을 위반하지 않는 등 노동자에게 불리하지 않을 경우만 포괄임금제가 인정된다.

성과급

성과급은 달성한 성과의 크기를 기준으로 임금을 산정해서 지급하는 제도로써, 성과에 연동되는 변동급의 성격을 가지며, 종업원들에 대한 동기부여와 조직활력에 기여한다.

❋ 개인 성과급

구 분	내 용
Lump Sum Bonus	조직구성원의 평가성적이나 기업의 성과에 따라 연말에 지급되는 보너스를 의미하며, 당해 연도에 지급되었다고 해서 반드시 다음 해에 지급되는 것은 아니다.
Spot Awards	개인이나 팀의 우수한 성과를 장려하고 보상하기 위한 제도로써 해당 업무나 특별한 프로젝트를 성공적으로 수행한 개인이나 팀에게 연말까지 기다리지 않고 즉시 보상하는 것을 말한다.

※ 집단 성과급

구 분	내 용
이익분배제도	기업이 일정수준 이상의 이익을 달성했을 때 그 일부를 조직구성원에게 분배해 주는 제도이며, 기업마다 약간씩 다른 기준(예 : 균등배분, 연봉액 비례배분 등)을 적용하고 있다. 조직구성원의 동기부여에 매우 효과적인 방법이나, 구성원 개인의 노력이 기업 이익에 미치는 영향이 크지 않다는 점에서 무임승차가 발생할 가능성이 크다.
성과분배제도	❶ 스캔론 플랜(Scallop Plan) 생산제품의 판매가치(매출액 + 재고자산)를 경영성과로 하고, 이에 대한 노무비의 절감 정도를 기준으로 보너스(임금)를 결정하는 것이다. ❷ 럭커 플랜(Rucker Plan) 생산의 부가가치를 기준으로 해서 그 업종의 '통상적인 임금분배율'을 고려해서 보너스(임금)를 결정하는 것이다. ❸ 프렌치 시스템(French System) 모든 비용의 절약 정도를 기준으로 해서 보너스(임금)를 결정하는 것이다.

※ 순응임률제

임률결정에 영향을 미칠 기본요인을 정하고 이 요인들이 변할 때 거기에 순응해서 임금률도 자동적으로 변동·조정되도록 하는 제도이다.

복리후생관리

복리후생은 종업원의 노동과 직접적으로 연결되지 않는 간접적인 보상 방법으로 기업이 종업원의 생활 안정과 질을 향상시키기 위해 종업원과 그 가족에게 제공하는 임금 이외의 모든 보상과 서비스를 의미한다.

종업원	사용자
❶ 사기가 앙양되며, 불만이 감소됨	❶ 생산성 향상과 원가절감 가능
❷ 경영자와의 관계가 개선됨	❷ 팀워크 정신이 왕성해짐
❸ 복지에 대한 인식이 깊어짐	❸ 인간관계가 개선됨
❹ 고용이 안정되고, 생활수준이 향상됨	❹ 종업원과의 건설적인 대화 가능
❺ 기업에 대해 이해가 커짐	❺ 결근, 지각, 사고, 불만 등의 감소

1. 법정 복리후생제도

국가가 국가 사회복지의 한 보조 수단으로 법률을 제정해서 기업이 그 종업원을 보호하도록 규정하는 제도로서 4대 사회보험이 대표적인 예이다.

2. 비법정 복리후생제도

표준형 복리후생제도

표준형 복리후생제도는 복리후생의 경제성을 강조하는 제도로써 종업원에게 복리후생제도의 선택권을 부여하지 않고 기업이 주도적으로 표준화된 항목을 일괄적으로 제공하는 형태를 의미한다.

❶ 기업의 경영성과 창출에 중점을 두고 설계되는 것이 일반적이다.

❷ 평균적인 종업원들을 염두에 두고 설계되므로, 평균보다 소수에 속하는 종업원들의 요구는 불만족 상태로 남을 수 있다.

선택형 복리후생제도

선택형 복리후생제도는 기업이 다양한 복리후생 프로그램을 제시하고 이중 종업원이 원하는 것을 선택함으로써 자신의 복리후생을 원하는 대로 설계하는 것을 의미한다.

❋ 선택항목 추가형(Core Plus Options Plan)

기본 항목은 전체적으로 제공하고, 추가항목에 대한 선택권을 부여하는 제도로 가장 일반적인 형태이다.

안정성과 유연성을 동시에 확보할 수 있다는 장점이 있으며, 특정 항목에 편중될 수 있고 관리가 다소 복잡하다는 단점을 가진다.

❋ 모듈선택형(Modular Plan)

몇 개의 복리후생 품목들을 집단화시켜서 종업원에게 제시하는 형태로 집단별 특성에 맞게 차등화되어야 한다는 점에 착안한 제도이다.
종업원들의 복리후생 욕구가 차별화된 몇 개의 집단으로 분류하는 것이 용이할 경우 가능하고, 종업원들의 선택 폭은 다소 제한된다.

❋ 선택형 지출계좌형(Flexible Spending Accounts)

종업원 개인에게 주어진 복리후생 예산 범위 내에서 자유로이 항목을 선택하도록 하는 제도이다.
종업원에게 복리후생을 설계할 수 있는 권한을 대폭 부여한 것이다.

일과 삶의 균형을 위한 복리후생제도

기업이 조직구성원으로 하여금 자신의 일과 삶의 균형을 추구할 수 있도록 시간적인 배려와 물질적·정신적 지원을 제공해 주는 제도이다.
❶ 육아 및 노인부양을 중심으로 한 육아 및 노부모 보호 프로그램
❷ 시간과 장소 등에 크게 부여받지 않고 일할 수 있도록 탄력적 근무시간제 운영
❸ 종업원 개개인의 여가와 자기계발 지원, 사회봉사 활동 지원, 재테크 정보제공 및 교육 등을 중심으로 한 개인 생활 지원

건강 복리후생

종업원들이 조깅 마일리지, 금연과 절주 활동에 대한 보상, 정상 체중 지원, 영양 섭취 및 체중조절 지원, 스트레스 관리와 갈등 해소 방법에

대한 강의 지원 등 병에 걸리지 않도록 건강을 유지하는데, 초점을 둔 특별한 유형의 복리후생제도이다.

Refresh 제도

해외연수 및 배낭여행, 사외교육, 해외 컨퍼런스 참여, 안식휴가제 도입 등을 통해 변화적응, 스트레스, 학습요구, 다운사이징 등으로 인한 구성원들의 탈진 현상을 해소하고 활력을 되찾아 동기를 부여하기 위한 제도이다.

비경제적 복리후생제도

기업이 별도의 추가비용을 투입하지 않거나 현재 보유하고 있는 물적, 정신적 자원을 활용해서 종업원의 욕구를 충족시켜 주는 것으로 질적 복리후생이라고도 한다.

❶ 직무 관련 비경제적 복리후생제도

가. 직무를 잘 설계해서 종업원의 욕구를 충족시켜 주는 것

나. 작업공정 재설계, 자율근무 시간제도 도입 등

❷ 성과 관련 비경제적 복리후생제도

가. 종업원이 창출한 성과를 근거로 제공하는 것

나. 승진 기회, 안정감 부여, 재량권 확대, 넓은 작업공간 부여 등

❸ 조직구성원 관련 비경제적 복리후생제도

종업원이 해당 기업에 소속해 있음으로 인해 받을 수 있는 혜택 부여

임금인상 기법

1. 임금의 결정요인

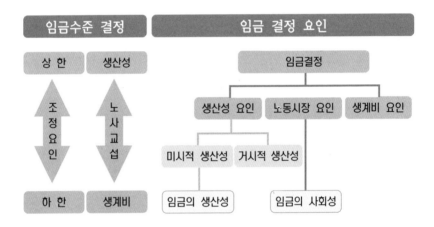

2. 생산성 임금제

생산성 임금제는 각 근로자가 상품생산에 기여한 공헌에 의해 임금이 결정되는 방법이다.

자본이 기여한 부분은 이윤으로 기업에, 노동에 기여한 부분은 임금으로 근로자에게 배분된다는 개념이다. 따라서 노동생산성이 높은 근로자는 높은 임금을, 생산성이 높은 자본을 제공한 자본가는 높은 이윤을 받게 된다.

이는 개별근로자의 생산성을 반영해서 임금지급은 생산성, 이윤, 지불능력에 보다 신축적이어야 한다.

생산성이란?

생산성이란 생산요소의 투입량과 이로 인한 산출량과의 관계를 표시한 것이다. 이는 [산출량 ÷ 투입량]으로 측정한다.

산출량과 투입량의 기준에 따라 구분

❶ 한계생산성 ÷ 평균생산성
❷ 노동생산성 ÷ 자본생산성
❸ 물적 생산성 ÷ 부가가치 생산성 등

한계생산성과 평균생산성

한계생산성

$$= \frac{\text{산출량의 증가분}}{\text{투입요소의 증가분}}$$

평균생산성

$$= \frac{\text{산출량}}{\text{생산요소의 투입량}}$$

▷ 현실적으로 한계생산성보다는 평균생산성을 활용한다.

노동생산성과 자본생산성

$$노동생산성 = \frac{산출량}{노동\ 투입량} \qquad 자본생산성 = \frac{산출량}{자본\ 투입량}$$

$$\frac{산출량}{노동\ 투입량} = \frac{산출량}{자본\ 투입량} \times \frac{자본}{노동\ 투입량}$$

$$노동생산성 = 자본생산성 \times 노동장비율$$

노동장비율은 노동 1단위당 자본량(기계설비 이용 금액), 자본생산성과 노동장비율이 높아지면 노동생산성이 높아진다.

노동생산성 향상을 위해 각 기업의 특성에 맞게 노동 및 자본의 활용이 극대화되도록 최적 기술의 선택이 결정되어야 한다.

물적 노동생산성과 부가가치노동생산성

$$물적\ 노동생산성 = \frac{산출물(물량\ 단위)}{노동\ 투입량}$$

물적 노동생산성은 가치가 배제되어 있으므로 어느 기업이 더 많은 수익을 올리느냐 하는 관점에서 보면 적합하지 않다.

공통적으로 비교할 수 있는 단위로서 기업의 성과인 매출액 부가가치 등을 화폐단위로 비교하는 부가가치 노동생산성이 있다.

$$매출액\ 노동생산성 = \frac{매출액(화폐단위)}{노동\ 투입량} \qquad 부가가치\ 노동생산성 = \frac{부가가치}{노동\ 투입량}$$

생산성임금제의 기본원리

명목(경상)임금의 증가율 = 명목(경상) 생산성 증가율

실질(불변)임금의 증가율 = 실질(불변) 생산성 증가율

실질임금 = 노동의 한계생산물($\triangle Q / \triangle L$)

명목임금 = 노동의 한계생산물가치($\triangle Q / \triangle L \times P$)

　　　　 = 노동의 한계생산물($\triangle Q / \triangle L$) × 생산물의 가격($P$)

$\triangle Q$: (근로자 1명을 더 투입했을 때 발생하는) 산출량의 변화

$\triangle L$: 근로자수의 변화

　P : 생산물의 가격

실질임금 = 노동의 평균생산물(Q/L)

명목임금 = 노동의 평균생산물가치($Q/L \times P$)

　　　　 = 노동의 평균생산물(Q/L) × 생산물의 가격(P)

Q : 총산출량

L : 근로자수의 변화

P : 생산물의 가격

실질 임금인상률 = 산출량 증가율(Q) − 고용 증가율(L)

명목 임금인상률 = 산출량 증가율(Q) + 가격 증가율(P) − 고용(근로자수) 증가율(L)

적정임금

적정임금은 근로에 대해 지급되는 대가가 기업과 근로자 모두에게 공정한 수준을 말한다.

노사 양측에 다르게 인식되는 임금의 본질과 특성 때문에 적정임금을 둘러싼 노사 간의 관계는 항상 긴장되고 대립적이다.

궁극적으로 임금수준은 기업의 지불능력 범위 내에서 결정되어야 한다. 즉, 근로자 측의 요구를 만족시키는 수준이라 하더라도 기업의 지불능력의 뒷받침이 없으면 임금은 지급되지 않는다.

지불능력이란 기업이 임금으로 지불할 수 있는 가능성을 의미한다. 기업이 지급할 수 있는 금액이 아니라, 얼마만큼 지불하는 것이 기업경영상 부담할 수 있는 적정수준인지를 나타내는 지표이다.

기업의 장기적인 인건비 계획, 임금수준 예측, 종업원의 채용계획, 이익분배계획, 경영계획 등과의 관계에서 종합적으로 판단한다.

지불능력 관련지표는 상호연관성을 갖고 변화해 왔으며, 어느 한 시점의 지표만으로 그 관련성을 파악할 수 없다. 해마다 일정한 시점에서 부가가치 노동생산성, 노동소득분배율, 인건비 비율 등 모든 지표들의 과거 실적치를 몇 년간에 걸쳐 검토한다.

3. 부가가치 노동생산성에 의한 적정 임금인상률 산정

적정 임금인상률 ≤ 종업원 1인당 부가가치 생산성 증가율

$$부가가치 \ 노동생산성 = \frac{부가가치(기업의 \ 부가가치액 \ 이용)}{노동 \ 투입량(월평균 \ 근로자수, \ 월 \ 총근로시간수 \ 이용)}$$

부가가치 산정방법

❋ 가산법

항 목	내 용
경상이익	손익계산서상의 영업이익 + 영업외수익 - 영업외비용
인건비	(손익계산서상의 급료·임금·상여·제수당 + 퇴직금 + 복리후생비) + (제조원가명세서 상의 노무비 + 복리후생비)

항 목	내 용
금융비용	손익계산서상의 지급이자와 할인료 + 회사채이자 - 수입이자
조세공과	손익계산서상의 세금과 공과 + 제조원가명세서상의 세금과 공과(판매관리부문과 제조부문에서 발생된 세금과공과)
감가상각비	손익계산서상의 감가상각비 + 제조원가명세서상의 감가상각비(판매관리부문과 제조부문에서 발생된 감가상가비와 감가상각충당금전입액)
임차료	손익계산서상의 지급임차료 + 제조원가명세서상의 지급임차료(판매관리부문과 제조부문에서 사용된 토지, 건물, 기계장치 등의 임차료)
부가가치	경상이익 + 인건비 + 금융비용 + 임차료 + 조세공과 + 감가상각비

✳ 공제법

부가가치 = 매출액 - [(원재료비 + 지불경비 - 감가상각비) + 기초재고액 - 기말재고액]
+ 부가가치 조정액
부가가치 조정액 : 당기 총제조원가 - 매출원가 + 기초재공품재고액 - 기말재공품재고액
지불경비 : 임원 급여 + 금료, 임금 + 수당, 상여금 + 퇴직급여충당금 전입액 + 복리후생비

적정 임금인상율 산정사례

- 2020년 실적치 : 부가가치 120.4억원, 종업원수 332명
- 2020년 종업원 1인당 부가가치 노동생산성 = 부가가치 / 종업원수
  = 120.4억원 / 332명 = 3,626.5만원
- 2021년 경영계획 : 부가가치 130.8억원, 종업원수 345명
- 2021년 목표 종업원 1인당 부가가치 노동생산성 = 부가가치 / 종업원수
  = 130.8억원 / 345명 = 3,791.3만원

2021년 적정 임금인상률 = [(2021년 종업원 1인당 부가가치 / 2020년 종업원 1인당 부가가치) - 1] × 100 = [(3,791.3 / 3,626.5) - 1] × 100 = 4.54%
실제로는 1년간의 경영지표만 사용하는 것이 아니라 최근 몇 년간 평균치를 사용하는 것이 더욱 안정적이다.

4. 노동소득분배율에 의한 적정임금인상률 산정

> 적정 임금인상률 = 추정 부가가치액 × 표준 노동소득분배율
> 노동소득분배율(또는 노동분배율) : 기업의 재무제표상 부가가치 가운데 인건비가 차지하는 비율
> 노동소득분배비율 = 매출액대비 인건비 비율(인건비 / 매출액) + 부가가치율(부가가치 / 매출액)
> 부가가치율 = 설비투자효율(부가가치 / 고정자산) + 고정자산 회전율(매출액 / 고정자산)

노동분배율을 검토하는 경우에는 업종별로 개별기업의 여건을 감안, 부가가치율과 총자본, 자기자본, 노동장비율 등의 수준 및 과거의 동향, 동업종 타사의 분배율 비교 등을 충분히 고려해야 한다.

적정노동분배율의 측정

자사의 과거 실적치 자료를 토대로 해서 표준 노동소득분배율을 구한다. 특정한 한 해의 노동소득분배율은 해당 기업의 재무구조나 경영실태를 제대로 반영하지 못하므로 최소한 5년간의 재무제표를 이용, 노동분배율의 변화추이를 파악한다.

적정노동분배율 계산방식

✻ 단순분배율 방식

단순분배율 방식은 5~10년간의 노동소득분배율을 단순평균해서 적정분배율로 설정한다.

추세를 반영하지 못하기 때문에 정확하다고 볼 수는 없으나 자사의 노

동분배율의 기복이 심해 일정한 추세를 반영하지 못하는 경우 활용될 수 있다. 지나치게 분배율이 낮거나 높은 연도의 분배율은 제외한다.

※ 회귀식 방식

회귀식을 이용한 방식은 노동소득분배율의 추세를 반영하지 못한다는 단점을 보완한 방식이다.

$$Y = a + bX$$

Y : 임금   X : 부가가치   b : (표준)노동소득분배율

5. 인건비 비율 방법에 의한 적정임금인상률 산정

(2021년) 적정인건비 총액 = 적정인건비 비율 × (2021년 계획) 매출액
(2021년) 적정노무비 총액 = 적정노무비 비율 × (2021년 계획) 제조원가
매출액 대비 인건비 비율 : 매출액에서 인건비 총액이 차지하는 비율
인건비총액 : 제조원가명세서상 노무비와 복리후생비, 손익계산서상의 판매비와 일반관리비 중에서 임원급여, 급료와 임금, 제수당, 퇴직금, 복리후생비 등을 포함한 인건비 총액
제조원가 대비 노무비비율 : 제조원가 중에서 노무비가 차지하는 비율
노동집약적인 업종은 높게 나타나고 그 대신 중화학공업이나 생산공정이 없는 도·소매업, 무역 및 서비스업 등은 낮음.

인건비 비율이 어떻게 되어있는가를 수년간에 걸쳐 시계열로 산출함으로써 그 비율의 변화나 경향을 파악한다.
동업종 타사, 동일규모의 기업과 비교, 인건비 비율의 적정성 여부를 판단한다.

- 2021년 적정인건비 = 적정인건비 비율 × (2021년 계획) 매출액
  = 0.0975 × 238.5억원 = 23.25억원
- 2021년 적정임금(인건비) 인상률
  = {(2021년 적정인건비 / 2020년 총인건비) − 1} × 100
  = {(23.25 / 21.9) − 1} × 100 = 6.16%
- 2021년 적정노무비 = 적정노무비 비율 × (2021년 계획) 제조원가
  = 0.0886 × 118.2억원 = 10.47억원
- 2021년 적정노무비 증가율 = {(2021년 적정노무비 / 2020년 총노무비) − 1} × 100 = {(10.47/9.8) − 1} × 100 = 6.84%

인건비 비율법은 매출액을 기준으로 하고 있어 ❶ 매출액은 증가했지만, 각종 경비지출에 따른 비용이 증가한 경우, ❷ 인건비나 이익 등의 원천인 부가가치는 매출액의 증가율에 미치지 못하는 경우 매출액의 증가율에 따라 인건비를 조정할 경우 기업의 지불능력이 악화될 수 있으므로 이로 인해 기업의 성과지표로 삼기에는 부적절한 측면이 있다.

동종타사의 비교를 통한 기업의 인건비 수준의 적정성 여부를 비교, 경영상태를 진단하는 데는 의미가 있겠으나 적정임금 산정방법으로 채택하기에는 다소 부적절하다.

급여에 대해 부과되는 근로소득세 해설

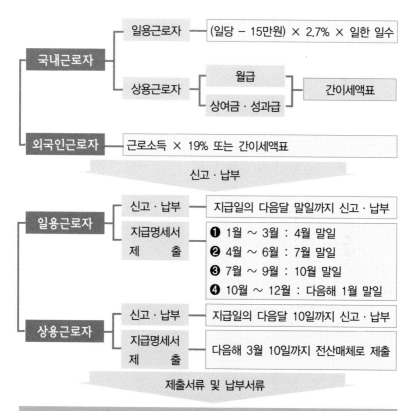

1. 일용근로자의 근로소득세

일용근로자

한 사업장에서 계속해서 3개월(건설업은 1년)이상 근무하지 않은 자

신고서식 : 원천징수이행상황신고서의 일용근로자란에 기재 후 신고하며, 원천징수이행상황신고는 홈택스를 통한 전자신고가 가능하다.

근로소득세 = (일당 - 15만원) × 2.7% × 일한 일수

다음의 기간 내에 지급명세서 제출
❶ 1월 ~ 3월 : 4월 말일
❷ 4월 ~ 6월 : 7월 말일
❸ 7월 ~ 9월 : 10월 말일
❹ 10월 ~ 12월 : 다음해 1월 말일

2. 상용근로자의 근로소득세

상용근로자

일용근로자를 제외한 근로자

신고서식 : 원천징수이행상황신고서의 간이세액(연말정산 분은 연말정산)란에 기재 후 신고하며, 홈택스를 통한 전자신고가 가능하다.

근로소득세 = 간이세액표에 따라 원천징수 후 다음달 10일, 연말정산 분은 다음해 2월 말일까지 연말정산 후 3월 10일까지 신고·납부

다음해 3월 10일까지 지급명세서 제출

상용근로자의 경우 간이세액표에 따라 원천징수를 한다.

간이세액표는 국세청 홈페이지를 방문하면 메인 상단의 조회·계산 〉 근로소득간이세액표를 참조하면 간이세액의 적용방법과 자동계산을 손쉽게 할 수 있다.

다음의 간이세액표 적용은 2020년 2월부터의 기준이므로 2월분 급여를 3월에 지급 시에 국세청 홈페이지를 방문해 참조하기를 바란다.

월급여(천원) [비과세 및 학자금 제외]		공제대상가족의 수					
이상	미만	1	2	3	4	5	6
2,500	2,510	41,630	28,600	16,530	13,150	9,780	6,400

❶ 월급여액을 계산한다.

월급여액 = 매월 받는 총급여액 - 비과세급여 - 학자금

❷ 공제대상가족수를 계산한다. 공제대상가족 수는 다음 인원의 합을 말한다.

실제 공제대상가족수 = 본인 + 배우자 + 20세 이하의 자녀(장애인은 연령제한 없음) + 만 60세 이상(남녀 모두 동일)인 부모님 + 만 20세 이하 동거입양자(직계비속 또는 입양자와 그 배우자가 모두 장애에 해당하는 경우 그 배우자를 포함) + 만20세 이하 또는 만 60세 이상 형제자매 + 국민기초생활보장법 제2조 제2호의 수급자 + 당해 연도 6개월 이상 위탁양육 한 위탁아동

위의 표에서 실제 공제대상가족수에 본인도 포함이 되므로 간이세액표 적용시 실제 공제대상가족수는 최소 1인이 된다는 점에 유의해야 한다.

❸ ❷의 공제대상가족 수 중 20세 이하의 자녀(장애인은 연령제한 없음)의 인원수를 계산한다.

공제대상가족의 수 = 실제 공제대상가족의 수 + 20세 이하 자녀의 수

월 급여액 2,500천원(비과세 및 자녀 학자금 지원금액 제외)
부양가족의 수 : 본인 포함 4명(20세 이하 자녀 2명 포함)
공제대상가족의 수 = 4명 + 2명 = 6명
이 경우 원천징수세액은 7,040원임(소득세 6,400, 지방소득세 640)

월급여(천원) [비과세 및 학자금 제외]		공제대상가족의 수					
이상	미만	1	2	3	4	5	6
2,500	2,510	41,630	28,600	16,530	13,150	9,780	6,400

※ 지급대상기간이 있는 상여

지급대상기간이 있는 상여란 급여의 300%, 400% 등으로 4개월, 3개월 단위로 그 지급기간이 정해진 경우를 말한다. 즉 상여금의 지급날짜가 정해져 있어서 받을 날짜를 알고 있는 상여금을 말한다.

원천징수하는 소득세 = (❶ × ❷) − ❸

$$❶ \left(\frac{\text{상여 등의 금액 + 지급대상기간의 상여 등 외의 급여의 합계액}}{\text{지급대상기간의 월수}} \right) \text{ 에 대한}$$

간이세액표의 해당 세액

❷ 지급대상기간의 월수

❸ 지급대상기간의 상여 등외의 급여에 대해 이미 원천징수해서 납부한 세액(가산세액 제외)

※ 지급대상기간 계산 시 유의할 사항

지급대상기간의 마지막 달이 아닌 달에 지급되는 상여 등은 지급대상기간이 없는 상여로 계산한다.

지급대상기간이 서로 다른 상여 등을 같은 달에 지급하는 경우

지급대상기간 = 각각의 지급대상기간의 합계 ÷ 상여 등의 개수

지급대상기간이 1년을 초과하는 때에는 1년으로 하고, 1월 미만의 단수가 있는 때에는 1월로 한다.

9월에 지급대상기간이 없는 상여와 지급대상기간(7~9월)이 있는 상여를 지급하는 경우 지급대상기간을 계산하면?

▫ 지급대상기간이 없는 상여의 지급대상기간 : 9개월

▫ 지급대상기간이 있는 상여의 지급대상기간 : 3개월

9월 상여 전체의 지급대상기간의 월수 : 6개월 = (9 + 3) ÷ 2

※ 지급대상기간이 없는 상여 등

원천징수하는 소득세는 그 상여 등을 받은 과세기간의 1월 1일부터 그 상여 등의 지급일이 속하는 달까지를 지급대상기간으로 해서 위 "지급대상기간이 있는 상여"의 방법으로 계산한다. 이 경우 과세기간에 2회 이상의 상여 등을 받았을 때는 직전에 상여 등을 지급받은 날이 속하는 달의 다음 달부터 그 후에 상여 등을 지급받은 날이 속하는 달까지를 지급대상기간으로 해서 세액을 계산한다.

※ 상여금 원천징수세액 계산 시 특례

상여 등의 금액과 그 지급대상기간이 사전에 정해진 경우(금액과 지급대상기간이 사전에 정해진 상여 등을 지급대상기간의 중간에 지급하는 경우 포함)에는 매월분의 급여에 상여 등의 금액을 그 지급대상기간으로 나눈 금액을 합한 금액에 대해서 간이세액표에 의한 매월 분 세액을 징수할 수 있다.

예를 들어 매월 분 급여가 120만원이고, 상여금이 400%로 3개월에 한 번씩 지급하는 경우

매달 분 급여 = 120만원 + 40만원(120만원 ÷ 3개월)인 160만원을 매월 분 급여로 보아 간이세액표를 적용할 수 있다.

※ 잉여금처분에 의한 상여 등을 지급하는 경우 원천징수

잉여금처분에 의한 상여 등을 지급하는 때에 원천징수하는 세액은 그 상여 등의 금액에 기본세율을 곱해서 계산한 금액으로 한다.

> 잉여금 처분에 의한 상여 등의 금액 × 기본세율

※ 상용근로자가 제출해야 하는 서류

❶ 매월 급여신고 시(매월 10일 또는 반기 종료일 다음달 10일) : 원천 징수이행상황신고서의 간이세액란에 기재 후 신고

❷ 소득자별근로소득원천징수부(매달 작성 후 보관)

❸ 지급명세서 제출 : 다음해 3월 10일

❹ 2월 말까지 연말정산 후 3월 10일까지 신고·납부 : 원천징수이행상 황신고서의 연말정산란에 기재 후 신고, 소득공제신고서 등 각종 소득 공제 소명자료 제출

3. 외국인근로자의 근로소득세

외국인근로자의 근로소득세 공제방법	
간이세액표를 적용하는 방법	19% 단일세율 원천징수 적용

둘 중 선택 적용

매월 급여에 19%를 곱한 금액을 원천징수하는 방법을 적용받고자 하는 외국인근로자(원천징수 신청일 현재 대한민국 국적을 가지지 아니하는 사람만 해당)는 근로를 제공한 날이 속하는 달의 다음달 10일까지 "단 일세율 적용 원천징수신청서"를 원천징수의무자를 거쳐 원천징수 관할 세무서장에게 제출해야 한다.

근로소득세 = 근로소득 × 19% 또는 간이세액표

예를 들어 한해 총 1억 원의 근로소득금액(비과세 1,000만 원 포함)에 단일세율 19%를 적용해서 1,900만 원의 근로소득세를 납부하거나 간이세액표에 따라 원천징수 후 납부를 하면 된다.

4. 근로소득세 비과세의 종류

종 류	비과세한도	구비요건
자가운전보조비	월 20만원 이내	종업원 자기소유 차량의 업무상 활용(타인명의는 불가, 배우자 공동명의는 가능), 지급규정 범위 내의 금액, 시내출장비 등 여비교통비를 별도로 받지 않아야 한다.
식사대	식사는 전액, 식사대는 월 10만원까지 비과세	식사는 전액, 식사대는 월 10만원까지 비과세 되나, 식사와 식사대를 모두 지급하는 경우에는 식사는 비과세 식사대는 과세된다.
출산 · 보육비용	월 10만원 이내	근로자 또는 그 배우자의 출산이나 만6세 이하 자녀의 보육과 관련해서 사용자로부터 지급받는 급여로써 월 10만 원 이내의 금액
각종 재해보상금, 요양급여 등	근로기준법, 선원법, 산업재해보상보험법 등 ⇨ 전액	요양, 휴업, 질병, 장해, 유족 등
일직, 숙직, 여비	실비변상적 지출범위	업무상 실제지출 간주비용, 해외근무자 1년 1회 귀국휴가 비용(왕복교통비 정도, 관광비용 제외)
제복, 식료 등 실비, 작업복	제복, 제모, 제화, 피복	법령, 근무환경(병원, 은행 등)상의 작업복, 피복, 제모, 제화, 제복 등과 선원식료

종 류	비과세한도	구비요건
국외 또는 북한 지역에서 근로 제공 관련 소득	매월 보수 중 월 100만 원까지(해외건설, 원양어업 선박 또는 국외 등을 항행하는 선박에서 근로를 제공하고 받는 보수의 경우에는 월 300만 원) 비과세	해외에 주재하는 근무추가소득(해외출장은 해당 안 됨)(원양선박, 외항선박, 외항선, 항공기 근무자 포함)
생산직근로자 연장, 야간, 휴일수당	연장, 야간, 휴일근무 관련 추가 소득 : 연 240만 원까지(광산근로자와 일용근로자는 전액 비과세)	공장, 광산근로자, 어선근로자 중 직전연도 총급여가 3,000만 원 이하로써 월정급여 210만 원이하인 경우
경조금	사회통념상 범위 금액	사업자가 종업원에게 지급한 금액
학자금 지원	근로자 본인이 지급받는 학교(외국의 유사 교육기관 포함)와 직업능력개발훈련시설의 교육비(입학금, 수업료, 수강료 기타 공과금)	근무하는 기업의 업무에 직접 관련이 있는 교육훈련비로써 당해 근로자가 종사하는 사업체의 규칙 등에 의해서 정해진 지급기준에 따라 받는 금액이어야 하며, 교육훈련기간이 6월 이상의 경우 교육훈련 후 당해 교육기간을 초과하여 근무하지 아니하는 때에는 지급받은 금액을 반납할 것을 조건으로 해서 받는 것일 것

제6장

인적자원의 유지관리

[나를 발전시키는 일 잘하는 방법]
고용유지(임금피크제, 스톡옵션, 우리사주제)
근로환경(갈등관리, 노사협의회, 고충처리, 유연적 근로시간제)

[나를 발전시키는 일 잘하는 방법]

▥ 의식적으로 문제의식을 가져라.

문제의식이 없으면 일을 단순 반복된다. 어제의 방식으로 오늘의 일이 처리되고, 내일의 일 역시 어제의 방식으로 처리될 것이다. 반복이 재생산될 때 개선과 혁신은 없다. 혁신의 능력이 없이는 지식 사회에서 성장하고 번영할 수 없다. 어제의 방식을 의심하라. 어제의 방식으로 오늘의 일을 처리하는 것을 퇴보라 생각하여 부끄러워하라.

▥ 실험하고 모색하라. 의도적으로 제기된 문제를 풀어라.

실패를 두려워하면 실험하기 어렵다. 실패는 아주 잘 배우는 또 하나의 방법일 뿐이다. 라로슈푸코가 한 말을 기억하자 "우리를 절망하게 하는 것은 불가능이 아니라 우리가 깨닫지 못했던 가능성이다 " 그 가능성을 알 수 있는 방법은 실험해 보는 것이다.

▥ 알아주지 않아도 계속해라.

모든 훌륭한 성취의 이면에 숨어있는 공통점이다. 인정과 격려를 받으면 좋지만 그렇지 못한 경우가 많다. 외로운 일이 이루어져야 지금껏 아무도 하지 않았던 정말 큰 일이 성취된다. 처칠의 가장 짧은 연설을 기억하라. 여러분, 포기하지 마십시오. 포기하지 마십시오. 절대로 포기하지 마십시오.

▥ 긍정적인 자긍심을 가져라.

자긍심은 자신을 좋아하는 것이다. 자신과 정서적으로 교감하는 것이다. 남이 시키는 대로 하거나 하는 일에 대해서 자신의 이유를 찾지 못하면서 자긍심을 가질 수는 없다. 따라서 먼저 자신이 매일 하고 있는 일을 자신의 언어로 규정해 보자. 예를 들어 나는 변화 경영전문가로서 내가 하는 일을 어제보다 아름다워지려는 사람들을 돕는 일이라고 규정했다. 그러자 내가 스스로 멋져 보였다.

▥ 자신만의 방식을 찾아라.

이 세상에 평범한 직업은 없다. 다만 평범한 방식으로 수행되기 때문에 평범해질 뿐이다. 전문가의 세계에서 중요한 것은 차별성이다. The Only The Best 라는 유일성을 중요하게 생각해야 한다. 차별적 서비스를 제공하면 어디서건 자신의 자리를 찾을 수 있다.

▥ 1인 기업이라 생각하라.

자신의 비즈니스를 경영하는 경영자라고 생각하라. 시키는 일을 하는 총무부 직원이 아니라, 회사와 총무 서비스를 계약한 비즈니스 파트너라고 생각하라. 내 서비스에 만족하면 회사는 좋은 조건에 안정적인 조건으로 계약을 갱신해 갈 것이다. 나는 나(me)라고 불리는 1인기업의 경영자라 생각하라. 그 순간 자신의 서비스를 개선하지 않으면 안 된다는 불안과 욕망이 머리를 치켜들 것이다.

▥ 자신의 지적 자산을 형성하라.

지식 사회의 재산은 지식이다. 지식은 만들어져야 하고 저장되어야 하고 유통되어야 하며 활용되어야 한다. 따라서 자신의 홈페이지를 만들거나 블로그를 만들거나 카페를 만들어라. 그리고 매일 자신의 실험과 모색의 과정을 올려 회원들과 공유하도록 하라.

고용유지
(임금피크제, 스톡옵션, 우리사주제)

1. 유지관리의 의의

유지관리는 종업원의 노동능력과 근로의욕을 보전·활성화하기 위한 계획적이고 체계적인 활동을 의미한다.

궁극적으로 확보해서 개발시킨 인적자원을 효율적으로 활용하고, 그 대가로 보상을 준 종업원을 지속적으로 조직에 남아서 충성할 수 있도록 유지하는 것을 말한다.

2. 임금피크제

임금피크제는 일정 연령이 지나면 생산성에 따라 임금을 조정하는 대신 장기근무 또는 정년을 보장해 주는 임금제도를 의미한다.

정년 고용보장형 모델

정년 고용보장형 모델은 각 기업이 단체협약이나 취업규칙으로 정한 정년 연령을 기업이 보장하는 것을 전제로 정년 전 일정 연령부터 임금을 조정하는 것으로 가장 현실적인 모델이라고 할 수 있다.

❶ 임금 커브의 유형, 임금의 굴절연령, 임금수준의 감액률 등을 고려해야 한다.

❷ 퇴직금 감소를 막기 위한 퇴직연금제 등을 도입한다.

정년연장형 모델

정년연장형 모델은 정년을 연장하는 대신 정년연장기간만큼 정년 전의 임금을 조정하는 모델이다. 예를 들어 현행 정년연령을 56세에서 60세로 연장하는 경우 56세부터 일정비율씩 임금을 조정하는 것이다.

연공급 임금체계로 인한 인건비 상승과 고령근로자의 비능률, 인사적체 및 종업원의 사기 저하 가능성이 존재한다.

일본의 경우 위의 문제점 등으로 인해 정년연장형 모델보다는 다음에 설명할 고용연장형 모델의 도입률이 높게 나타나고 있다.

고용연장형 모델

고용연장형 모델은 재고용방식을 통해 고용을 연장하는 것으로, 정년에 도달하면 일단 퇴직한 뒤에 계약직, 촉탁직 등의 신분으로 고용을 연장하는 모델이다. 적용대상자의 범위, 재고용기간, 고용형태, 임금감액률 등을 고려해야 한다.

❶ 근로자의 입장에서는 조기퇴직을 유도하는 수단이라는 우려를 가질

수 있으므로 충분한 노사협의를 거친 후 시행하는 것이 바람직하다. 특히 근로자에게 불이익한 경우 취업규칙의 불이익 변경에 해당되므로 근로자 과반수의 동의를 얻어야 한다.

❷ 단순히 인건비 절감의 측면에서 무리하게 도입하면 반발을 살 수 있으며, 고령인력의 고용보장과 활용이라는 대승적 차원에서 도입을 추진해야 한다.

❸ 충분한 교육과 홍보 등을 통해 부작용을 최소화 할 수 있도록 노력하고, 임금수준 하락 등에 대해 종업원의 욕구충족 방안 마련을 검토해야 한다.

❹ 우리나라의 경우 아직까지 연장자 의식과 선후배 의식이 강하기 때문에 잘못하면 심리적인 수치심을 느낄 수 있으므로 사회, 문화적인 특성을 고려해 접근해야 한다.

3. 자본참가제도

근로자의 자본참가제도는 근로자를 자본의 출자자로서 기업의 소유에 참가시키고자 하는 방식으로 건전한 노사관계 형성과 우수 인력에 대한 유지관리에 기여할 수 있다.

우리사주제도

우리사주제도는 근로자로 하여금 우리사주조합을 통해서 자사주를 취득, 보유하게 함으로써 근로자의 경제, 사회적 지위향상과 노사협력 증진을 도모하는 제도로서 우리나라의 종업원 지주제라고 할 수 있다.

구 분	내 용
요건	❶ 우리사주조합원이 우리사주조합을 통해 취득해야 한다. : 조합설립이 선행되어야 하며, 조합원인 근로자만이 우리사주 취득 가능 ❷ 소속회사의 주식일 것 : 다른 회사의 주식이나 소속회사 채권 등은 취득 불가 ❸ 전담관리기관인 한국증권금융에 예탁하고 있을 것 : 한국증권금융에서 인출된 이후부터는 우리사주가 아니다.
취득한도	❶ 발행주식 총수의 20% 한도 내에서 취득 가능 ❷ 연봉을 초과하거나 누적 취득액의 1%를 초과해서 취득할 수 없다.
의무 예탁기간	❶ 조합원 출연 취득(조합원 상환 차입형 포함) : 1년 ❷ 조합원 이외 자의 출연 취득(무상취득) : 4~8년(출연자와 협의) ❸ 회사 상환 차입형으로 취득(무상취득) : 1년
세제지원	1. 종업원 대상 ❶ 출연금 소득공제 조합원의 자사주 취득자금에 대해 당해 연도에 400만원까지 소득공제 향후 우리사주를 인출하는 경우 근로소득 과세(3년 미만 보유 시 : 전액과세, 2~4년 보유 시 : 50% 비과세, 4년 이상 보유 시 : 75% 비과세) ❷ 취득가액과 시가와의 차액 비과세 조합원이 취득한 주식의 취득가액과 시가와의 차액에 대해 근로소득세 및 증여세 비과세 ❸ 배당소득 비과세 배당지급기준일 현재 한국증권금융에 예탁된 주식으로 액면가 기준 1,800만원 이하 주식에서 발생한 배당소득 비과세(1년 이내 인출시 과세) 2. 회사 대상 ❶ 출연금 손비 인정 회사가 우리사주조합에 출연하는 자사주 및 금품은 전액 손비로 인정 ❷ 조합운영비 지원액 손비인정 회사가 조합의 운영에 소요되는 비용을 지원하는 경우 전액 복리후생비로 손비 인정 ❸ 인정이자 비과세 회사가 조합원에게 자사주 취득자금을 저리 또는 무이자로 대출한 경우

스톡옵션(주식매수선택권) 제도

스톡옵션(주식매수선택권) 제도는 임직원에게 일정량의 자사 주식을 일정한 기간 내에 사전에 약정된 가격(할인가격)으로 일정한 수량까지 매수할 수 있는 권리를 주는 일종의 장기 인센티브 제도이다.

주로 기업의 경영자 및 핵심인력의 확보 및 유지를 위해 실시하며, 최근 들어 전 종업원 대상으로 범위가 확대되는 추세이다.

구 분	내 용
효과	❶ 기존의 보상시스템만으로는 어려웠던 우수 인력의 확보와 기존의 인력을 유지하는 것이 가능해진다. ❷ 해당 임직원으로 하여금 성과향상을 위해 더욱 노력하도록 하는 강력한 동기부여 효과가 발생한다.
취득한도	❶ 상장법인, 코스닥 법인 : 발행주식총수의 15% ❷ 기타 주식회사(비상장법인) : 발행주식총수의 10% ❸ 벤처기업 : 발행주식총수의 50% ❹ 조세특례법상 세제지원 한도 : 연간 3,000만 원 비과세
행사기간	스톡옵션을 부여하는 주주총회의 특별결의일로부터 3년(상법은 2년)이 경과해야 행사가 가능하다(단, 3년이 경과한 후에 퇴직한 경우에는 퇴직일로부터 3월 이내에 행사가능 함).

우리사주매수선택권 제도

우리사주매수선택권제도는 우리사주제도와 스톡옵션(주식매수선택권)제도가 연계된 것으로 일정한 기간(제공기간) 이내에 미리 정한 가격(행사가격)으로 신주를 인수하거나 당해 회사가 보유하고 있는 자기주식을 매수할 수 있는 권리를 부여하는 제도를 말한다.

구 분	내 용
부여회사	우리사주조합이 설립된 모든 회사
부여대상	우리사주조합원
부여절차	회사정관 변경을 통해 우리사주매수선택권을 부여할 수 있는 근거를 마련하고, 주주총회 또는 이사회 결의로 부여
부여한도	❶ 우리사주 조합원별로 연간 600만 원 범위내에서 부여 ❷ 주주총회 결의로 발행주식 총수의 20% 이내, 정관이 정하는 바에 따라 이사회 결의로 발행주식 총수의 10% 이내 범위 내에서 부여
제공기간 (권리 존속기간)	6개월 이상 2년 이내
권리행사기회	제공기간 중 6개월 또는 1년의 기간 단위로 권리 행사기회 부여 가능(제공기간이 2년인 경우 권리 행사기회는 최소 1회에서 4회까지 가능)
행사가격	권리부여 시 평가가격의 80% 이상
부여주식(권리행 사시 교부할 주식)	회사가 보유한 자기주식 또는 신주(이 경우 스톡옵션과 달리 권리 행사 시 시가와 행사가격과의 차액보상은 불가)
의무 예탁	권리행사로 취득한 주식은 1년간 의무적으로 예탁해야 한다.

❶ 우리사주제도와의 비교

가. 우리사주제도의 경우 주가하락 때 재산손실이 있는데, 반해 우리사주매수선택권의 경우 신주를 인수하거나 회사보유 주식을 매수할 수 있는 권리를 부여하는 제도이기 때문에 권리행사 시점에 주가가 행사가격보다 낮으면 그 권리를 포기해서 손실을 최소화할 수 있다.

나. 우리사주제도의 경우 우선배정 방식이고, 별도의 할인율 적용이 없는데 반해, 우리사주매수선택권의 경우 평가가격의 20%까지 할인받을 수 있다.

❷ 스톡옵션제도와의 비교

가. 스톡옵션이 주로 특정 임직원에게 부여하는 제도인 반면, 우리사주매수선택권은 우리사주조합원 전체 근로자에게 부여한다.

나. 스톡옵션은 행사시점의 시가와 행사가격과의 차액만을 현금 또는 주식으로 지급할 수 있으나, 우리사주매수선택권의 경우 우리사주이기 때문에 반드시 권리 행사한 수량 전체를 주식으로 교부해야한다.

다. 스톡옵션은 권리행사 후 바로 처분할 수 있으나, 우리사주매수선택권의 경우 권리행사 후 1년간 의무예탁한 후 처분이 가능하다.

차입형 우리사주제도

차입형 우리사주제도는 회사 또는 대주주 등이 상환할 것을 조건으로 조합이 자금을 차입해서 자사주를 취득하는 방법이다.

구 분	내 용
조합원 상환형	조합의 차입금을 조합원이 조합에 출자한 금품으로 상환하는 제도로 취득한 주식을 즉시 조합원 개인별 계정에 배정해야 한다.
회사 상환형	조합의 차입금을 회사, 주주 등이 출연한 금품으로 상환하는 제도로 취득한 주식을 조합계정에 보관 후 차입금 상환액 범위 내에서 개인별 계정에 배정한다.
주의사항	가. 차입형 우리사주제도 시행에 관해서 회사는 이사회 결의를 거쳐야 한다. 나. 차입 및 상환에 관한 사항을 회사와 조합이 서면으로 약정해야 한다. 다. 차입금 총액은 직전 회계연도 조합원 급여총액 이내일 것 라. 차입기간은 3~7년 이내여야 하며, 매년 차입금 잔액의 10% 이상을 상환해야 한다.

근로환경(갈등관리, 노사협의회, 고충처리, 유연적 근로시간제)

1. 경영참가

경영참가란 근로자나 근로자대표가 경영의사결정에 참여하는 것을 의미하며, 노사협의회 제도와 고충처리제도의 운영이 대표적이다.

노사협의회 제도

노사협의회 제도는 본질적으로 사용자의 배타적 권리에 속하는 기업경영에 근로자를 참여시키는 제도를 말한다.

❋ 설치

노사협의회는 근로조건의 결정권이 있는 사업이나 사업장 단위로 설치하며, 상시 근로자 30명 이상을 사용하는 경우 반드시 설치해야 한다.

❋ 구성

❶ 노사협의회는 근로자와 사용자를 대표하는 자를 위원으로 동수로 구성하되, 각각 3명 이상 10명 이내로 구성한다.

❷ 근로자를 대표하는 위원은 근로자가 선출한다.

가. 근로자 과반수로 조직된 노동조합이 있는 경우에는 노동조합의 대표자와 그 노동조합이 위촉하는 자

나. 근로자 과반수로 조직된 노동조합이 없는 경우 근로자의 직접, 비밀, 무기명 투표에 의해 선출

❸ 사용자를 대표하는 위원은 대표자와 그 대표자가 위촉하는 자로 한다.

❹ 위원의 임기는 3년으로 하되 연임 가능하며, 보궐위원의 임기는 전임자의 잔여기간으로 한다.

✽ 운영

노사협의회는 3개월마다 정기적으로 개최해야 하며, 회의소집은 의장이 회의개최 7일 전까지 일시, 장소, 의제 등을 각 위원에게 통보해야 한다.

회의는 근로자 위원과 사용자 위원의 각 과반수의 출석으로 개최하고, 출석위원 3분의 2 이상의 찬성으로 의결한다.

✽ 안건

구 분	내 용
협의사항	협의사항은 노사협의회에서 상호간 의견교환을 하는 정도의 사안을 말하며, 반드시 합의를 할 필요는 없다. 구체적인 내용은 다음과 같다. ❶ 생산성 향상과 성과배분 ❷ 근로자의 채용·배치 및 교육훈련 ❸ 작업환경개선과 근로자의 건강증진 ❹ 근로자의 고충처리 ❺ 작업공정의 개선 ❻ 임금의 지불방법·체계·구조 등의 제도 개선

구 분	내 용
	❼ 근로자의 복지증진 ❽ 여성근로자 보호
의결사항	의결사항은 반드시 노사합의를 얻어야 하는 사항을 의미하며, 주요 내용은 다음과 같다. ❶ 근로자의 교육훈련 및 능력개발 기본계획의 수립 ❷ 복지시설의 설치와 관리 ❸ 사내근로복지기금의 설치 ❹ 고충처리위원회에서 해결되지 아니한 사항 ❺ 각종 노사공동위원회의 설치
보고사항	보고사항은 노사 상호간의 협의나 의결 없이 그 내용을 근로자에게 보고하 는 사항을 의미하며, 주요 내용은 다음과 같다. ❶ 경영계획 전반 및 실적에 관한 사항 ❷ 분기별 생산계획과 실적에 관한 사항 ❸ 인력계획에 관한 사항 ❹ 기업의 경제적·재정적 상황

고충처리제도

고충처리제도란 근로자가 작업환경 및 근로조건에 관해서 느끼는 고충
을 일정한 절차에 따라 해결해 나가기 위한 제도를 의미한다.

✽ 설치

모든 사업 또는 사업장에는 근로자의 고충을 청취하고 이를 처리하기
위해서 고충처리위원회를 두어야 한다. 단, 상시 30인 미만의 근로자를
사용하는 경우 이를 두지 않을 수 있다.

✳ 구성

❶ 고충처리위원의 수는 노사를 대표하는 3명 이내로 한다.

❷ 노사협의회가 설치되어 있는 경우 노사협의회가 그 위원 중에서 선임하고 노사협의회가 설치되어 있지 않은 경우 사용자가 위촉한다.

❸ 고충처리위원의 임기는 3년으로 하되, 연임할 수 있다.

✳ 처리절차

❶ 고충이 있는 근로자가 구두 또는 서면으로 신고하면, 지체 없이 이를 처리해야 한다.

❷ 해당 근로자로부터 고충사항을 청취한 후 10일 이내에 조치사항 및 처리결과를 해당 근로자에게 통보해야 한다.

❸ 고충처리위원이 처리가 곤란한 경우 노사협의회에 부의해서 협의처리 한다.

2. 갈등관리

갈등관리의 의의

직장 내에서 최대 스트레는 직장 내 인간관계이며, 우수인력의 전직에 보상이나 비전보다 오히려 더 큰 영향을 미치는 것이 일반적이다.

최근 들어 기업 내부의 갈등 요인을 분석하고 이를 개선하려는 기업 차원의 노력이 증대되고 있다.

갈등은 흔히 수평적 대립에서가 아니라 조직계층의 수직적 상황, 즉 상사와 부하 사이에서 발생하는 것이 일반적이다. 하지만 갈등이 발생하는 주요 이슈는 대부분 상사(관리자)에게 있으며, 해결책은 상사(관리자)를 통해 모색하는 것이 바람직하다.

갈등 해결방안

❋ 사기조사

❶ 사기조사를 실시해야 직원의 사기 또는 근무의욕을 저해하는 요인과 그들의 불평불만의 원인을 분석해서 대책을 수립해야 한다.

❷ 사기조사에는 근무난이도, 기업이념 실천여부, 업무에 대비한 급여수준, 타사와의 급여비교, 경력계획, 관리자에 대한 의견 및 평가, 복리후생, 작업환경, 기타 근무조건 등이 포함되어야 한다.

❸ 사기조사는 1회성이 아니라 지속적으로 실시되어야 한다.

❹ 사기조사 결과 나타난 개선점에 대해서는 구성원들이 참여해봐야 소용없다는 느낌을 받지 않도록 충분히 조치를 취하거나 조치내용을 구성원들에게 피드백해주는 것이 중요하다.

❺ 조사의 주요 관심사는 조사실시 자체와 만족도 점수 자체가 목적이 되어서는 안 되며, 이 경우 회사와 직원의 입장이 '종업원들이 매우 만족하고 있다'는 반응과 '해 봐야 필요 없으니 차라리 폐지하는 게 낫다'라는 대조적인 반응으로 구분된다.

❋ 의사소통과 정보공유

❶ 종업원들이 편하고 즐겁게 일할 수 있는 분위기를 만들어 주기 위해

서는 의사소통과 정보공유가 가장 중요하다.

❷ 종업원의 마음에 숨겨져 있는 불만은 행동적인 것보다는 그 사람의
태도와 사기에 영향을 미치게 된다.

유연적 근로시간제

유연적 근로시간제는 기존의 경직적이고 타율적인 표준형 근로시간제에
대응하는 개념으로 기업이 환경변화에 동태적으로 적응하기 위해 근로
시간을 탄력적으로 운영해서 근로시간의 유연화와 다양화를 도모하는
것이다.

❋ 선택적 근로시간제

선택적 근로시간제는 자율 출퇴근제라고도 하며, 미리 정한 총 근로시
간의 범위 내에서 근로자가 출퇴근 시간, 1일의 근무시간을 자유롭게
정할 수 있는 제도이다.

기계의 작동시간 등에 맞추어 반드시 정해진 작업시간 안에 근무를 해
야 하는 직종이 아닌 전문직이나 사무직, 관리직 등에 적용하는 것이
바람직하다.

구 분	내 용
적용요건	❶ 선택적 근로시간제를 실시하기 위해서는 취업규칙에 의해서 시업 및 종업시간을 근로자에게 맡기기로 해야 하며, 근로자대표와의 서면합의에 의해서 대상 근로자의 범위, 정산기간, 반드시 근로해야 할 시간 등의 사항을 정해야 한다. ❷ 1개월 이내의 정산기간을 평균해서 1주의 평균 근로시간이 40시간을 초과하지 않아야 한다.

구 분	내 용
적용예외	❶ 선택적 근로시간제는 15세 이상 18세 미만의 연소근로자에 대해서는 적용할 수 없다. ❷ 임신 중인 여성의 경우 근로자가 근무하기 편한 시간대를 선택할 수 있다는 점에서 적용 가능하다.

※ 탄력적 근로시간제

탄력적 근로시간제란 일정 단위기간(예 : 2주, 3개월) 내에 근로시간을 평균해서 주간 법정근로시간을 초과하지 않는 범위 내에서 단위기간 내의 특정일 또는 특정주의 근로시간이 1일 또는 1주의 법정 근로시간을 초과하더라도 전체적으로 법정 근로시간을 근로한 것으로 간주해서 별도의 연장근로수당을 지급하지 않을 수 있는 제도이다.

사용자 입장에서는 업무량에 따라 근로시간을 신축적으로 운영할 수 있는 장점이 있지만, 근로자 입장에서는 생활 리듬의 파괴 등이 우려되기 때문에 엄격한 요건을 갖추어 시행하는 것이 바람직하다.

❶ 2주 단위 탄력적 근로시간제

사용자가 취업규칙에 명시적으로 도입한 후 시행

❷ 3개월 단위 탄력적 근로시간제

사용자와 근로자 대표가 다음의 내용에 대해 서면합의를 한 후 시행한다.

가. 대상근로자의 범위

나. 단위기간, 단위기간에 있어서의 근로일 및 근로일별 근로시간

다. 서면합의의 유효기간

❸ 연장근로 제한 및 적용의 제외

가. 당사자 합의로 1주 12시간 한도 내에서 연장근로 가능

나. 15세 이상 18세 미만 연소근로자와 임신 중인 여성에 대해서는 시행할 수 없다.

❋ 재량 근로시간제

재량 근로시간제는 근로자의 자율성을 최대한 보장할 때 생산성이 높아지는 창의적인 업무에 대해 업무수행의 재량을 부여하는 제도로 실근로시간과 관계없이 일정시간을 근로한 것으로 간주하는 제도이다.

구 분	내 용
적용요건	대상업무, 근로시간의 산정 등의 내용이 포함된 근로자 대표와의 서면합의가 필요하다.
적용대상 업무	❶ 신상품 또는 신기술의 연구개발이나 인문사회과학 및 자연과학분야의 연구업무 ❷ 정보처리시스템의 설계 또는 분석업무 ❸ 신문·방송 또는 출판사업에 있어서 기사의 취재·편성 또는 편집업무 ❹ 의복·실내장식·공업제품·광고 등의 디자인 또는 고안업무 ❺ 방송프로·영화 등의 제작사업에 있어서 프로듀서 또는 감독업무 ❻ 기타 고용노동부 장관이 정하는 업무

❋ 인정(간주) 근로시간제

근로자가 출장, 영업, 취재 등 다양한 이유로 사업장 밖에서 근로하는 경우 노사 간보다 합리적인 근로시간을 설정하기 위한 취지의 제도이다.

근로자가 출장 기타의 사유로 근로시간의 전부 또는 일부를 사업장 밖에서 근로해서 근로시간을 산정하기 어려울 때는 소정근로시간을 근로한 것으로 간주한다.

❶ 당해 업무수행에 필요한 시간이 통상적으로 소정근로시간을 초과한 경우에는 그 업무의 수행에 통상 필요한 시간을 근로한 것으로 간주한다.

❷ 당해 업무에 관해서 근로자대표와의 서면합의가 있는 경우에는 그 합의에서 정하는 시간을 그 업무의 수행에 통상 필요한 시간으로 간주한다.

제 7 장

인적자원의 이직 및
퇴직관리

[전사업장 퇴직급여제도 적용]
인적자원의 이직
인적자원의 퇴직관리
퇴직금 지급대상과 계산
퇴직연금제도

[2010년 12월 1일부터 전사업장 퇴직급여제도 적용]

2010년 12월 1일부터 상시 4인 이하 사업장의 근로자들에게도 퇴직급여제도가 적용된다.
근로자 퇴직급여 보장법 요지 : 종전의 법정 퇴직금제를 퇴직급여의 한 유형으로 포용하면
서 노사합의로 퇴직금제 대신 퇴직연금을 선택할 수 있도록 하고, 퇴직연금은 확정급여형
(DB), 확정기여형(DC), 개인형 퇴직계좌(IRA)의 유형으로 분류된다.
상시 4인 이하 사업장에서도 2010년 12월 1일 이후 1년 이상 동일한 사업장에서 계속
근무한 근로자는 퇴직급여(퇴직연금 또는 퇴직금)를 받을 수 있게 되었다.
4인 이하 사업장에 대한 퇴직급여(확정급여형 퇴직연금, 퇴직금) 및 부담금(확정기여형 퇴
직연금) 수준은 2010년 12월 1일부터 2012년 12월 31일 기간에 대해서는 5인 이상
사업장의 50%를 적용하되, 2013년부터는 100%를 적용하도록 하였다.

구분	퇴직금	퇴직연금	
		확정급여형(DB형)	확정기여형(DC형)
적립방법 및 수준	사내적립	예상퇴직부채의 90% 이상 사외적립	근로자 연간 임금총액의 1/12 이상 사외적립
적립금 운용 주체	사용자		근로자
중간정산	일정요건만 가능	담보대출 가능 (적립금의 50% 내)	담보대출(50%)과 중도인출(100%) 가능
이직시 통산	불가능	가능(개인 퇴직계좌 활용, 과세이연 혜택)	
급여수준	30일분 평균임금 × 계속근로기간		적립금 운용결과에 따라 변동
지급형태	일시금	연금 또는 일시금 선택	
근로자 추가 적립	불가능		가능 (개인연금 합산해서 연간 700만원 소득공제)

인적자원의 이직

이직은 개인이 조직과의 고용관계를 끝내고 조직을 떠나는 것을 의미한다.

1. 이직의 유형

자발적 이직

자발적 이직은 종업원들의 자발적 의사에 의한 이직을 의미하며, 자발적 이직은 전직(轉職, Turnover)과 사직(辭職, Resignation)으로 구분할 수 있다. 여기서 전직은 조직에 불만이 있거나 보다 나은 기회를 찾기 위해 다른 직장으로 옮기는 것을 말하고, 사직은 결혼, 임신, 출산, 질병, 가족의 이주 등으로 회사를 그만두는 것을 말한다.

비자발적 이직

비자발적 이직은 종업원의 의사에 반해서 이루어지는 것으로 회사에 의해 주도되는 이직을 의미한다.

비자발적 이직은 해고(解雇)와 퇴직(退職)으로 구분할 수 있다. 여기서 해고는 구조조정이나 징계 등의 이유로 인해 강제로 직장을 그만두는 것을 말하고, 퇴직은 정년, 사망, 불구, 계약종료 등으로 인해 직장을 그만두는 것을 말한다.

구 분	유 형	내 용
자발적 이직	전 직	임금, 승진, 직무 등 고용조건 상의 사유로 다른 회사로 옮기기 위한 이직
	사 직	결혼, 출산, 질병 등 종업원 일신상의 사유로 인한 이직
비자발적 이직	해 고	구조조정, 징계 등에 의한 이직(정리해고, 징계해고)
	퇴 직	정년 등에 의한 고용관계 종료

2. 자발적 이직

자발적 이직은 종업원들의 자발적 의사에 의한 이직을 말한다.

자발적 이직의 기능

장 점	단 점
❶ 이직자의 경우 경력개발 가능	❶ 우수인재의 이탈로 인한 경쟁력 저하
❷ 잔류자의 경우 이동 및 승진기회	❷ 이직비용 소요(신규채용, 훈련비 등)
❸ 조직분위기 쇄신 가능	❸ 조직의 위화감 및 불안감 조성
❹ 인력수급의 유연성 확보	❹ 잔류자의 업무량 증가 가능성

자발적 이직시 대응방안

＊ 퇴사 시 비밀유지계약

퇴직 후 영업비밀유지 및 경쟁업체 취업금지 서약 등을 통해 기업의 기밀보호나 기술유출 금지 등을 의무화한다.

＊ 외부 네트워크로 활용

퇴직 시 공로보상이나 퇴직 후 일정기간 생활보조비를 지급하는 등의 방법으로 퇴직한 핵심인력을 관리한다.

❶ 퇴직한 핵심인력을 통한 외부 우수인력의 입사 추천

❷ 핵심인력의 유턴(U-Turn)을 희망할 경우 인사상의 불이익을 주지 않고 외부경험을 활용할 수 있도록 배려

3. 비자발적 이직

비자발적 이직은 종업원의 의사에 반해서 이루어지는 것으로 회사에 의해 주도되는 이직을 의미하며, 크게 퇴직과 해고로 구분할 수 있다.

고용조정의 원칙

경영환경이 악화되면 기업은 조직의 유효성을 제고하기 위해 근로시간 단축, 신규채용 억제, 임금조정 등의 내부적인 고용조정 수단뿐만 아니라 외부적인 고용조정 수단인 해고를 실시할 수밖에 없다. 하지만 해고의 경우 조직 내부의 저항과 사기에 큰 영향을 미치기 때문에 객관적인 원칙이 마련되어 있어야 한다.

※ 구조조정예고제 등을 통해 해고저항 최소화

성과부진 인력에 대해 '주의 – 경고 – 해고예고' 등의 3단계 프로세스를 거쳐서 해고에 대한 저항을 최소화할 필요가 있다.

※ 해고인력 선정 시 '기업문화를 선정기준에 반영'

해고인력 선정 시 성과평가만 반영할 경우 평가의 객관성, 공정성에 대한 분쟁 발생 가능성이 존재하며, 성과에 기업의 가치를 포함해서 최종 해고인력을 선정하는 것이 바람직하다.

※ 성과부진 자에 대해 '성과개선 프로그램' 적용

고용조정의 목적은 반드시 '부진인력의 퇴출'에 있는 것은 아니며, 인력의 경쟁력 강화를 위한 하나의 도구로 활용될 수 있다.
성과부진 자들에게 해고에 앞서 상담, 인력계발, 훈련 등을 통해 스스로 문제를 해결해서 성과를 높일 기회와 동기를 부여할 수 있도록 해야 한다.

아웃플레이스먼트

사업주의 지원으로 구조조정 과정에서 퇴직하는 근로자가 신속하게 재취업할 수 있도록 창업지원 프로그램, 생활 보조프로그램, 재취업 알선 프로그램, 퇴직자 커뮤니티 지원, 계약직 재고용 등의 서비스를 제공하는 프로그램이다.

해고와 관련해서 퇴직 면담 시에는 다음과 같은 사항이 준비되어야 한다.

✳ 해고의 핵심적인 이유에 대한 자료준비

가장 먼저 해고이유와 관련된 핵심요인을 기록한 자료를 준비해야 한다.

해고가 성과 부진 때문이라면 성과에 관련된 자료를 준비해야 하며, 담당 직무가 없어졌다면 그 사유를 설명해야 한다.

자료에는 왜 자신이 선정되었고, 누가 이 결정을 했는지, 해고 결정을 뒤집을 수 있는지, 재고용될 수 있는 여지가 있는지 등이 포함되어 있어야 한다.

✳ 해고대상자에 대한 간결한 메시지 준비

해고대상자에 대해 해고 결정이 심사숙고해서 이루어졌다는 사실, 해고 기준에 해당하면 누구나 퇴직한다는 점, 해고 사유를 간결하게 설명해야 한다.

✳ 퇴직 후 지원사항 준비

퇴직 후 퇴직금, 보상금, 전직지원 프로그램 등 대상자에 대한 지원사항에 대해 설명해야 한다.

인적자원의 퇴직관리

퇴직관리는 조직인력의 퇴직상황을 분석·예측해서 적정인력 보전을 위한 대책을 강구하는 활동을 말한다.

적정수준의 퇴직은 인적자원관리에 순환적 기능을 한다. 퇴직이 없으면 조직의 인적자원관리에 있어서 활력소가 없어지고, 노동력의 유연성이 없어져 경쟁력이 약화될 수도 있다.

그러나 과도한 퇴직이나 무능한 구성원이 남고 유능한 구성원이 떠나서는 안 된다. 이러한 점에서 퇴직관리가 필요하므로 임용만큼 중요하다고 할 수 있다.

결론적으로 말하면, 퇴직관리는 인사행정에 있어서 채용관리만큼 중요하게 다루어져야 하고, 정부조직의 효율성 향상을 위해서는 성공적 퇴직관리가 무엇보다 중요함을 인식해야 한다.

1. 퇴직의 유형

퇴직의 의미를 좁게 해석해서 은퇴라는 의미로 사용하면 퇴직은 정년퇴직과 명예퇴직으로 나누어 볼 수 있다.

넓은 의미로 해석해서 신분의 해지로 이해할 때는 이 속에 징계처분에 의한 파면, 해임 등과 같은 강제퇴직도 포함시킬 수 있을 것이다.

넓은 의미의 퇴직 개념을 채택할 경우 퇴직은 임의 퇴직과 강제퇴직으로 나누어 볼 수 있다.

임의퇴직

임의퇴직은 자발적인 의지에 의해서 이루어지는 퇴직을 말하며, 의원면직과 명예퇴직을 말한다.

임의 퇴직관리에서는 필요한 사람의 퇴직을 억제하는 것이 중요한 것이지만 퇴직을 권장하는 경우도 있다. 임의퇴직관리는 여러 단계의 과정을 거쳐서 이루어지게 된다.

퇴직통제를 위한 퇴직관리 과정은

❶ 퇴직률 측정

❷ 퇴직률 평가

❸ 퇴직의 비용편익 분석

❹ 퇴직원인 분석

❺ 퇴직통제방안의 결정과 실시의 단계

를 포함한다. 여기에 환류작용이 따르는 것은 물론이다. 이러한 퇴직관리 과정은 퇴직의 최적수준과 양태를 발견하기 위해 필요한 것이다

✻ 의원면직

의원면직은 자발적 퇴직을 의미하며, 임직원의 퇴직의사(사표 등)를 사업주가 받아들여 면직행위를 해야 신분이 소멸한다.

❋ 명예퇴직

명예퇴직제도란 정년까지 고용하는 종신고용제하에서 정년에 도달하기 전에 일정액의 금전적인 보상을 조건으로 미리 퇴직시키는 제도를 말한다.

명예퇴직제도를 도입하는 가장 큰 목적은 인원 감축을 통한 감량경영에 있다. 최근 경기불황에 따른 기업의 구조조정의 절차로서 인원을 감축하고 이로써 인건비 절감 등의 효과를 얻을 수 있다. 이와 같은 감량경영의 목적 이외에도 인사이동의 원활화, 퇴직 기회의 부여, 인사 적체의 해소, 사기 향상 등의 목적으로 이용되기도 한다.

강제퇴직

강제퇴직은 불가피한 퇴직이라고 할 수 있다. 강제퇴직 속에는 징계에 의한 파면·해임, 당연퇴직, 정년퇴직, 그리고 직권면직 및 감원에 의한 퇴직 등을 포함시킬 수 있다. 그 중에서 중요한 것은 정년퇴직과 감원이다.

❋ 정년퇴직

정년제도는 장기간 근속하거나 노령이 되어 유용성이 감소한 경우 법으로 정한 시기에 자동적으로 퇴직하게 하는 제도이다.

이 제도는 직원의 사기를 높이는 기능을 하고, 인적자원의 신진대사를 원활하게 하지만, 반면에 일률적으로 법적 연령에 의한 퇴직은 유용한 인적자원을 낭비 할 수도 있다. 정년제도의 유형은 다음이 있다.

❶ 가장 널리 채택되고 있는 제도는 연령정년제도이다.

연령정년제도의 변형된 제도는 선택정년제, 선택단축정년제 등의 제도가 있다.

❷ 조직에 들어간 후 일정한 기간이 지나면 자동으로 퇴직하는 제도인 근속정년제도가 있다.

❸ 공무원이 일정기간 동안 승진하지 못하면 그 기간이 만료될 때 자동으로 퇴직하는 제도인 계급정년 제도가 있다.

❈ 감원

감원이란 조직의 축소로 인해서 남는 직원을 퇴직시키는 것을 말한다. 감원의 종류는 크게 부분적 감원과 일반적 감원으로 나누어 볼 수 있다. 이는 다시 복직을 전제로 한 일시적 감원과 그렇지 않은 항구적 감원으로 구분해 볼 수 있다.

대규모 조직을 운영하다 보면 감원이 불가피할 때가 있다.

그러나 감원은 직접적인 퇴출 비용뿐만 아니라 잔류자의 신분 불안 및 사기 저하, 충성심의 와해, 유능한 구성원의 이직 등의 간접비용으로 인해서 조직의 경쟁력을 약화시킬 수 있으므로 신중하게 이루어져야 한다.

2. 퇴직관리 전략

퇴직관리를 효율적으로 하기 위해서는 적정 퇴직률을 산정하고, 그에 맞추어 퇴직을 억제하거나 촉진하는 전략을 구사해야 한다.

퇴직관리의 업무는 두 부분으로 나누어진다.

첫째, 다양한 유형의 퇴직 원인을 분석하고, 둘째, 그러한 원인들에 비추어 인사정책을 조정하고 발전시킨다. 퇴직의 원인을 조사할 때는 흔히 퇴직자 면접이 사용된다. 퇴직자 면접의 목적은 퇴직의 진정한 원인을 밝혀내고, 현재의 조직 속에서의 발전기회 등에 관한 정보를 제공하며, 구성원 자신의 이익과 조직의 이익에 관한 이해를 증진시키는 데 있다.

퇴직의 유형에 따라 그 내용과 성격이 다르므로 관리전략도 다르다. 현대 조직에서 활용하는 퇴직관리 전략들은 다음이 있다.

퇴직의 억제 또는 촉진 전략

퇴직억제 전략은 주로 임의퇴직을 억제하는 활동과 관련된다. 퇴직을 억제하기 위해서는 직무만족도 향상, 경력발전 기회의 확대, 보수 등 근무조건의 개선, 그리고 정년을 연장하는 방안 등을 활용할 수 있다.

퇴직 촉진 전략은 인적자원의 신진대사가 필요하거나, 조직활동을 감축할 필요가 있을 때 퇴직을 유도·촉진하는 전략이다. 퇴직을 촉진할 때는 징계, 감원, 정년퇴직 등 강제퇴직 전략을 우선 동원할 수 있다. 명예퇴직이나 권고사직 등의 비공식적 임의퇴직을 촉진하는 방법도 쓰일 수 있다.

퇴직예정자의 지원 전략

퇴직예정자들이 퇴직을 대비하고 퇴직 생활에 적응할 수 있도록 지원해주는 것은 퇴직관리의 중요한 과제이다. 전략은 다음과 같다.

첫째, 경력과 생애에 대한 계획수립이다.

둘째, 상담과 교육훈련이다. 교육훈련 프로그램을 마련해서 퇴직생활에 도움이 되는 정보나 직업전환에 필요한 정보를 제공할 수 있다.

셋째, 근무감축과 단계적 퇴직이다. 근무시간 또는 근무일수를 줄여주는 것은 퇴직 후 충격을 완화하기 위한 것이다.

넷째, 순환보직과 창업교육훈련이다. 순환보직은 퇴직예정자들의 일반 관리능력을 높이고 업무환경변화에 적응할 수 있는 능력을 키워준다. 창업교육훈련은 직원에게 그의 창의성을 기르고 위험이 따르는 창업적 상황에 대응할 수 있는 능력을 길러준다.

다섯째, 직업알선이다. 퇴직자의 재취업을 돕는 활동이다.

퇴직자의 지원·통제 전략

퇴직자의 지원전략은 세 가지 범주로 나누어 생각해 볼 수 있다. 경제 안정을 도모하는 전략, 정신적·육체적 건강을 보호하려는 전략, 그리고 퇴직생애의 단계적 이행을 지원하는 대책이 있다.

통제전략은 정부부문에 국한되는 전략으로 공직부패를 막기 위한 고위 공직자의 사기업 취업제한과 징계에 의한 퇴직자의 일정기간 복직금지의 방법이 있다.

3. 임의 퇴직관리

임의퇴직관리는 다음의 과정을 거쳐서 이루어지게 된다.

퇴직률의 측정

퇴직상태를 분석하고 평가하기 위해서는 여러 가지 유형의 퇴직률을 산출해야 한다.

첫째, 총퇴직률이다. 모든 종류의 퇴직자들이 포함된다.

둘째, 인적자원대체율이다. 조직 전체의 인적자원의 증감을 알아보는데, 유용하다.

셋째, 퇴직 종류별 퇴직률이다. 사망률, 정년퇴직률, 임의퇴직률 등 종류별로 계산해보면 정확하게 알 수 있다.

넷째, 임의퇴직률이다. 임의퇴직률의 분석에 있어서는 재직자 및 퇴직하는 사람들의 가치를 따져보아야 한다.

퇴직률의 평가

퇴직률의 평가에서는 퇴직률의 과거와의 비교 및 다른 조직들과 비교해서 적정수준을 판단해야 한다. 총퇴직률과 임의퇴직률의 평가에 일반적으로 적용될 수 있는 기준은 인사체제의 정체성을 막을 만큼 높여야 하고, 혼란과 불안을 막을 만큼 낮아야 한다.

퇴직의 비용편익 분석

퇴직의 통제여부에 관한 의사결정을 하려면 퇴직의 비용편익을 계산해보아야 한다.

첫째, 퇴직의 비용분석이 필요하다. 퇴직의 비용계산에는 경제적 손실, 사회적 비용, 퇴직 자체의 비용, 채용 등 그로 인해 발생되는 대체비용도 고려해야 한다.

둘째, 퇴직의 편익분석이 필요하다. 임의퇴직이 조직과 사회에 주는 경제적·사회적 이익도 계산해보아야 한다.

퇴직 및 근속원인의 분석

임의퇴직의 통제 책을 마련하려면 퇴직률이나 비용·편익 분석자료뿐만 아니라 퇴직 원인에 대한 판단자료도 가지고 있어야 한다. 퇴직원인 분석을 위해서는 누가, 왜, 어디서, 언제, 어떻게 퇴직하는가를 분석해야 한다.

임의퇴직을 관리하는데, 있어서는 퇴직원인 뿐만 아니라 근속 원인 분석도 필요하다. 근속 원인이 구직난인지 직장의 여러 가지 혜택인지, 또는 직무만족도 인지를 분석함으로써 퇴직 및 근속 원인에 따른 합리적인 퇴직관리가 가능하기 때문이다. 조직구성원이 근속하는 이유를 직장에 대한 만족과 환경의 압력으로 파악할 때, 다음과 같은 네 가지 유형으로 분류할 수 있다.

첫째 유형은 직장 자체에 불만이 있으며, 그 직장에 계속 머물러 있어야 하는 환경적 압력도 거의 없는 경우다.

둘째 유형은 직장 자체에 대해서 불만이 있지만, 환경적 이유때문에 어쩔 수 없이 근속하는 경우이다.

셋째 유형은 거의 직장 자체와 연관된 이유만으로 머무는 경우이다. 이 경우 직장에 대한 만족감을 줄 수 있는 대책이 계속되지 않고는 근속을 유지시킬 수 없다.

넷째 유형은 직장에 대한 만족감과 환경적 이유가 합쳐진 경우이다.

이러한 원인들을 분석하여 퇴직대책을 세워야 한다.

퇴직 및 근속 원인을 조사·분석하는 방법에는 다음과 같은 것들이 있다.

첫째, 퇴직자의 면담이다. 이 방법은 사직의 진정한 이유를 알기 위해 감독자나 인사담당자가 퇴직예정자와 면담하는 것이다.

둘째, 퇴직 후의 면담이다.

셋째, 근무관계기록 조사이다. 사직자의 인사기록을 검토하는 것도 퇴직원인을 추정하는 자료조사이다.

넷째, 재직자의 태도조사이다. 재직자의 태도조사도 사직이유 추정 내지 분석에 중요한 자료를 제공할 수 있다.

퇴직통제 방안의 결정

임의퇴직의 관리는 퇴직의 원인과 근속의 원인을 파악해서 그에 대한 적절한 대책을 세우는 방법이라고 할 수 있다.

퇴직억제 및 근속유지 방안으로는 다음과 같은 것들을 들 수 있다.

첫째, 직무 부적응의 해소이다. 퇴직을 억제하려면 직무요인과 인적조건을 적용시키고 사람이 직무에서 보람을 찾을 수 있게 만들어 주어야 한다.

둘째, 근무조건의 개선이다. 근무조건에 대한 불만을 해소하기 위해서는 보수와 편익, 근무시간과 휴가, 작업환경, 감독방법 등을 개선해야 한다.

셋째, 직무만족 및 경력발전 기회의 확대이다.

4. 강제 퇴직관리

정년퇴직제도의 대책

정년에 따르는 해당자의 실직과 수입감소, 생계 대책에 대한 문제점을 해결하기 위해서 다음과 같은 몇 가지 대안을 마련해야 한다.

❶ 정년연장 방법이다.

평균수명이 길어지면서 노동 연령이 높아지고, 출산율 저하와 노령화는 정년연장의 필요성을 말해주고 있다.

❷ 보수와 퇴직금 제도의 조정이다.

정년연장은 퇴직금의 누진적 증가에 따른 재정적 부담을 가중시킬 수 있다. 임금피크제와 일정 시점 이후 근무연수는 퇴직금 산정에서 제외하는 방법을 고려 할 수 있다.

❸ 재고용제 혹은 근무연장제의 도입이다.

이 방법은 퇴직자의 풍부한 경험을 활용할 수 있는 이점도 있다.

❹ 퇴직준비 프로그램의 제공이 있다.

감원의 대책

감원관리의 대책은 감원대상자와 잔류자 모두에게 필요하다. 감원대책은 몇 가지 단계를 거쳐 이루어지게 된다.

첫째, 충격완화 단계로 해고통보로 인해 겪게 되는 감원대상자의 충격상태를 안정시킬 수 있도록 지원하는 단계이다.

둘째, 개인에 대한 종합적인 평가단계로 표준화된 테스트나 면담을 통해 개인에 대한 장단점을 알게 해주는 것이다.

셋째, 교육훈련 단계로 직원이 새로운 일자리를 찾는데, 도움이 되는 정보 및 교육훈련 등 각종 지원단계이다.

넷째, 추가지원 단계로 미취업 직원에게 개별적으로 직업탐색을 지속적으로 지원하는 단계이다.

잔류자를 대상으로 하는 대책은 각각 새로운 경력관리를 위해서 지도와

교육훈련 및 기타 지원을 하는 정책이다. 감원의 부작용을 최소화하기 위해서는 잔류자에 대해서도 신분보장에 대한 불안감을 해소하기 위한 노력과 더불어 다음과 같은 조치가 취해져야 한다.

첫째, 구성원의 인식행위에 대한 대응 노력이다. 감원의 공평성을 심어주고, 감원된 직원에 대한 지원책이 있어야 한다.

둘째, 구성원의 반작용에 대한 대응 노력이다. 상담 및 체계적인 대응 조치가 확립되어야 한다.

셋째, 구성원의 연대 행위 방지를 위한 대응 노력이다. 노동조합의 감원에 대한 집단적 반발에 대비해야 한다.

넷째, 노사 간의 미래 지향적인 관계구축과 더불어 직원의 체계적인 경력관리를 추진시키는 노력이 있어야 한다.

결론적으로 감원의 부작용을 최소화하기 위해서는 감원대상자뿐만 아니라 잔류자에 대한 신분보장과 능력개발에 대한 회사의 총체적인 노력 및 제도가 뒷받침되어야 한다.

퇴직금 지급대상과 계산

퇴직금(법정퇴직금) = 재직일 수/365(계속근속연수) × 30일분의 평균임금

계속근속연수의 기산일(입사일)은 입사일, 계약체결일 등 출근의무가 있는 날이 된다.

그리고 계속근속기간의 마감일(퇴사일)은 근로계약이 종료되는 날이 된다. 즉, 근로자가 사표를 제출하여 임의로 퇴직할 때에는 원칙적으로 사표수리일이 퇴직일이 되며, 즉시 사표를 수리하지 않을 경우는 단체협약·취업규칙 등이 정한 바에 따른다(일반적으로 1개월 경과한 후). 퇴직일에 근로를 제공치 않았다 하더라도 퇴직일까지의 기간을 계속근속기간으로 한다.

30일분의 평균임금은 퇴직일 이전 3개월간에 지급받는 임금총액을 그

기간의 총일수로 나누어 계산된 평균임금에다 30일을 곱하면 된다.

> 퇴직일 이전 3개월간에 지급받는 임금총액/퇴직직전 3개월의 총일수 × 30일

❶ 평균임금과 ❷ 통상임금 중 큰 금액을 평균임금으로 한다. 즉, 평균임금이 통상임금보다 적은 경우 통상임금이 평균임금이 된다.

퇴직일 이전 3개월간 지급받는 임금총액

[❶ + ❷]를 말한다.
❶ 퇴사일을 기준으로 역산해서 3개월 분의 임금이다(미지급된 체불임금도 포함).
❷ 상여금과 연차수당
가. 평균임금 계산 사유발생일 이전 3개월간에 지급되었는지? 여부와 관계없이 사유발생일 이전 12개월간 지급받은 전액을 12월로 나누어 3개월분을 포함한다(3/12를 포함).
나. 월급여와 달리 지급기준이 연 단위로 매겨진 연차수당과 상여금은 연간 지급액의 3개월분(연간지급액의 1/4)만 임금총액에 포함한다.
다. 미지급된 상여금과 연차수당도 포함한다.

 ## 퇴직금중간정산이 가능한 경우

1. 무주택자인 근로자가 본인 명의로 주택을 구입하는 경우

무주택자 여부에 관한 판단	주택구입 여부에 관한 판단
근로자 본인에 대한 확인만 거치면 되므로 중간정산 신청일을 기준으로 본인명의로 등기된 주택이 없다면 세대원이 주택을 소유하고 있다 하더라도 무주택자 요건을 충족한 것으로 본다.	근로자 본인 명의로 된 주택 매매계약을 체결하였는지? 여부를 통해 확인한다. 부부공동명의로 주택을 구입하는 경우도 본인 명의로 주택을 구입하는 것으로 본다.

<사례1> 주택을 소유했다가 되팔고 다시 주택을 취득하는 경우에도 무주택자 요건을 충족하는지?
➜ 중간정산신청 전에 주택을 소유한 사례가 있다 하더라도 신청일을 기준으로 확인해서 본인 명의의 주택이 없는 경우에는 무주택자로 본다.

<사례2> 근로자가 전세로 살고 있던 주택을 구입하는 경우로서 주택매매계약체결, 주택구입 대금 지급, 소유권 이전 등기가 동시에 이루어진 경우 퇴직금 중간정산 받을 수 있는지? ➜ 증빙서류를 구비해서 소유권 이전 등기일로부터 1개월 이내에 중간정산 신청하는 경우에는 중간정산이 가능하다.

2. 무주택자인 근로자가 주거목적으로 전세금 또는 보증금을 부담하는 경우(당해 사업장 1회로 한정)

전세금 또는 보증금은 주거목적의 전세금으로서 「민법」 제303조에 따른 전세금 또는 「주택임대차보호법」 제3조의2에 따른 임차보증금의 경우이다. 임대차계약상 보증금으로 전세보증금뿐만 아니라 월세보증금도 해당한다.

<사례1> 전세계약기간을 연장하는 경우에 중간정산 할 수 있는지?

➜ 전세금(임차보증금)을 부담하기 위한 경우 현 거주지의 임대차계약 기간을 연장해서 연장계약을 체결하는 경우에도 중간정산 할 수 있다.

<사례2> 본인 명의가 아닌 배우자 등 세대주 명의로 주택 임대차계약을 체결하는 경우에도 중간정산 받을 수 있는지? ➜ 근로자와 세대를 같이하는 동거인의 명의로 주택 임대차계약을 체결하는 경우에는 원칙적으로 중간정산 받을 수 없다. 그러나 배우자, 직계 존비속, 형제자매 등 세대원 명의로 계약을 한 경우로서 향후 전입신고 등을 통해 해당 주택에 거주함을 증명할 것을 서약하는 문서를 제출한다면 주거를 목적으로 임대차계약을 체결하는 경우 가능하다.

3. 본인, 배우자 또는 부양가족의 질병·부상으로 6개월 이상 요양하는 경우

부양가족이란 근로자 또는 근로자의 배우자와 생계를 같이하는 부양가족으로써 60세 이상의 직계 존속, 20세 이하의 직계비속 또는 동거입양자, 20세 이하 또는 60세 이상인 형제자매 등을 말한다. 부양가족 범위를 판단함에 있어 소득 수준은 고려하지 않는다.

6개월 이상의 요양에 해당하는지? 여부에 대한 판단기준은 의사의 진단서 또는 소견서, 건강보험 공단의 장기요양확인서 등에서 병명 및 치료기간(6개월 이상)이 명시되어야 한다.

<사례1> 근로자의 시모(55세)가 교통사고로 인해 6개월 이상 진단받은 경우 중간정산 할 수 있는지? ➜ 근로자의 시모는 배우자의 직계존속에 해당하나 60세 미만이므로 6개월 이상의 요양을 한다고 하더라도 중간정산할 수 없다.

<사례2> 입원기간만 요양기간으로 인정되는지 혹은 통원치료기간도 요양기간으로 볼 수 있는지?

➜ 요양은 질병 또는 부상 등으로 인해서 일정 치료를 필요로 하는 경우를 말하므로 입원치료 뿐만 아니라 통원치료, 약물치료 기간도 요양기간으로 본다.

<사례3> 임플란트 등 치과치료의 경우에도 6개월 이상의 진단서를 제출하면 중간정산 가능한지 여부? ➜ 미용목적의 치료는 중간정산 요건에 해당하지 않지만 치과계질환으로 인해 임플란트가 필요하고 6개월 이상 지속적으로 치료할 필요가 있는 경우에는 가능한 것으로 본다.

4. 최근 5년 이내 파산선고를 받거나 개인회생절차 개시 결정을 받은 경우

신청하는 날부터 역산해서 5년 이내에 파산선고를 받은 경우로서 신청 당시 파산의 효력이 진행 이어야 하며, 면책·복권 결정이 있는 경우에는 파산의 효력이 종료되었으므로 중간정산이 불가능하다.

5. 임금피크제를 실시해서 임금이 줄어드는 경우

6. 태풍, 홍수 등 천재지변으로 고용노동부 장관이 정한 사유와 요건에 해당하는 경우

7. 근로시간 단축 입법 시행에 따라 근로자의 퇴직금이 감소되는 경우

퇴직연금제도

저금리 시대의 노후생활을 보장하기 위해 제 역할을 하지 못하고 있는 현행 퇴직금 제도를 연금 형태로 바꿔 노후 소득을 확보하기 위한 제도이다. 즉, 근로자의 노후생활을 안정시켜서 생산성을 제고하기 위한 제도이다

1. 퇴직연금의 종류

퇴직연금은 기본적으로 퇴직금과 동일한 가치보장을 원칙으로 한다. 퇴직연금제도의 형태는 크게 확정급여형과 확정기여형으로 나뉜다. 확정기여형은 사용자가 내야 할 부담금 수준이, 확정급여형은 일시금으로 계산한 근로자의 급여액이 각각 현행 법정 퇴직금과 동일한 수준이 되도록 설계하는 것을 의미한다. 각각 서로 다른 장단점이 있어서 어떤 형태의 연금제도를 도입할 것인지는 기업이 주어진 환경에서 복합적인 요인들을 고려해서 판단해야 할 문제이다.

확정급여형 퇴직연금

확정급여형 퇴직연금은 근로자가 받을 연금급여가 사전에 확정되고, 사용자가 부담할 금액이 적립금 운용결과에 따라 변동될 수 있는 연금제도를 말한다. 즉, 근로자가 받을 연금 급여는 일시금 기준으로 현행 퇴직금과 같은 금액이 되도록 하며, 연금은 일시금을 퇴직연금 규약에 따라 종신 또는 일정 기간 분할해서 받게 된다.

> 김부장의 퇴직 직전 3개월 평균급여가 500만원, 근속연수가 20년인 경우
> ➜ (김부장) 1억 원(= 500만원 X 20년)을 퇴직급여로 지급받고 연금 또는 일시금으로 수령
> ➜ (회사) 퇴직급여 예상액을 미리 적립해 운용한 뒤 이 중에서 1억원을 지급하므로, 적립액과 운용손익 합산금액이 1억 원을 초과할 경우 그 초과분은 회사가 갖고 미달하면 회사가 추가로 비용을 부담한다.

확정기여형 퇴직연금

확정기여형 퇴직연금은 사용자의 부담금이 사전에 확정되고 근로자가 받을 퇴직급여가 적립금의 운용 실적에 따라 변동될 수 있는 연금제도를 말한다. 즉, 사용자가 연간 임금총액의 12분의 1 이상의 금액을 노사가 퇴직연금 규약에서 선정한 금융기관의 근로자 개인별 계좌에 적립하면 된다.

> DC형에 가입한 김부장의 경우
> ➜ (김부장) 매년 본인의 퇴직연금계좌에 입금되는 금액(예 : 한 달 치 월급)을 금융

회사에 직접 지시해서 펀드, 예금 등으로 운용하고 그 누적금액(회사 적립분 + 운용손익)을 퇴직 후 일시금 또는 연금으로 수령

→ (회사) 매년 김부장의 퇴직연금계좌에 일정액(예 : 한 달 치 월급)을 적립

개인형 퇴직연금(IRP)

퇴직한 근로자가 퇴직 시 수령한 퇴직급여를 운용하거나 재직 중인 근로자가 DB/DC 이외에 자신의 비용부담으로 추가로 적립해서 운용하다가 연금 또는 일시금으로 수령할 수 있는 계좌이며,

퇴직연금제도에 가입한 근로자는 퇴직할 때 본인이 설정한 IRP계좌로 급여를 수령해야 하고, 55세 이후에 퇴직하여 급여를 받는 경우, 급여를 담보로 대출받은 금액을 상환하는 경우, 퇴직급여액이 150만 원이하인 경우 등은 제외된다.

2. 퇴직연금제도의 비교

구분	퇴직금제도	퇴직연금제도	
		DB	DC
퇴직 시 수령 총액	퇴직 직전 3개월 평균임금 × 근속연수		매년 지급된 퇴직급여의 합(연 임금총액의 1/12 이상) ± 운용손익
적립 방법/ 수급권 보장	사내적립 / 불안정	부분 사외적립 (90% 이상) / 부분 보장	전액 사외적립 / 완전 보장

| 구분 | 퇴직금제도 | 퇴직연금제도 | |
		DB	DC
적립금 운용 주체	회사(운전자금 등 활용가능)	회사(외부 금융회사 상품 운용)	근로자(외부 금융회사 상품 운용)
급여 수령 형태	일시금	일시금 또는 연금	
세제혜택	사내적립분 일부 손비 인정(2014년 퇴직급여 추계액의 10%, 2015년 5%, 2016년 이후 0%)	퇴직급여추계액 한도 내 사외적립 100% 손비 인정	회사 퇴직급여 부담금 전액 손비 인정
	퇴직급여추계액 : 전 직원 일시퇴직 가정 시 필요한 퇴직금 총액		
중도인출	제한조건* 충족 시 중간정산 가능 * 주택 구입, 전세금·보증금 부담, 6개월 이상 요양, 개인파산, 임금피크제 시행 등	불가 * 단, 제한조건 (주택 구입, 6개월 이상 요양, 개인파산 등) 충족 시 수급권 담보대출 가능	제한조건* 충족 시 중도인출 가능 * 주택 구입, 6개월 이상 요양, 개인파산 등 ** 제한조건 충족 시 수급권 담보대출도 가능

3. 임원의 퇴직연금 가입

질의 1 : 근로자가 아닌 임원이 퇴직연금에 가입할 수 있는지 ?
근로자가 아닌 임원에 대하여 퇴직연금 적용대상으로 할지 여부는 사업장별로 자유로이 정할 수 있다.

질의 2 : 근로자가 아닌 임원의 퇴직연금 가입시 퇴직연금규약의 작성 및 신고를 해야 하는지 ?

근로자가 아닌 임원을 퇴직연금에 가입시키고자 할 경우 퇴직연금규약에 근로자가 아닌 임원을 당해 퇴직연금의 가입자로 한다는 것을 명시하여야 하며, 근로자가 아닌 임원에 대하여 별도의 퇴직연금규약을 작성하여 신고해야 하는 것은 아니다.

질의 3 : 근로자가 아닌 임원이 개인퇴직계좌를 설정할 수 있는지?

임원도 개인퇴직계좌를 설정할 수 있다.

질의 4 : 근로자가 아닌 임원의 퇴직연금 가입시 당사자의 개별적인 동의가 필요한지?

퇴직연금규약에 근로자가 아닌 임원을 퇴직연금 적용대상으로 한다는 내용이 포함되어 있는 경우에도 별도로 당해 임원의 동의를 받아야 할 필요는 없다.

질의 5 : 근로자와 근로자가 아닌 임원에 대하여 퇴직연금 가입 시기를 달리할 수 있는지 ?

근로자가 아닌 임원의 퇴직연금 가입에 대하여는 법에 별도로 정한 바가 없으므로 당해 사업에 퇴직연금제도가 이미 설정된 경우에는 그 가입시기를 자유로이 정할 수 있다.

제**8**장

인적자원의 노무관리

[고용조정 시 착안 사항]

○ 공감대 형성

❶ 경영상황 공유 : 현 상황 공유로 통한 자생적인 분위기 형성

※ 매출실적 제시, 임원진 자생노력(개인적 유흥 절제)

❷ 노사 간 성실한 협의 : 상생의 길 모색, 최적안 도출

❸ 고용조정 단행 시 인간적인 면 중점관리 : 직원 면담, 계획공지 시 대면전달(임원급)

충분한 공감대 및 자생 분위기 미형성시 정당성 상실 문제 발생

○ 법적절차 준수

❶ 고용조정 후 소송 등 법적문제 발생 사례 다수

❷ 법적분쟁 억제를 위해 근로자 자발적인 참여정책 유도

❸ 법적 필수 요건 Check 및 서류 정리

○ 부동의자 관리 : 감정적인 분쟁 자제

❶ 부동의자의 개별적인 의견을 인정하고 동참 권고

❷ 지속적 부동의시 회사사정 설명 후 행정절차에 의한 권고사직 요청

○ 인력유출 대책안 강구

❶ 인력유출로 업무공백 발생 내재

❷ 신규 인력채용안 사전 계획 수립

○ 사후 새로운 조직문화 유도 : 고용조정 후 조직 내 충성심 저하문제 발생

❶ 생존자 증후군 치료

가. 조직내 불안요소 제거, 비전제시

나. 긍정요소 전파

다. 직원 및 가족에 대한 사기복지대책 강구

❷ 조직 몰입도 증대 강구

가. 평가/보상안 마련 필요

나. 단결/화합의 장 마련(워크숍 등 팀워크 활동)

알고 넘어가야 할
노동법의 기본

1. 노동법의 적용 범위

노동법은 동거의 친족만을 사용하는 사업 및 가사사용인을 제외한 근로자를 사용하는 모든 사업 또는 사업장에 적용되는 것이 원칙이다. 다만, 사업장의 규모, 개별법규의 목적 등에 따라 일부 규정의 적용이 배제될 수 있다.

2. 노동법상 근로자와 사용자

근로자

노동법은 개별법규의 목적과 법적용의 필요성에 따라 근로자의 개념을 서로 달리하고 있다. 즉, 근로기준법에서는 근로자란 직업의 종류를 불문하고 사업 또는 사업장에 임금을 목적으로 근로를 제공하는 자로 규정하고 있는 반면, 노동조합및노동관계조정법에서는 근로자란 직업의 종류를 불문하고 임금·급료 기타 이에 준하는 수입에 의해서 생활하는 자로 규정하고 있다(고용정책법상 근로자는 '사업주에 고용된 자와 취업할 의사를 가진 자'이다.). 따라서 근로기준법상 근로자는 사업 또는 사업장에 취업하고 근로자에 한정되나, 실업자 또는 해고의 효력을 다투는 자라도 노동조합에 가입할 필요성이 있는 자는 노동조합및노동관계조정법상 근로자에 해당한다.

사용자

노동법상 사용자란 사업주 또는 사업경영담당자 기타 근로자에 관한 사항에 대해서 사업주를 위해서 행위(또는 행동) 하는 자로 정의되나, 개별법규의 목적과 법 적용의 필요성에 따라 그 구체적 해석에 있어 차이가 난다. 즉, 근로기준법상 사용자는 근로조건의 최저기준을 이행해야할 의무와 책임을 지는 자로, 노동조합및노동관계조정법상 사용자는 단체교섭의 당사자와 부당 노동행위를 하지 않을 자로 파악된다. 따라서 사장 비서나 인사담당자 등 근로자의 인사관리를 담당하거나 근로조건의 결정과 노무관리의 기획 또는 집행에 관여하는 자는 노동조합및노동관계조정법상 사용자에 해당하나, 근로기준법상 근로자로서 보호를 받는다.

판단기준

노동법상 근로자는 개별법규의 목적과 법 적용의 필요성에 따라 그 개념을 달리하나, 공통으로 종속노동관계 하에서 임금을 목적으로 근로를 제공하는 자를 근로자로 본다. 이 경우 종속노동관계 하의 근로자인지 여부는 다음의 여러 기준을 종합적으로 고려해서 판단한다.

❈ 업무내용과 작업방법의 구속성

업무 내용이 사용자에 의해서 정해지고 취업규칙 등의 적용을 받으며, 업무수행 과정에 있어서도 사용자로부터 구체적이고 직접적인 지휘·감독을 받는지 여부

❈ 근무장소와 시간의 구속성

사용자에 의해서 근무시간과 근무장소가 지정되고, 이에 구속받는지 여부

❈ 근로의 대체성

제3자를 고용해서 업무를 대행케 하는 등 업무의 대체성 유무

❈ 작업도구 · 생산자재의 소유관계

비품 · 원자재 · 작업도구 등의 소유관계

❈ 보수의 대상성

보수가 작업의 결과가 아닌 노무의 질과 양에 따라 미리 정해져 있어 보수가 근로 자체의 대상적 성격을 갖고 있는지 여부와 기본급이나 고정급이 정해져 있는지 여부 및 근로소득세의 원천징수 여부

❈ 근로 제공관계의 계속성과 사용자와의 전속성 유무와 정도

❈ 사회보장제도의 관한 법령 등 다른 법령에 의해서 근로자로서의 지위를 인정받는지 여부

❈ 양 당사자의 경제 · 사회적 조건 등

근로시간 및 휴게시간

1. 근로시간과 휴게시간의 개념

근로시간

근로시간이란 근로자가 사용자의 지휘·감독 아래 근로계약 상의 근로를 제공하는 실근로시간으로서 구속시간에서 휴게시간을 제한 시간을 말한다. 여기서 근로계약 상의 근로에는 실 작업에 필요불가결한 준비행위나 작업종료 후 뒷정리도 포함된다.

휴게시간

휴게시간은 근로시간 도중에 사용자의 지휘·명령으로부터 완전히 해방되어 자유로운 이용이 보장된 시간으로 4시간에 30분 이상, 8시간에 1시간 이상을 근무시간 도중에 주어야 하며, 자유롭게 이용케 해야 한다.

대기시간

작업시간 중도에 일시 작업을 중단하고 다음 작업을 위해서 기다리는 대기시간도 사용자의 지휘·감독으로부터 벗어나 자유로이 이용할 수 있는 휴게시간이 아닌 한 근로시간에 해당되어 임금의 지급대상이 된다.

대기시간과 근로시간

근로기준법상의 근로시간이란 근로자가 사용자의 지휘, 감독 아래 근로계약상의 근로를 제공하는 시간을 말하는바, 근로자가 작업시간의 중도에 현실로 작업에 종사하지 않은 대기시간이나 휴식, 수면시간 등이라 하더라도 그것이 휴게시간으로서 근로자에게 자유로운 이용이 보장된 것이 아니고 실질적으로 사용자의 지휘, 감독 하에 놓여있는 시간이라면 이를 당연히 근로시간에 포함시켜야 할 것이다.(대법원 1993.5.27 선고 92다24509 판결 참조)

2. 법정기준근로시간

1주 40시간, 1일 8시간

근로시간은 휴게시간을 제하고 1주 40시간, 1일 8시간을 초과할 수 없다. 다만, 근로자와 상호합의하에 12시간의 연장근로는 가능하다.

따라서 1주일간 최장 52시간까지만, 근로가 가능하다.

1주 40시간, 1일 8시간 근무가 주5일 근무를 의미하는 것은 아니며, 주 6일 근무를 하더라도 1주 40시간, 1일 8시간 이내로 근무한 경우 법정기준근로시간에 부합한다.

18세 미만인 자의 근로시간

15세 이상 18세 미만인 자의 근로시간은 1일 7시간, 1주일에 35시간을 초과하지 못한다.

소정근로시간

소정근로시간이란 법정 기준근로시간 범위 내에서 근로자와 사용자간에 정한 근로시간을 말한다. 따라서 근로계약서상 당사자 간에 주 48시간을 근로하기로 약정한 경우라고 하더라도 소정근로시간은 법정 기준근로시간인 주 40시간이며, 나머지 8시간은 연장근로에 해당한다. 이 경우 8시간에 대해서는 연장근로수당이 별도로 책정되어야 한다.

 월소정근로시간의 산정

❶ 주소정근로시간에 월평균주수(4.345주 = 365일 ÷ 12월 ÷ 7)를 곱해서 산정
❷ 주40시간인 경우 월소정근로시간은 209(= (40시간 + 8시간(주휴일)) × 4.345주)시간

3. 연장 · 야간 · 휴일근로의 제한과 가산임금

연장근로의 제한 및 가산임금

법정 기준근로시간에도 불구하고, 당사자 간 합의가 있는 경우에는 1주

12시간 한도로 연장근무가 가능하다(적용범위 : 상시 5인 이상 사업장).
법정기준근로시간을 초과하는 연장근로에 대해서는 통상임금의 50%
이상을 가산해서 지급한다(적용범위 : 상시 5인 이상 사업장).

임산부의 연장근로

당사자가 동의하더라도 임신 중인 여성에 대해서는 시간외 근로를 시키
지 못하며, 산후 1년이 경과되지 않은 여성에 대해서는 1일에 2시간, 1
주일에 6시간, 1년에 150시간 이내에서 연장근무가 가능하다.

18세 미만인 자의 연장근로

15세 이상 18세 미만인 자의 경우 당사자 간 합의에 의해서 1일 1시간,
1주일 5시간을 한도로 1일 7시간, 1주일에 35시간을 초과해서 연장근무
가 가능하다.

단시간 근로자의 연장근로

단시간 근로자에 대해서 소정근로시간을 초과해서 근로하게 하는 경우
당사자의 동의를 얻어야 하며, 이 경우 1주간에 12시간을 초과하여 근
로하게 할 수 없다(적용범위 : 상시 5인 이상 사업장).
단시간 근로자의 초과근로에 대해서는 통상임금을 지급하되, 법정근로
시간을 초과해서 근로시킨 경우 통상임금의 50% 이상을 가산해서 지급
한다(적용범위 : 상시 5인 이상 사업장).

단시간 근로자의 연장근로수당 산정

1일 8시간 근무하는 직원과 달리 파트타임으로 근로하는 직원의 경우 원래 근로하기로 정한 시간 외에 초과하여 근로한 경우, 추가 근로시간은 연장근로에 해당되어 1.5배를 지급해야 한다. 즉, 단시간근로자에 해당되는 경우 1일 8시간, 1주 40시간을 초과하지 않더라도 사전에 정한 근로시간을 초과하였다면 연장근로에 해당하여 가산 지급해야 한다(기간제 및 단시간근로자보호법 제6조 3항).

예를 들어 1일 5시간 주 25시간 근무하기로 한 경우 일 5시간을 초과하거나 주 25시간을 초과하는 경우 연장근로수당을 지급해야 한다.

즉, 단시간근로자의 근무시간이 1일 5시간이었음에도 1일 7시간 근무하게 했다면 2시간은 단시간근로자의 초과·연장 근무가 된다.

따라서 2시간에 대해서는 통상임금의 100%가 아니라 150%로 임금을 계산해 지급해야 한다.

야간 및 휴일근로의 제한과 가산임금

18세 이상인 여성의 경우 당사자 동의를 얻어 야간근로(22시~6시) 및 휴일근로를 시킬 수 있으나(적용범위 : 상시 5인 이상 사업장), 임산부와 18세 미만인 자의 경우 임신 중인 여성의 명시적 청구가 있거나 산후 1년이 경과되지 않은 여성 및 18세 미만자의 동의가 있고, 고용노동부 장관의 인가가 있는 경우에 한해서 야간근로 및 휴일근로가 가능하다.

야간 및 휴일근로에 대해서는 통상임금의 50% 이상을 가산해서 지급한다(적용범위 : 상시 5인 이상 사업장).

🔍 통상근로자(주40시간, 1일 8시간 근로)의 휴일근무시 법정수당

월 기본급 150만원을 받는 자가 휴일에 09:00~24:00까지 근무(휴게시간 12:00~13:00, 18:00~19:00)

❶ 통상시급 : 월 기본급(150만원) ÷ 월 통상임금 산정기준시간수(209시간)

❷ 근로시간 : 실근로시간 11시간, 휴일근로시간 11시간, 연장근로시간 3시간(1일 8시간 초과 근로분),

❸ 야간근로시간 2시간(22:00~24:00)

❹ 통상근로에 대한 대가 : 통상시급 × 실근로시간(11시간) × 1

휴일근로가산수당 : 통상시급 × 휴일근로시간(11시간) × 0.5

연장근로가산수당 : 통상시급 × 연장근로시간(3시간) × 0.5

야간근로가산수당 : 통상시급 × 야간근로시간(2시간) × 0.5

❺ 합계 : 통상시급 × [실근로시간 × 1 + (휴일 + 연장 + 야간)근로시간 × 0.5]

= 통상시급 × [11시간 × 1 + (11시간 + 3시간 + 2시간) × 0.5]

= 통상시급 × [11시간 × 1.5 + 3시간 × 0.5 + 2시간 × 0.5]

= 136,136

4. 근로시간의 유연화 제도

탄력적 근로시간제

취업규칙에서 정하는 바에 따라 2주간 또는 근로자대표와의 서면합의에 의해서 대상 근로자의 범위, 단위기간, 근로일 및 근로일별 근로시간, 서면합의의 유효기간 등을 정한 때에는 3개월 이내의 단위기간을 평균해서 1주간의 근로시간이 법정 기준근로시간을 초과하지 않는 범위 내에서 특정주 및 특정일에 법정 기준근로시간을 초과해서 근로하게 할 수 있다. 다만, 2주간 이내의 경우 특정주의 근로시간이 48시간, 3개월 이내의 경우 특정주의 근로시간이 52시간, 특정일의 근로시간이 12시간을 초과할 수 없다(적용범위 : 상시 5인 이상 사업장).

 근로자대표란?

❶ 당해 사업 또는 사업장에 근로자 과반수로 조직된 노동조합이 있는 경우 그 노동조합 : 사용자의 이익을 대변하는 관리자(관리부장)는 근로자대표가 안 됨.
❷ 노동조합이 없는 경우에는 근로자의 과반수를 대표하는 자
❸ 근로자대표는 근로기준법상 탄력적 근로시간제, 선택적 근로시간제, 인정근로시간제, 재량근로시간제, 연장근로 및 휴게시간에 대한 특례에 대해서 사용자와 서면합의를 한다.

이러한 탄력적 근로시간제 하에서는 특정주 또는 특정일에 법정 기준근로시간을 초과해서 근로하더라도 통상임금의 50% 이상을 가산해서 지급하지 않아도 된다. 따라서 근로일별 또는 요일별 업무량이 다른 사업장의 경우 탄력적 근로시간제를 도입함으로써 가산임금에 대한 부담 없이 업무량에 따라 근로시간을 유연하게 조정할 수 있다.

선택적 근로시간제

취업규칙에 의해서 시업 및 종업시각을 근로자의 결정에 맡기기로 한 근로자에 대해서 근로자대표와의 서면합의로 대상 근로자의 범위, 정산기간, 정산기간에 있어서의 총 근로시간, 반드시 근로해야 할 시간대를

정하는 경우는 그 개시 및 종료시각, 근로자의 결정에 의해서 근로할 수 있는 시간대를 정한 경우에는 그 개시 및 종료시각, 표준근로시간 등을 정한 때에는 1월 이내의 정산기간을 평균해서 1주간의 근로시간이 법정 기준근로시간을 초과하지 않는 범위 내에서 1주간 및 1일에 법정 기준근로시간을 초과해서 근로하게 할 수 있다(적용범위 : 상시 5인 이상 사업장).

이러한 선택적 근로시간제 하에서는 탄력적 근로시간제와 마찬가지로 특정주 또는 특정일에 법정 기준근로시간을 초과해서 근로하더라도 통상임금의 50% 이상을 가산해서 지급하지 않아도 된다. 따라서 근무량보다는 업무성과가 중요시되는 사업장의 경우 출퇴근 시간을 근로자 자율에 맡기는 선택적 근로시간제를 도입함으로써 사업장 내 자율성 및 업무 효율성을 높일 수 있다.

인정근로시간제

출장, 기타의 사유로 근로시간의 전부 또는 일부를 사업장 밖에서 근로해서 근로시간을 산정하기 어려울 때는 소정근로시간을 근로한 것으로 본다. 다만, 당해 업무를 수행하는데 통상적으로 소정근로시간을 초과해서 근로할 필요가 있는 경우 그 업무수행에 통상 필요한 시간(근로자 대표와 서면합의 시 합의에서 정한 시간)을 근로한 것으로 본다(적용범위 : 상시 5인 이상 사업장).

재량근로시간제

신상품 또는 신기술의 연구개발 또는 인문사회·자연과학 분야의 연구업무, 정보처리시스템 설계 또는 분석업무, 신문·방송 또는 출판 사업에 있어서 기사의 취재·편성 또는 편집업무, 의복·실내장식·광고 등의 디자인 또는 고안업무, 방송프로·영화 등의 제작 사업에 있어서 프로듀서 또는 감독업무 등 업무수행 방법을 근로자 재량에 위임할 필요가 있는 업무는 근로자대표와 서면합의로 정한 시간을 근로한 것으로 본다 (적용범위 : 상시 5인 이상 사업장).

이 경우 서면 합의에는 대상 업무, 사용자가 업무의 수행수단 및 시간 배분 등에 관해서 근로자에게 구체적인 지시를 하지 아니한다는 내용, 근로시간의 산정은 당해 서면 합의로 정하는 바에 따른다는 내용 등의 사항이 명시되어야 한다.

근로시간 및 휴게시간의 특례

육상운송 및 파이프라인 운송업(여객자동차 운수사업법 제3조 제1항 제1호에 따른 노선 여객자동차운송사업은 제외), 수상운송업, 항공운송업, 기타 운송관련 서비스업, 보건업 등 공중의 편의 또는 업무의 특성상 필요한 경우 근로자대표와 서면 합의로 주 12시간을 초과해서 연장근로 하게 하거나 법정 휴게시간을 변경할 수 있다(적용 범위 : 상시 5인 이상 사업장).

휴일 · 휴가 및 휴직

1. 휴일

휴일의 개념

휴일은 당초에 근로제공의무가 없는 날로서 주휴일 및 근로자의 날(5월 1일) 등 법에 의해서 부여되는 휴일(법정휴일)과 근로계약, 취업규칙 등에서 당사자 간에 약정한 휴일(약정휴일)로 구분된다.

국경일 또는 공휴일은 관공서의 공휴일에 관한 법률에 의거해서 국가기관 및 공공기관에서 휴일로 사용하고 있으나, 일반 사기업의 경우 당사자 간의 약정에 의해 휴일로 지정할 수 있을 뿐이다(300인 이상은 2020년 1월 1일, 30~299인은 2021년 1월 1일, 5~29인은 2022년 1월 1일부터 동일 하게 적용).

통상휴일은 유급으로 부여하나, 약정휴일의 경우 무급으로도 가능하며, 휴일이 중복된 경우 별도의 규정이 없는 한 1일의 휴일로 본다.

주휴일

1주간의 소정근로일수를 개근한 자에 대해서 1주일에 평균 1회 이상의 유급 주휴일을 부여해야 한다. 다만, 1주간 소정근로시간이 15시간 미만인 자에게는 주휴일을 부여하지 않을 수 있다.

2. 휴가

휴가의 개념

휴가는 당초 근로제공의무가 있으나 근로제공의무가 면제된 날로서 연차휴가, 생리휴가, 보호휴가(출산전후, 유사산휴가), 보상휴가 등 법에 의해서 부여되는 휴가와 병가, 공가, 하기휴가, 경조휴가 등 당사자 간 약정에 의해서 부여되는 휴가로 구분된다.

법정휴가는 법에 의해서 유급(주40시간제 하에서 생리휴가는 무급)으로, 약정휴가는 당사자 간 약정에 의해서 유급 또는 무급으로 할 수 있으며, 휴가기간 중 휴일이 중복되었을 경우 연차휴가는 휴일을 제외한 나머지 기간을 휴가사용일로 하며, 보호휴가 및 약정휴가는 휴일을 포함해서 휴가기간을 산정한다.

연차휴가

❋ 휴가일수

주 40시간제 시행사업장의 경우 연간 소정근로일수를 80% 이상 출근한 자(1주간 소정근로시간이 15시간 미만인 자 제외)에게 15일의 연차유급휴가를 부여하되, 매 2년마다 1일씩 가산해서 총 25일을 한도로 부여한다. 다만, 1년 미만의 근속자에 대해서는 1개월간 개근 시 1일의 유급휴가를 부여한다(적용범위 : 상시 5인 이상 사업장).

연차휴가를 산정함에 있어 휴일 및 근로제공의무가 정지된 날(회사 귀책사유로 인한 휴업기간, 적법한 쟁의행위기간 등)은 소정근로일수 계산에서 제외하되, 근로제공의무가 정지된 날에 대해서는 산정된 휴가일수에 연간 총 소정근로일수에 대한 출근일수 비율을 곱해서 휴가일수를 산정한다. 또한, 연차휴가를 산정함에 있어 업무상 재해로 인한 휴업기간, 보호휴가기간, 연차휴가기간, 생리휴가기간, 경조휴가기간 등 법령상 또는 그 성질상 결근한 것으로 처리할 수 없는 날은 출근한 것으로 보되, 월의 전부 또는 연의 전부를 출근하지 아니한 경우에는 휴가를 부여하지 않는다.

연차휴가 일수 산정

2018년 8월 1일 입사자로서 2020년 8월 1일~2021년 7월 31일 기간 동안 연간 총소정근로일수 250일 중 249일 출근, 1일 결근

❶ 출근율 : 출근일수/연간총소정근로일수 × 100 = 249/250 × 100 = 99%

❷ 주 40시간제 하에 연차휴가일수 = 기본휴가일수 + 가산휴가일수 = 15 + 1 = 16일

2018년 8월 1일 입사자로서 2020년 8월 1일~2021년 7월 31일 기간 동안 연간 총소정근로일수 250일 중 81일 출근 1일 결근, 2개월간 출산휴가 사용 (2020년 11월 1일 ~ 12월 31일 소정근로일수 44일), 6개월간 육아휴직 (2021년 1월 1일 ~ 6월 30일 소정근로일 124일)

❶ 출근율 : (출근일수 + 출산휴가기간의 소정근로일수)/(연간총소정 근로일수 - 육아휴직 기간의 소정근로일수)×100

= (81 + 44 + 124)/ 250 ×100 = 249/250 × 100 = 99.6%

❷ 주 40시간제하에 연차휴가일수

= 기본휴가일수 + 가산휴가일수

= (15 + 1) = 16일

❋ 휴가사용시기 및 시기변경권

연차휴가는 근로자가 청구하는 시기에 주어야 하며, 그 기간에 대해서 통상임금 또는 평균임금을 지급해야 한다. 다만, 연차휴가의 경우 근로자가 청구한 시기에 휴가를 주는 것이 사업운영에 막대한 지장이 있는 경우 그 시기를 변경할 수 있다.

❋ 휴가사용권의 소멸 및 휴가수당

연차휴가는 사용자 귀책 사유로 사용하지 못한 경우를 제외하고 1년간 행사하지 않은 때에는 소멸되며, 이 경우 미사용 휴가일수에 대해서는 통상임금을 지급한다.

그러나 주40시간제 시행사업장이 휴가사용촉진을 위해서 다음과 같은 조치를 취하였음에도 불구하고 근로자가 휴가를 사용하지 않은 경우, 미사용 휴가일수에 대한 수당지급 의무를 면한다.

❶ 휴가사용기간이 끝나기 6월(1년 미만 월 단위 연차 3월) 전을 기준으로 10일 이내에 근로자별로 미사용 휴가일수를 알려주고 그 사용시기를 정해서 사용자에게 통보하도록 서면으로 촉구할 것

❷ 근로자가 10일 이내에 미사용 휴가의 전부 또는 일부의 사용 시기를 정해서 사용자에게 통보하지 않은 경우는 2월(1년 미만 월단위 연차 1월) 전까지 사용자가 그 사용 시기를 특정해서 서면으로 통보할 것

연차휴가는 1년간 적치해서 사용하거나 분할해서 사용할 수 있으며, 휴가발생일로부터 1년간 행사하지 않은 때에는 소멸된다. 이 경우 미사용 휴가일수에 대해서는 통상임금을 지급한다.

❋ 휴가의 대체

근로자대표와 서면합의로 연차휴가일에 갈음해서 특정일에 휴무시킬 수

있다. 이러한 연차휴가의 대체는 제·개정 절차에 따라 취업규칙에 명시하거나 개별 근로계약으로 정한 경우에도 가능하다.

모성보호를 위한 휴가

❋ 생리휴가

여성인 근로자가 청구하는 때 월 1일의 무급 생리휴가를 부여한다. 다만, 노사 간의 합의에 의해 월 1일의 유급휴가를 부여할 수 있다(적용범위 : 상시 5인 이상 사업장).

❋ 출산휴가

출산휴가는 임신·출산 등으로 인하여 소모된 체력을 회복시키기 위하여 부여하는 제도이다.

임신 중의 여성에게 출산 전과 출산 후를 통하여 90일(다태아일 경우 120일)의 출산휴가를 주어야 하며, 이 경우 휴가 기간의 배정은 출산 후에 45일(다태아일 경우 60일) 이상이 되어야 한다.

임신 중의 여성 근로자가 유산의 경험 등 대통령령으로 정하는 사유로 휴가를 청구하는 경우 출산 전 어느 때라도 휴가를 나누어 사용할 수 있도록 해야 한다. 이 경우 출산 후의 휴가 기간은 연속하여 45일(다태아일 경우 60일) 이상이 되어야 한다.

출산이 예정보다 늦어져 출산휴가가 45일을 초과한 경우에도 출산 후 45일 이상이 되도록 휴가기간을 연장해야 한다.

출산휴가 기간 중 임금지급은 우선지원 대상기업의 경우 90일(다태아 120일)의 급여가 고용보험에서 지급되고, 대규모 기업의 경우 최초 60일(다태아 75일)은 사업주가 그 이후 30일(다태아 45일)은 고용보험에서 지급된다.

고용보험을 통한 출산휴가 급여 지급

❶ 지급요건 : 휴가종료일 이전 피보험단위기간 180일 이상일 것
휴가개시일(우선지원 대상기업이 아닌 경우 휴가개시일 이후 60일이 경과한 날)
이후 1월부터 종료일 이후 12월 이내 신청할 것
❷ 지급금액 : 출산휴가기간 중 우선지원 대상기업의 근로자는 90일분, 대규모기
업의 근로자는 최초 60일(다태아 75일)을 초과한 30일분(다태아 일 경우 45일분)
에 해당하는 근로기준법상 통상임금(출산휴가개시일 기준)상당액을 지급
❸ 지급기간 : 우선지원 대상기업에 해당하는 경우 90일(다태아 일 경우 120일),
비 해당하는 경우 60일(다태아 75일)
❹ 신청방법 : 출산휴가급여를 받고자 하는 경우는 출산휴가를 시작한 날 이후 1개
월부터 휴가가 끝난 날 이후 12개월 이내에 사업주로부터 출산휴가확인서를 발급
받아 근로자 본인이 작성한 출산휴가급여신청서와 함께 사업장 관할 또는 거주지
관할 고용센터에 제출하면 된다(대규모 기업의 경우 출산전후휴가가 끝난 날 이후
12개월 이내). 이때 근로자 본인 또는 대리인이 출석하여 제출하거나 우편제출도
가능하다.
❺ 첨부서류 : 출산휴가급여신청서, 출산전후휴가확인서 1부(최초 1회만 해당), 통
상임금을 확인할 수 있는 자료(휴가 시작일 전 3개월의 임금대장, 근로계약서 등)
사본 1부, 휴가기간 동안 사업주로부터 금품을 지급받은 경우 이를 확인할 수 있는
자료, 유산이나 사산을 하였음을 증명할 수 있는 의료기관('의료법'에 따른 의료기
관)의 진단서(임신기간이 적혀 있어야 함) 1부(유산, 사산 휴가만 해당)

보상휴가

주40시간제 시행사업장의 경우 근로자대표와 서면합의에 따라 연장, 야
간, 휴일근로에 대해서 임금을 지급하는 것에 갈음해서 보상휴가를 부
여할 수 있다(적용범위 : 상시 5인 이상 사업장).

3. 휴직

휴직사유 및 기간

사용자는 다음과 같이 일정 사유가 발생하는 경우 당해 근로자에게 휴직을 명할 수 있으며, 근로자가 휴직을 신청하는 경우 이를 승인함으로써 휴직시킬 수 있다. 다만, 육아휴직은 그 신청요건만 갖추면 허용해야 한다.

❶ 업무상 부상 또는 질병으로 요양이 필요한 경우

❷ 업무 외 부상 또는 질병으로 요양이 필요한 경우

❸ 병역법 등에 의해 징집된 경우

❹ 형사사건으로 구속기소되었을 경우

❺ 개인사유로 1월 이상 정상 근무할 수 없을 때

❻ 육아휴직을 신청한 경우

휴직사유별 휴직기간은 사업장 형편을 감안해서 정하되, 관계법령에 의거해서 업무상 부상 또는 질병으로 요양이 필요한 경우에는 산재법상 요양기간, 병역법 등에 의해 징집된 경우에는 의무복무기간, 육아휴직을 신청하는 경우에는 1년 이내로 한다.

휴직기간의 처우

휴직기간이라도 직원의 신분은 유지하므로, 연차휴가, 퇴직금 등을 산정함에 있어 휴직기간은 근속연수에 포함된다. 다만, 휴직기간에는 업무에 종사하지 않기 때문에 일반적으로 임금이 지급되지 않는다.

육아휴직의 경우 이를 이유로 해고, 그 밖의 불리한 처우를 해서는 안 되며 사업을 계속할 수 없는 경우를 제외하고 육아휴직기간 동안은 해고할 수 없다.

육아휴직

육아휴직은
① 만 8세 이하 또는 초등학교 2학년 이하의 자녀가 있고,
② 근속기간 6개월 이상이며,
③ 배우자가 육아휴직 중이 아닌 남녀 근로자가 사용할 수 있다.
(2020.2.28.부터 ③요건이 삭제되었다. 따라서 2020.2.28.부터는 부부가 동시에 육아휴직을 사용할 수 있다.)
육아휴직 시작일 기준으로 자녀가 만8세 이하이거나 초등학교 2학년 이하이면 되고, 육아휴직 사용 도중 자녀가 만 9세가 되거나 초등학교 3학년이 되더라도 나머지 기간을 모두 사용할 수 있다.
사업주가 육아휴직을 거부할 수 있는 경우
① 휴직개시 예정일 전날까지 해당 사업에서 계속 근로한 기간이 6개월 미만인 근로자가 신청한 경우
② 같은 자녀에 대하여 배우자가 육아휴직을 하고 있는 근로자가 신청한 경우

Q 근속기간이 6개월 미만인 사람은 육아휴직을 신청할 수 없나요?
A 근속기간이 6개월 미만인 근로자도 육아휴직 신청은 가능하다. 다만, 사업주가 육아휴직을 거부해도 법 위반은 아니다. 사업주의 재량으로 30일 이상 육아휴직을 부여받았다면, 육아휴직 급여도 신청가능하다.

근속기간이 6개월 이상이라도, 피보험단위기간이 180일 미만이면 육아휴직급여를 지급받지 못할 수 있으니 유의하기 바란다.

한 자녀에 대하여 부모가 각각 1년씩 사용할 수 있다. 엄마, 아빠의 육아휴직을 합치면 한 자녀당 총 2년의 육아휴직이 보장된다. 자녀가 2명 이상인 경우 각 자녀에 대하여 부모가 각각 1년씩 자녀의 수만큼 사용 가능 하다.

또한, 육아휴직은 최대 1년까지 한 번에 사용하거나, 1회에 한하여 나누어 쓸 수 있다.

육아휴직을 신청한 근로자의 배우자가 동일한 자녀에 대하여 이미 육아휴직 중인 경우는 사업주가 육아휴직을 허용하지 않을 수 있다. 그렇다고 사업주의 육아휴직 허용이 금지되는 것은 아니기 때문에 사업주가 재량으로 육아휴직을 허용한다면 사용이 가능하다. 다만, 동일한 자녀에 대하여 같은 시기에 사용하는 것이므로 두 사람의 육아휴직 사용시기가 겹치는 기간은 1명에게만 육아휴직 급여를 지급한다.

Q 육아휴직 중에 자녀를 친정어머니가 키우게 되었어요!
A 육아휴직 중에 자녀와 동거하지 않으면 그 날부터 7일 이내에 이 사실을 사업주에게 알려야 한다. 통지를 받은 사업주가 근로자에게 근무개시일을 알려주면 근로자는 직장에 복귀해야 한다.

육아휴직시작 예정일의 30일 전에 사업주에게 신청하며, 예외적으로 ① 출산 예정일 이전에 자녀가 출생한 경우, ② 배우자의 사망, 부상, 질병, 장애 또는 배우자와의 이혼 등으로 해당 자녀를 양육하기 곤란할 때는 휴직시작 7일 전에 육아휴직을 신청할 수 있다.

고용보험을 통한 육아휴직 급여 지급

❶ 지급요건 : ① 육아휴직 기간이 30일 이상일 것
② 육아휴직 시작일 이전에 피보험 단위기간이 180일 이상일 것
③ 같은 자녀에 대하여 배우자가 30일 이상의 육아휴직 또는 30일 이상의 육아기
근로시간 단축을 사용하지 않고 있을 것 ※ 부모가 동시에 같은 자녀에 대해 육아
휴직 또는 육아기 근로시간 단축을 사용하는 경우에도 급여 동시수급 가능
❷ 지급금액 : 첫 3개월 : 월 통상임금의 80%(상한액 150만원, 하한액 70만원)
나머지 기간(최대 9개월) : 월 통상임금의 50%(상한액 120만원, 하한액 70만원)
❸ 지급기간 : 육아휴직 기간
❹ 신청방법 : 육아휴직 시작일로부터 30일이 지나면 최초 신청을 하여 매달 지급
받을 수 있다. 휴직종료 후 한 번에 신청하는 것도 가능하나, 육아휴직 종료일로부
터 1년 이내에는 반드시 신청해야 한다.
❺ 첨부서류 : ① 육아휴직 급여 신청서 1부 ② 육아휴직 확인서 1부 ③ 통상임금
을 확인할 수 있는 자료(임금대장 등) 사본 1부 ④ 휴가기간 동안 사업주로부터
금품을 지급받은 경우, 이를 확인할 수 있는 자료 ⑤ (한부모 노동자의 경우) 한부
모가족지원법에 해당하는 모 또는 부임을 확인할 수 있는 증명자료 사본 1부

복직

휴직기간이 만료되거나 휴직기간 중 휴직사유가 소멸된 때에는 휴직기
간 만료일 또는 휴직사유가 소멸된 때로부터 일정기간 이내에 복직원을
제출하도록 한다. 만일 기간 내 복직원을 제출하지 않는 경우 근로의사
가 없는 것으로 간주해서 당연퇴직 처리될 수 있다.
휴직종료 후 복직하는 경우 휴직 전과 동일한 업무에 복직시키는 것이
원칙이나, 업무형편상 다른 업무를 부여할 수 있다. 다만, 육아휴직의
경우 휴직 전과 동일한 업무 또는 동등한 수준의 임금을 지급하는 직무
에 복귀시켜야 한다.

임금 및 퇴직급여

1. 임금의 개념과 범위

임금이란 사용자가 근로의 대상으로 근로자에게 임금, 봉급, 기타 어떠한 명칭으로든지 지급하는 일체의 금품으로 차량유지비와 같이 실비변상적으로 지급되거나 경영성과급과 같이 은혜적, 임의적으로 지급되는 금품은 임금이 아니다.

임금은 기본급과 연장근로수당, 야간근로수당, 휴일근로수당, 연차수당 등의 법정수당, 직책수당, 면허수당, 기술수당, 식대 등의 약정수당 및 상여금 등으로 구분된다.

임금은 사업주의 임금지불능력, 최저임금, 동종업계의 임금수준 등을 고려해서 결정되며, 개별 임금수준은 호봉제와 같이 직급별, 근속연수별로 사전에 정해지거나, 연봉제와 같이 매년 물가상승율, 개인성과 등을 고려해서 개별협상에 의해 정해진다.

2. 통상임금과 평균임금

통상임금

※ 정의

통상임금은 근로자에게 정기적·일률적으로 소정근로 또는 총근로에 대해서 지급하기로 정해진 시간급, 일급, 주급, 월급 또는 도급금액으로서 연장·야간·휴일근로수당, 연차수당 및 해고수당의 산정기초가 된다.

다음과 같이 소정근로 또는 총 근로에 대해서 정기적·일률적으로 지급하기로 사전에 확정(고정)된 임금은 통상임금에 해당된다.

❶ 기본급

❷ 정기상여금(정기적으로 지급이 확정된 상여금)

❸ 부양가족수와 관계없이 모든 근로자에게 지급되는 가족수당

❹ 근무성적에서 최하등급을 받더라도 최소한 일정액은 보장되는 경우

❺ 여름휴가비, 설·추석상여금, 개인연금 지원금을 퇴직자도 근무일수에 비례해 지급하는 경우

※ 산정방법

통상임금은 임금의 지급형태에 따라 급여를 지급하는 계산단위가 된다. 따라서 통상임금을 시간급으로 산정할 필요가 생겼을 때 산정방법은 다음과 같다.

❶ 시급의 경우 : 시간급금액으로 정해진 임금에 대해서는 그 금액 = 시간급이 4,000원일 경우 통상임금은 4,000원

❷ 일급의 경우 : 일급금액을 1일의 소정근로시간으로 나눈 금액 = 일급 ÷ 8시간

❸ 주급의 경우 : 주급금액을 주의 통상임금 산정시간수로 나눈 금액 = 주급 ÷ 40시간

❹ 월급의 경우 : 월급금액을 월의 통상임금 산정기준시간수로 나눈 금액 = 월급 ÷ 209시간(또는 226시간)

여기서 주의 통상임금 산정기준 시간 수는 주의 소정근로시간과 소정근로시간 외의 유급처리 되는 시간을 합산한 시간을 말하고, 월의 통상임금 산정기준 시간 수는 주의 통상임금산정 기준시간에 1년간의 평균주수(= 365일/7일)를 곱한 시간을 12로 나눈 시간을 말한다.

따라서 1주 40시간 1일 8시간 근무, 주 1회 유급휴일제 하에서는 주소정근로시간은 40시간이고, 유급 처리되는 시간은 주휴일의 8시간이므로, 주의 통상임금 산정기준 시간은 48시간[= (주의 소정근로시간 + 주의 소정근로 시간외 유급처리 되는 시간) = (40 + 8)시간]이고, 월의 통상임금 산정기준 시간은 209시간[= 주의 통상임금 산정기준 시간 × 1년간의 평균주수 ÷ 12 = 48시간 × (365일 ÷ 7) ÷ 12]이 된다.

평균임금

✳ 정의

평균임금은 이를 산정해야 할 사유가 발생한 날 이전 3월간에 그 근로자에 대해서 지급된 임금의 총액을 그 기간의 총일수로 나눈 금액으로서 회사귀책 사유로 인한 휴업수당, 퇴직금, 재해보상금의 산정기초가 된다.

다음과 같은 임금은 평균임금에 해당되나, 임시로 지불된 임금 및 수당

과 통화 이외의 것으로 지불된 임금은 평균임금에 산입하지 않는다.

❶ 통상임금

❷ 연장·야간·휴일근로수당, 연차수당 등의 변동임금

❸ 연간 단위로 지급율이 정해진 상여금

✳ 산정방법

평균임금은 산정사유가 발생한 날 이전 3월간에 지급된 임금의 총액을 그 기간의 총일수로 나누어 산정하되, 그 금액이 통상임금액보다 낮을 경우에는 그 통상임금을 평균임금으로 한다.

연간단위로 지급률이 정해진 상여금 및 연간 단위로 정산되는 연차수당의 경우에는 평균임금 산정사유가 발생한 날 이전 1년간 지급된 상여금 및 연차수당에 3 ÷ 12를 곱해서 산출한 금액을 3개월간에 지급된 임금 총액으로 본다.

평균임금 산정기간 중에 수습사용 중의 기간, 사용자 귀책사유로 인해서 휴업한 기간, 보호휴가기간, 업무상 재해로 인한 요양을 위해서 휴업한 기간, 육아휴직기간, 적법한 쟁의행위기간, 병역법 등에 의한 의무이행을 위해서 휴직하거나 근로하지 못한 기간(임금을 지급받은 경우 제외), 업무 외 부상·질병 기타의 사유로 인해서 사용자의 승인을 얻어 휴업한 기간이 있는 경우에는 그 기간과 그 기간 중에 지불된 임금은 평균임금 산정기준이 되는 기간과 임금의 총액에서 각각 공제한다.

 통상임금과 평균임금의 산정

주40시간, 1일8시간 근무, 1일 주휴, 2020년도 매월 월급 200만원(기본급 170

만원, 직책수당 20만원, 연장근로수당 10만원), 상여금 연 기본급의 400%, 산정 사유 발생일 2020년 1월 1일

❶ 통상임금 : [(기본급 + 직책수당 + 정기 상여금) ÷ 월 통상임금 산정기준시 간수] × 8시간

= (170만원 + 20만원 + 566,667원) ÷ 209시간 × 8시간

= 94,417.87원

☗ 정기적 상여금 170만원 × 400% × 1/12 = 566,667원

❷ 평균임금 : 3월간 임금총액 ÷ 3월간 총일수

= [(2020년 10월분 임금 + 11월분 임금 + 12월분 임금) + (직전 1년간 상여금 × 3/12)] ÷ 92일

= [(170만원 + 170만원 + 170만원) + (170만원 × 400% × 3/12)] ÷ 92일

= (510만원 + 170만원) ÷ 92일

= 73,913.04원

---

3. 임금지급 방법

임금지급의 원칙

임금은 통화로 직접 근로자에게 그 전액을 지급해야 한다. 다만, 법령 또는 단체협약에 특별한 규정이 있는 경우에는 임금의 일부를 공제하거 나 통화 이외의 것으로 지급할 수 있다.

임금은 매월 1회 이상 일정한 기일을 정해서 지급해야 한다. 다만, 상 여금, 부정기적으로 지급되는 제 수당 등 임시로 지급하는 임금, 수당, 기타 이에 준하는 것은 매월 1회 이상 일정한 기일을 정해서 지급하지 않아도 된다.

임금의 일할계산

8월 1일부터 10일까지 근무한 경우의 8월분 임금 계산

❶ 월급 : 200만원(기본급 170만원, 면허수당 20만원, 식대 10만원)

❷ 계산법 : (해당 월 총급여 ÷ 해당 월 총일수) × 근무일수(유급처리 되는 휴일 수 포함)

= (200만원 ÷ 31) × 10

= 645,160원(8월분 임금)

비상시 지급

출산, 질병, 재해, 혼인, 사망, 부득이한 사유로 1주일 이상 귀향하게 되는 경우 등 비상시 비용에 충당하기 위해서 청구하는 경우에는 임금의 정기지급일 전이라도 이미 제공된 근로에 대한 임금을 지급해야 한다.

휴업수당

사용자의 귀책사유로 인해서 휴업하는 경우에는 휴업기간 중 평균임금의 70% 이상을 휴업수당으로 지급하되, 그 금액이 통상임금을 초과하는 경우 통상임금을 지급한다(적용범위 : 상시 5인 이상 사업장).

그러나 부득이한 사유로 사업 계속이 불가능해서 노동위원회의 승인을 얻은 경우 위의 기준에 미달하는 금액을 지급할 수 있다.

최저임금제

1. 최저임금의 결정

최저임금은 근로자의 생계비, 유사근로자의 임금, 노동생산성 및 소득분배율 등을 고려해서 매년 최저임금위원회의 심의를 거쳐 고용노동부장관이 시간, 일, 주 또는 월단위로 정한다. 다만, 임금이 통상적으로 도급제 기타 이와 유사한 형태로 정해져 있는 경우에 근로시간의 파악이 어렵거나 시간, 일, 주 또는 월단위로 최저임금액을 정하는 것이 적합하지 않은 경우 생산고 또는 업적의 일정단위에 의해서 최저임금액을 정한다.

2. 최저임금의 적용대상

최저임금은 동거의 친목만을 사용하는 사업과 가사사용인을 제외하고 근로자를 사용하는 모든 사업 또는 사업장에 적용된다. 다만, 정신 또는 신체의 장애로 근로능력이 현저히 낮아 고용노동부장관의 인가를 받은 자에 대해서는 이를 적용하지 않는다.

3. 최저임금의 효력

사용자는 최저임금의 적용을 받는 근로자에 대해서 최저임금액 이상의 임금을 지급해야 하며, 최저임금액에 미달하는 임금을 정한 근로계약은 그 부분에 한해서 이를 무효로 하고, 무효로 된 부분은 최저임금액과 동일한 임금을 지급하기로 정한 것으로 본다.

4. 최저임금액

- 3개월 이내의 수습 사용 중인 근로자는 최저임금액은 10%를 감액한 금액을 지급할 수 있다. 단, 근로계약기간이 1년 미만으로 단순 노무업무 종사 수습사용 근로자에게는 최저임금액을 감액하지 않고 100%를 적용한다.
- 고용노동부 장관의 승인을 받은 감시·단속적 근로자는 2015년 1월 1일부터는 최저임금액의 100%를 지급해야 한다.

월급제의 경우 최저임금의 적용을 위한 임금에 산입하지 않는 임금을 제외한 임금을 1월의 소정근로시간수(월에 따라 소정근로시간수가 다른 경우에는 1년간의 1개월 평균 소정근로시간)로 나누어 시간당 임금으로 환산해서 고시된 시간급 최저임금과 비교함으로써 최저임금 미달 여부를 판단한다.

 **시간급, 일급, 주급, 월급제 근로자의 최저임금 판단**

1. 시간급

시급의 경우 2021년 최저임금이 8,720원이므로 이에 미달하는 경우 최저임금에 미달에 해당한다.

2. 일급

하루 8시간 일을 하고, 일당으로 8만원을 받는 경우 8만원 ÷ 8시간 = 1만원으로 최저임금 8,720원을 넘으므로 최저임금법에 위반되지 않는다. 즉, 일급이 69,760원(8,720원 × 8시간)을 넘으면 위반이 아니다.

3. 주급

주40시간을 일을 하고, 주급으로 36만 원을 받는 경우 36만 원 ÷ 48시간(40시간 + 8시간) = 7,500원으로 최저임금 8,720원에 미달하므로 최저임금법 위반에 해당한다. 즉, 주40시간 기준 주급이 418,460원(8,720원 × 48시간)을 넘어야 위반이 아니다. 만일 1일 4시간, 주5일간 총 20시간을 근로하는 경우 8,720원 × 24시간 = 209,280원을 넘으면 위반이 아니다.

4. 월급

주당 소정근로시간이 40시간인 근로자가 1주 40시간(주 5일, 1일 8시간)을 근로하고 최저임금 산입범위에 포함되는 임금 기준으로 월 190만원을 받은 경우
월 기준시간
[(주당 소정근로시간 40시간 + 유급주휴 8시간) ÷ 7 × 365] ÷ 12월≒ 209시간
➡ 시간당 임금 = 190만원 ÷ 209시간 ≒ 9,090원
시간당 임금 9,090원은 2021년도 최저임금 8,720원보다 넘으므로 최저임금법 위반이 아니다.
주당 소정근로시간이 40시간이 근로자의 월 환산 최저임금
= 8,720원 × 209시간 = 1,822,480원
[5인 미만 사업장]
월~금 주40시간에 토요일 4시간 해서 총44시간 근로의 경우(소정근로시간 226시간)
= 8,720원 × 226시간 = 1,970,720원

퇴직급여

1. 퇴직급여 제도

사용자는 퇴직하는 근로자에 대해서 퇴직 일시금 또는 연금을 지급하기 위해서 근로자퇴직급여보장법에 의한 퇴직급여 제도 중 하나 이상의 제도를 설정해야 한다. 다만, 근속기간 1년 미만인 자, 4주간 평균해서 1주간 소정근로시간이 15시간 미만인 자는 적용이 제외된다. 퇴직급여 제도를 설정함에 있어 하나의 사업 안에 차등은 금지되며, 퇴직급여 제도의 종류를 선택하거나 다른 종류의 제도로 변경하고자 하는 경우 근로자 과반수의 동의를 얻어야 하고, 그 내용을 변경하고자 하는 경우 근로자 과반수의 의견(불이익변경 시 동의)을 들어야 한다.

2. 퇴직급여 제도의 종류

퇴직금제도

퇴직금제도란 계속근로기간 1년에 대해서 30일분 이상의 평균임금을 퇴직하는 근로자에게 지급하는 제도를 말한다.

퇴직금제도 하에서는 근로자의 요구가 있는 경우 퇴직하기 전이라도 계속근로 한 기간에 대한 퇴직금을 미리 정산해서 지급할 수 있다.이 경우 미리정산해서 지급한 후의 퇴직금 산정을 위한 계속근로기간은 정산 시점부터 새로이 계산한다.

 퇴직금의 계산사례

주40시간, 1일 8시간 근무, 1일 주휴, 2020년도 매월 월급 200만원(기본급 170만원, 직책수당 20만원, 연장근로수당 10만원), 상여금 연 기본급의 400%, 산정 사유 발생일 2021년 1월 1일

❶ 평균임금 : 3월간 임금총액 ÷ 3월간 총일수

= [(2020년 10월분 임금 + 11월분 임금 + 12월분 임금) + (직전 1년간 상여금 × 3/12)] ÷ 92일

= [(170만원 + 170만원 + 170만원) + (170만원 × 400% × 3/12)] ÷ 92일

= (510만원 + 170만원) ÷ 92일

= 73,913.04원

❷ 퇴직금 : 평균임금 × 30일 × 근속연수

= 73,913.04원 × 30일 × (395일/365일)

= 2,399,642원

퇴직연금제도

퇴직연금제도란 사용자가 퇴직연금 계약에 따라 퇴직금연금 사업자에게 일정액의 적립금 또는 부담금을 납부하고 이를 재원으로 퇴직연금 사업 자가 퇴직 근로자에게 연금 또는 일시금을 지급하는 제도를 말한다.

퇴직연금은 가입기간이 10년 이상인 퇴직 근로자가 만55세에 도달하는

경우에 5년 이상의 기간동안 지급되며, 연금수급 요건을 갖추지 못하였거나 일시금 수급을 원하는 경우는 일시금으로 지급된다.

퇴직연금제도는 사용자가 연간 임금총액의 90% 이상을 적립하고 적립금의 운용책임을 부담하되, 근로자 퇴직 시 계속근로기간 1년에 대해서 30일분의 평균임금에 상당하는 금액 이상을 퇴직급여로 지급하는 확정급여형 퇴직연금제와 연간 임금총액의 1/12을 부담금으로 납입함으로써 사용자가 퇴직급여 지급책임을 면하고 근로자가 부담금의 운용책임을 지는 확정기여형 퇴직연금제가 있다. 확정급여형은 퇴직급여의 중도인출이 안 되나, 확정기여형은 주택구입 등 일정 요건하에 중도인출이 가능하다.

개인퇴직계좌제도

상시 10인 미만을 사용하는 사업장의 경우 사용자가 근로자대표의 동의를 얻어 근로자 전원으로 하여금 개인 퇴직계좌를 설정하게 한 경우 퇴직급여 제도를 설정한 것으로 본다. 다만, 사용자는 최소한 연간 임금총액의 1/12에 해당하는 부담금을 매년 1회 이상 정기적으로 퇴직연금 사업자에게 납부해야 한다. 또한, 퇴직급여 제도의 일시금을 수령한 자 또는 안정적인 노후 소득 확보가 필요한 자는 퇴직연금 사업자와 계약을 맺고 개인 퇴직계좌를 설정할 수 있다.

개인 퇴직계좌에 대한 운용책임은 가입자인 근로자가 지며, 가입자가 55세 이상의 경우에 본인의 선택에 따라 연금 또는 일시금이 지급된다. 개인 퇴직계좌는 확정기여형 퇴직연금과 마찬가지로 주택구입 등 일정 요건하에 중도인출이 가능하다.

퇴직, 해고 및 징계

1. 당연퇴직과 의원퇴직(사직)

당연퇴직

근로자가 사망하거나 정년에 도달한 경우 또는 주주총회에 의해 임원 선임이 되거나 자회사 및 관계사로 전적한 경우에는 당연히 퇴직처리 되며, 채용결격사유인 금치산·한정치산 및 파산선고를 받은 경우, 휴직 기간의 만료 또는 휴직사유의 소멸에도 불구하고 일정 기간 내 복직원을 제출하지 않는 경우에는 별도의 해고절차 없이 퇴직 처리를 할 수 있다.

의원퇴직(사직)

본인이 퇴직원(사직서)을 제출한 경우 사용자가 이를 승인함으로써 퇴직처리 된다. 이 경우 특별한 사정이 없으면 본인이 희망하는 시기에 퇴직처리 하되, 사용자의 승인이 없더라도 퇴직원 제출일로부터 1임금 지급기(1개월)가 되는 날에 퇴직한 것으로 간주된다.

퇴직원을 제출한 자는 사용자의 승인이 있을 때까지 정상 출근해서 업무를 수행해야 하며, 퇴직승인을 받은 이후에도 효율적인 업무인수인계를 위해서 성실히 노력해야 한다.

2. 해고

해고사유

근로자가 근로계약상의 근로를 제대로 제공하지 못하거나 직장질서를 문란케 한 경우, 기타 사회통념상 고용관계를 계속 유지할 수 없을 정도의 근로자 귀책사유가 발생한 경우에 사용자는 근로자를 해고할 수 있다(적용범위 : 상시 5인 이상 사업장).

근로자 귀책사유에 의한 해고사유

❶ 무단결근(월 5회 이상, 연속 3일 이상)
❷ 월 7회 이상 지각, 무단조퇴, 무단외출
❸ 고의 또는 중대한 과실로 재산상 손해를 끼친 자
❹ 업무상 비밀 누설자
❺ 신체 및 정신질환으로 직무를 감당할 수 없는 자
❻ 승인 없이 타사 또는 사업영위
❼ 직접적으로 회사 명예, 신용 손상
❽ 지시불이행 및 허위보고
❾ 정당한 사유 없이 출근 및 작업거부, 작업진행 방해
❿ 허가 없이 회사물품 반입, 반출

- ⑪ 직무관련 금품이나 향응 수수
- ⑫ 공금 유용 또는 횡령
- ⑬ 회사 내 도박, 동료 폭행, 성희롱
- ⑭ 비도덕적, 비윤리적 행위로 회사 명예손상
- ⑮ 입사 시 학력 및 경력 허위기재
- ⑯ 기타 고용관계를 유지할 수 없을 정도의 책임사유

또한, 긴박한 경영상의 필요성이 있는 경우로서 사전 해고회피노력, 공정하고 합리적인 기준에 의한 대상자 선정, 해고하고자 하는 날의 50일 전까지 근로자대표에게의 통보 및 성실한 협의 등의 절차를 거친 경우 사용자는 경영상 이유에 의한 해고를 할 수 있다(적용범위 : 상시 5인 이상 사업장). 다만, 경영상의 이유에 의한 해고를 한 사용자는 근로자를 해고한 날부터 3년 이내에 해고된 근로자가 해고당시 담당하였던 업무와 동일한 업무에 근로자를 채용하고자 하는 때에는 해고된 근로자가 원하는 경우 우선으로 고용해야 한다.

해고시기 및 절차의 제한

업무상 재해로 요양 중인 기간과 그 후 30일간, 보호휴가 기간과 그 후 30일간은 해고할 수 없다. 다만, 근로기준법상 일시보상을 행하거나 사업을 계속할 수 없게 된 경우에는 해고할 수 있다.
근로자를 해고하고자 하는 경우 해고사유 및 해고시기를 서면으로 통지해야 하며, 이를 서면으로 통지하지 않는 경우 해고효력이 없다(적용범위 : 상시 5인 이상 사업장).

사용자는 근로자를 해고하고자 하는 경우 적어도 30일 전에 예고하거나 30일분의 통상임금을 지급해야 한다. 다만, 천재지변 기타 부득이한 사유로 사업계속이 불가능한 경우 또는 직원이 고의로 사업에 막대한 지장을 초래하거나 재산상 손해를 끼친 경우 즉시 해고할 수 있다.

 즉시해고사유

❶ 금품 또는 향응을 제공받고 불량품을 납품받아 생산에 차질을 가져온 경우
❷ 영업용 차량을 임의로 타인에게 대리운전하게 해서 교통사고를 일으킨 경우
❸ 사업의 기밀 기타 정보를 경쟁 관계의 사업자에게 제공해서 사업 지장을 초래한 경우
❹ 허위사실을 날조, 유포하거나 불법 집단행동을 주도해서 사업에 막대한 지장 초래
❺ 직책을 이용해서 공금 착복, 장기유용, 횡령하거나 배임한 경우
❻ 제품 또는 원료 등의 절취 또는 불법반출
❼ 인사 · 경리담당 직원이 근무상황 실적을 조작하거나 허위서류를 작성해서 손해를 끼친 경우
❽ 사업장 기밀을 고의 파손해서 생산에 막대한 지장을 초래한 경우
❾ 기타 사회통념상 고의로 사업에 막대한 지장을 가져오거나 재산상 손해를 끼쳤다고 인정되는 경우

해고사유가 존재하는 한 해고예고 절차를 거치지 않았다고 해서 해고 자체의 효력이 무효가 되거나 부당해고가 되지 않는다.

3. 징계

징계의 종류

근로자가 근로계약, 취업규칙 등에서 정한 복무규율을 위반하거나 정당한 상사의 명령을 위반해서 직장 질서를 문란하게 한 경우 징계할 수 있으며, 그 위반행위의 정도에 따라 경고, 감봉, 정직, 해고 등을 할 수 있다. 여기서 경고란 가장 낮은 수위의 징계로서 주의를 촉구하는 것이며, 감봉은 임금을 삭감 조치하는 것으로 1회의 삭감액이 평균임금 1일분의 1/2을, 그 총액이 1임금 지급기에 있어서의 임금총액의 1/10을 초과할 수 없다. 또한 정직이란 일정기간 동안 업무에 종사시키지 않고 임금도 지급하지 않는 것을 말하며, 해고는 가장 무거운 징계로서 근로관계를 종료하는 것을 말한다.

징계권 행사와 권리남용

근로자에게 징계사유가 있어서 어떠한 징계처분을 할 것인가는 징계권자의 재량에 달려 있다. 다만, 비위 사실의 내용과 성질, 징계에 의해서 달성하려고 하는 목적, 징계양정의 기준 등을 고려할 때 사회통념상 현저하게 타당성을 잃어 징계권자가 재량권을 남용한 것이라고 인정되는 경우에 그 처분은 위법한 처분이 된다.

징계절차와 부당징계

근로자를 징계하고자 하는 경우 징계대상자에게 징계사유를 제시하고

소명의 기회를 부여한다. 취업규칙 등에 이러한 징계 절차가 명시된 경우 반드시 이에 따라야 한다. 취업규칙에 명시된 징계 절차에 따르지 않고 행한 징계처분은 무효이다. 다만, 재심 과정에서 보완되었다면 그 절차 위반의 하자는 치유된다.

4. 전적, 전보, 휴직, 대기발령 등

전적

근로자를 관계사로 적을 옮기는 전적은 동일한 기업 내의 인사이동인 전근이나 전보와 달리 특별한 사정이 없으면, 근로자의 동의를 얻어야 한다. 다만, 근로자의 동의를 얻지 않고 전적시키는 관행이 일반적으로 근로관계를 규율하는 규범적인 사실로서 명확히 승인되거나 그 구성원이 아무런 이의도 제기하지 않은 채 당연한 것으로 받아들여 기업 내의 사실상의 제도로서 확립되어 있는 경우에 근로자 동의 없이 관계사로 전적시킬 수 있다.

 전적의 요건

근로자를 그가 고용된 기업으로부터 다른 기업으로 적을 옮겨 다른 기업의 업무에 종사하게 하는 이른바 전적(轉籍)은 종래에 종사하던 기업과 사이의 근로계약을 합의해지하고 이적하게 될 기업과 사이에 새로운 근로계약을 체결하는 것이거나 근로계약상 사용자의 지위를 양도하는 것이므로, 동일 기업 내의 인사이동인 전근이나 전보와 달라 특별한 사정이 없으면 근로자의 동의를 얻어야 효력이 생긴다.

306

나아가 기업그룹 등과 같이 그 구성이나 활동 등에 있어서 어느 정도 밀접한 관련성을 갖고 사회적 또는 경제적 활동을 하는 일단의 법인체 사이의 전적에 있어서 그 법인체들 내에서 근로자의 동의를 얻지 아니하고 다른 법인체로 근로자를 전적시키는 관행이 있어서 그 관행이 근로계약의 내용을 이루고 있다고 인정하기 위해서는 그와 같은 관행이 그 법인체들 내에서 일반적으로 근로관계를 규율하는 규범적인 사실로서 명확히 승인되거나, 그 구성원이 일반적으로 아무런 이의도 제기하지 아니한 채 당연한 것으로 받아들여 기업 내에서 사실상의 제도로서 확립되어 있지 않으면 아니 된다고 할 것이다(대법원 2005. 1. 14 선고 2003다28477 판결 참조).

전보 또는 전직

동일 기업 내에서 근무지 또는 담당업무를 변경하는 전보나 전직은 인사권자의 권한에 속하는 것으로 업무상 필요한 범위 내에서 인사권자에게 상당한 재량권이 인정된다. 다만, 전보 또는 전직명령의 업무상 필요성과 이에 따른 근로자의 생활상의 불이익을 비교하였을 때 근로자의 생활상의 불이익이 크고 신의칙상 요구되는 협의과정을 거치지 아니한 경우에는 허용되지 않는다.

전보 또는 전직의 정당성 판단기준

근로자에 대한 전보나 전직은 원칙적으로 인사권자인 사용자의 권한에 속하므로 업무상 필요한 범위 내에서는 상당한 재량을 인정해야 할 것이지만, 그것이 근로기준법 등에 위반하거나 권리남용에 해당하는 등의 특별한 사정이 있는 경우에는 허용되지 않는다고 할 것이고, 전직처분이 정당한 인사권의 범위 내에 속하는지 여부는 전직명령의 업무상의 필요성과 전직에 따른 근로자의 생활상의 불이익과의 비교, 근로자 본인과의 협의 등 그 전직명령을 하는 과정에서 신의칙상 요구되는 절차를 거쳤는지의 여부 등에 의해서 결정되어야 할 것이다(대법원 1995. 5. 9 선고 93다51263 판결 등 참조).

일정한 사유가 발생하는 경우 사용자는 휴직명령을 내릴 수 있으나, 휴직명령의 합리성 여부 및 그로 인해서 근로자가 받게 될 신분상·경제상의 불이익 등 구체적인 사정을 참작해서 근로자가 상당한 기간에 걸쳐 근로를 제공할 수 없다거나, 근로제공을 함이 매우 부적당하다고 인정되는 경우에만 그 정당성이 인정된다.

휴직명령의 정당성 판단기준

근로기준법에 사용자는 근로자에 대해서 정당한 이유 없이 휴직하지 못한다고 제한하고 있는 취지에 비추어 볼 때, 위와 같은 휴직근거규정에 의해서 사용자에게 일정한 휴직사유의 발생에 따른 휴직명령권을 부여하고 있다 하더라도 그 정해진 사유가 있는 경우, 당해 휴직규정의 설정 목적과 그 실제기능, 휴직명령권 발동의 합리성 여부 및 그로 인해서 근로자가 받게 될 신분상·경제상의 불이익 등 구체적인 사정을 모두 참작해서 근로자가 상당한 기간에 걸쳐 근로의 제공을 할 수 없다거나, 근로제공을 함이 매우 부적당하다고 인정되는 경우에만 정당한 이유가 있다고 보아야 할 것이다(대법원 1992. 11. 13 선고 92다 16690 판결 참조).

대기발령

대기발령은 인사권자의 권한에 속하는 것으로서 업무상 필요한 경우 인사권자에게 상당한 재량권이 인정되며, 그것이 근로기준법 등에 위반하거나 권리남용에 해당되는 등의 특별한 사정이 없으면 위법하다 할 수 없다.

대기발령이 정당한 인사권 범위 내에서 행사되었는지 여부는 대기발령의 업무상 필요성과 그에 따른 근로자의 생활상의 불이익의 비교 교량 및 근로자와의 협의 등 대기발령 과정에서 신의칙상 요구되는 절차를 거쳤는지 여부 등에 의해서 결정된다. 다만, 근로자와 성실한 협의를 거치지 않았다고 해서 대기발령이 권리남용에 해당되어 당연히 무효가 되는 것은 아니다.

 대기발령의 정당성 판단기준

기업이 그 활동을 계속적으로 유지하기 위해서는 노동력을 재배치하거나 그 수급을 조절하는 것이 필요 불가결하므로, 대기발령을 포함한 인사명령은 원칙적으로 인사권자인 사용자의 고유권한에 속한다 할 것이고, 따라서 이러한 인사명령에 대하여는 업무상 필요한 범위 안에서 사용자에게 상당한 재량을 인정하여야 하며, 이것이 근로기준법 등에 위반되거나 권리남용에 해당하는 등의 특별한 사정이 없는한 위법하다고 할 수 없고, 대기발령이 정당한 인사권의 범위 내에 속하는지 여부는 대기발령의 업무상의 필요성과 그에 따른 근로자의 생활상의 불이익과의 비교 교량, 근로자와의 협의 등 대기발령을 하는 과정에서 신의칙상 요구되는 절차를 거쳤는지의 여부 등에 의하여 결정되어야 하며, 근로자 본인과 성실한 협의절차를 거쳤는지의 여부는 정당한 인사권의 행사인지의 여부를 판단하는 하나의 요소라고는 할 수 있으나 그러한 절차를 거치지 아니하였다는 사정만으로 대기발령이 권리남용에 해당되어 당연히 무효가 된다고는 볼 수 없다.(대법원 2002. 12. 26 선고 2000두8011 판결 등 참조)

5. 부당해고 등의 구제방법

노동위원회 구제신청

구 분	내 용
제척기간	사용자는 근로자에 대해서 정당한 이유 없이 해고, 휴직, 정직, 전직, 감봉 기타 징계를 하지 못함에도 불구하고, 사용자가 근로자에 대해서 부당해고 등을 행한 경우 근로자는 부당해고 등이 있은 날로부터 3개월 이내에 노동위원회에 구제신청을 제기할 수 있다(적용범위 : 상시 5인 이상 사업장).
조사 및 심문	구제신청이 제기되는 경우 노동위원회는 필요한 조사 및 관계당사자 심문을 하며, 신청 또는 직권으로 증인을 출석하게 해서 필요한 사항을 질문할 수 있고, 심문 시 관계당사자는 증거제출과 증인에 대한 반대심문을 할 수 있다.
구제명령 또는 기각결정	노동위원회는 심문을 종료하고 부당해고 등이 성립한다고 판정한 경우에는 사용자에게 구제명령을, 부당해고 등이 성립하지 아니한다고 판정한 경우에는 구제신청을 기각하는 결정을 해서 사용자와 근로자에게 각각 서면으로 통지한다. 해고에 대한 구제명령을 하는 때에는 근로자가 원직복직을 원하지 않는 경우 원직복직을 명하는 대신 해고기간동안 근로를 제공하였더라면 지급받을 수 있었던 임금상당액 이상의 금품을 근로자에게 지급하도록 명할 수 있다.
재심신청 또는 행정소송의 제기 및 구제명령 등의 확정	지방노동위원회에 구제명령 또는 기각결정에 불복하는 사용자 또는 근로자는 구제명령서 또는 기각결정서를 통지받은 날부터 10일 이내에 중앙노동위원회에 재심을 신청할 수 있으며, 중앙노동위원회의 재심판정에 대해서 사용자 또는 근로자는 재심 판정서를 송달받은 날부터 15일 이내에 법원에 행정소송을 제기할 수 있다. 위의 기간 이내에 재심을 신청하지 않거나 행정소송을 제기하지 않은 때에는 그 구제명령·기각결정 또는 재심판정은 확정된다.
구제명령 등의 효력 및 이행 강제금	노동위원회의 구제명령·기각결정 또는 재심판정은 중앙노동위원회에의 재심신청이나 행정소송의 제기에 의해서 그 효력이 정지되지 않는다.

구 분	내 용
	노동위원회는 구제명령의 이행 기간까지 이를 이행하지 않은 사용자에 대해서 2천만 원 이하의 이행강제금을 부과하며, 최초의 구제명령이 있은 날을 기준으로 매년 2회의 범위 안에서 구제명령이 이행될 때까지 반복해서 이행강제금을 부과·징수할 수 있다. 다만, 이행강제금은 2년을 초과해서 부과·징수할 수 없다. 근로자는 구제명령을 받은 사용자가 이행 기간까지 구제명령을 이행하지 않은 경우는 이행 기한이 경과한 때부터 15일 이내에 그 사실을 노동위원회에 통지해줄 수 있다.

노동부 진정 또는 고소

근로기준법상 일시보상을 행하거나 사업을 계속할 수 없게 된 경우를 제외하고 업무상 재해로 요양 중인 기간과 그 후 30일간, 보호휴가기간과 그 후 30일간에 사용자로부터 해고된 경우에는 노동위원회의 부당해고 구제신청을 제기할 수 있을 뿐만 아니라, 고용노동부(또는 검찰청)에 근로기준법 위반 혐의로 사용자를 진정 또는 고소함으로써 권리구제를 받을 수 있다.

해고 등의 무효 확인 소송 제기

사용자가 부당해고 등을 행한 경우 근로자는 법원에 해고 등의 무효 확인에 관한 소송을 제기할 수 있다.

비정규직 근로자의 인사관리

1. 비정규직 근로자의 유형

비정규직 근로자란 정규직에 비해 고용이 불안정하고, 임금 및 복리후생 수준 기타 근로조건이 낮은 근로자로서 기간제근로자, 단시간근로자 및 파견근로자를 말한다. 여기서 기간제근로자란 기간의 정함이 있는 근로계약을 체결한 근로자로서 계약직 근로자라고도 하며, 단시간근로자란 1주간의 소정근로시간이 당해 사업장의 동종 업무에 종사하는 통상근로자의 1주간의 소정근로시간에 비해서 짧은 근로자로서 소위 아르바이트를 말한다.

2. 기간제근로자의 인사관리

기간제근로자의 사용

사용자는 2년을 초과하지 않는 범위 안에서 기간제근로자를 사용할 수 있다. 다만, 다음 사유에 해당하는 경우 2년을 초과해서 기간제근로자로 사용할 수 있다(적용범위 : 상시 5인 이상 사업장).

❶ 사업 완료 또는 특정 업무 완성에 필요한 기간을 정한 경우

❷ 휴직, 파견 등으로 결원이 발생해서 복귀 시까지 업무를 대신할 필요가 있는 경우

❸ 학업, 직업훈련 등을 이수함에 따라 이에 필요한 기간을 정한 경우

❹ 55세 이상의 고령자와 근로계약을 체결하는 경우

❺ 정부의 복지정책·실업대책 등에 따라 직업능력개발, 취업촉진 및 사회적으로 필요한 서비스 제공 등을 위해서 일자리를 제공하는 경우

❻ 다른 법령에서 기간제 근로자의 사용기간을 달리 정하거나 별도의 기간을 정해서 근로계약을 체결할 수 있도록 한 경우

❼ 4주간을 평균해서 1주간의 소정근로시간이 15시간 미만인 근로자를 사용하는 경우 등

기간의 정함이 없는 근로자로의 전환

2년을 초과해서 기간제근로자로 사용할 수 있는 사유가 없거나 소멸되었음에도 불구하고 2년을 초과해서 기간제근로자로 사용하는 경우에는 기간의 정함이 없는 근로계약이 체결된 것으로 본다(적용범위 : 상시 5인 이상 사업장). 이 경우 업무상 재해로 인한 요양을 위해서 휴업한 기간, 육아휴직기간, 병역의무이행을 위한 휴직기간, 업무외 부상, 질병기타의 사유로 사용자 승인을 얻어 휴업한 기간은 기간제 근로자의 사용기간에서 제외한다.

한편, 사용자는 기간의 정함이 없는 근로계약을 체결하고자 하는 경우에는 당해 사업 또는 사업장의 동종 또는 유사한 업무에 종사하는 기간제 근로자를 우선으로 고용하도록 노력해야 한다.

근로조건의 명시방법

기간제근로자의 경우 다음의 모든 사항을 서면으로 명시해야 하며, 근로자가 요구하는 때에는 이를 교부해야 한다.

❶ 임금의 구성항목·계산방법·지급방법

❷ 근로시간·휴게에 관한 사항

❸ 휴일에 관한 사항

❹ 휴가에 관한 사항

❺ 취업장소 및 종사업무에 관한 사항

❻ 근로계약기간

차별적 처우의 금지 및 시정

사용자는 기간제 근로자임을 이유로 당해 사업 또는 사업장에서 동종 또는 유사한 업무에 종사하는 기간의 정함이 없는 근로계약을 체결한 근로자에 비해서 차별적 처우를 해서는 안 된다. 여기서 차별적 처우란 임금 그 밖의 근로조건 등에 있어서 합리적인 이유 없이 불리하게 처우하는 것을 말한다(적용범위 : 상시 5인 이상 사업장).

차별적 처우를 받은 기간제 근로자는 차별적 처우가 있는 날(계속되는 차별적 처우는 그 종료일)부터 6월 이내에 노동위원회에 그 시정을 신청할 수 있다. 이때 기간제 근로자는 차별적 처우의 내용을 구체적으로 명시해야 하며, 사용자는 분쟁에 있어서의 입증 책임을 부담한다(적용범위 : 상시 5인 이상 사업장).

차별적 처우에 대한 시정명령이 내려지는 경우는 그 내용에는 차별적 행위의 중지, 임금 등 근로조건의 개선 및 적절한 금전보상 등이 포함될 수 있다.

3. 단시간근로자의 인사관리

근로조건 결정의 원칙

단시간근로자의 근로조건은 당해 사업장의 동종 업무에 종사하는 통상근로자의 근로시간을 기준으로 산정한 비율에 따라 결정되어야 한다. 다만, 4주간을 평균해서 1주간의 소정근로시간이 15시간 미만인 근로자의 경우 퇴직급여, 주휴일 및 연차휴가를 부여하지 않는다.

근로계약의 체결

단시간근로자의 경우 다음의 모든 사항을 서면으로 명시해서 이를 교부해야 한다.

❶ 임금의 구성항목·계산방법·지급방법(시간급임금)
❷ 근로시간·휴게에 관한 사항(근로시간의 시작과 종료시각)
❸ 휴일에 관한 사항
❹ 휴가에 관한 사항
❺ 취업 장소 및 종사업무에 관한 사항
❻ 근로계약기간
❼ 근로일 및 근로일별 근로시간

임금의 계산

단시간근로자의 임금산정 단위는 시간급을 원칙으로 하며, 시간급임금을 일급 통상임금으로 산정할 경우는 4주간의 소정근로시간을 그 기간의 총일수로 나눈 시간 수에 시간급임금을 곱해서 산정한다.

초과근로의 제한

단시간근로자에 대해서 소정근로일이 아닌 날에 근로시키거나 소정근로시간을 초과해서 근로시키고자 할 경우는 근로계약서, 취업규칙 등에 그 내용 및 정도, 가산임금을 지급하기로 한 경우에는 그 지급률을 명시해야 하며, 당해 근로자의 동의를 얻어야 한다.

단시간근로자의 초과근로는 1주간에 12시간을 초과할 수 없으며, 단시간근로자의 동의를 얻지 않고 초과근로를 하게 하는 경우 이를 거부할 수 있다(적용범위 : 상시 5인 이상 사업장).

휴일·휴가의 적용

사용자는 1주간의 소정근로일수를 개근한 단시간근로자에 대해서 1주일에 평균 1회 이상 휴일을 주되, 이에 대해서는 일급 통상임금을 지급하며, 소정근로일수를 개근하지 못한 단시간근로자에 대해서도 무급으로 부여한다. 다만, 4주간을 평균해서 1주간의 소정근로시간이 15시간 미만인 근로자는 제외한다.

사용자는 여성인 단시간 근로자에 대해서 생리휴가 및 보호휴가를 주어야 한다. 이 경우 일급 통상임금을 기준으로 임금을 지급한다.

통상근로자로의 전환노력 등

사용자는 통상근로자를 채용하고자 하는 경우는 당해 사업 또는 사업장의 동종 또는 유사한 업무에 종사하는 단시간 근로자를 우선적으로 고용하도록 노력해야 한다.

사용자는 가사, 학업 그 밖의 이유로 단시간근로를 신청하는 때에는 당
해 근로자를 단시간근로자로 전환하도록 노력해야 한다.

차별적 처우의 금지 및 시정

사용자는 단시간근로자임을 이유로 당해 사업 또는 사업장의 동종 또는
유사한 업무에 종사하는 통상근로자에 비해서 차별적 처우를 해서는 안
된다.

차별적 처우를 받은 단시간근로자는 기간제근로자와 마찬가지로 차별적
처우가 있은 날(계속되는 차별적 처우는 그 종료일)부터 6월 이내에 노
동위원회에 그 시정을 신청할 수 있다.

4. 파견근로자의 인사관리

근로자파견 대상 업무

※ 파견 허용업무

근로자 파견사업은 제조업의 직접 생산·공정업무를 제외하고 전문지
식·기술·경험 또는 업무의 성질 등을 고려해서 적합하다고 판단되는
업무로서 창작 및 공연예술가의 업무, 영화·연극 및 방송관련 전문가
의 업무, 예술·연예 및 경기 준전문가의 업무 등 32개의 업무를 대상
으로 한다.

✽ 파견 일시사용업무

출산·질병·부상 등으로 결원이 생긴 경우 또는 일시적·간헐적으로 인력을 확보해야 할 필요가 있는 경우에는 32개의 근로자파견대상 허용업무 이외의 업무에도 근로자파견사업을 행할 수 있다. 다만, 이 경우 파견근로자를 사용하는 사용사업주는 근로자의 과반수를 대표하는 자와 사전에 성실하게 협의해야 한다.

파견기간

✽ 파견 허용업무에 있어 파견기간

근로자파견사업 허용업무에 있어 근로자의 파견기간은 1년을 초과하지 못하는 것이 원칙이나, 파견사업주·사용사업주·파견근로자 간의 합의가 있는 경우에는 파견기간을 연장할 수 있다.

파견기간 1회를 연장할 때 그 연장기간은 1년을 초과하지 못하며, 연장된 기간을 포함한 총파견기간은 2년을 초과하지 못한다. 다만, 55세 이상의 고령자인 경우 2년을 초과해서 근로자파견기간을 연장할 수 있다.

✽ 파견 일시사용업무에 있어 파견기간

일시사용업무에 근로자파견을 행한 경우에 파견기간은 다음과 같다.

❶ 출산·질병·부상 등으로 결원이 생긴 경우로서 그 사유가 객관적으로 명백한 경우 : 그 사유의 해소에 필요한 기간

❷ 일시적·간헐적으로 인력을 확보할 필요가 있는 경우 : 3월 이내의 기간. 단, 그 사유가 해소되지 않고 파견사업주·사용사업주·파견근로자 간의 합의가 있는 경우에는 1회에 한해서 3월의 범위 안에서 연장가능

❊ 직접 고용의무

사용사업주가 다음에 해당되는 경우에는 당해 파견근로자를 직접 고용해야 한다. 다만, 파견근로자가 명시적인 반대의사를 표시하거나 사용사업주가 법원의 파산선고, 회생절차 개시의 결정 및 고용노동부 장관의 도산 등 사실인정을 받은 경우 또는 천재·지변 그 밖의 부득이한 사유로 사업계속이 불가능한 경우에는 고용의무가 없다.

❶ 파견 허용 및 일시사용업무에 있어 파견기간을 위반해서 2년을 초과해서 계속적으로 파견근로자를 사용하는 경우

❷ 파견 일시사용업무에 해당하지 않음에도 불구하고 2년을 초과해서 계속적으로 파견근로자를 사용하는 경우

❸ 파견 금지업무에 파견근로자를 사용하는 경우

❹ 허가를 받지 않고 근로자 파견사업을 행하는 자로부터 2년을 초과해서 계속적으로 근로자파견의 역무를 제공받은 경우

❊ 직접 고용 시 근로조건

사용사업주가 파견근로자를 직접 고용하는 경우로 사용사업주의 근로자 중 파견근로자와 동종 또는 유사 업무를 수행하는 근로자가 있는 경우에는 그 근로자에게 적용되는 취업규칙 등에서 정한 근로조건을 적용하며, 파견근로자와 동종 또는 유사 업무를 수행하는 근로자가 없는 경우에는 당해 파견근로자의 기존의 근로조건 수준 이상으로 적용한다.

❊ 파견근로자의 우선적 고용

사용사업주는 파견근로자를 사용하고 있는 업무에 근로자를 직접 고용

하고자 하는 경우는 당해 파견근로자를 우선적으로 고용하도록 노력해야 한다.

차별적 처우의 금지 및 시정

파견사업주와 사용사업주는 파견근로자임을 이유로 사용사업주의 사업 내의 동종 또는 유사한 업무를 수행하는 근로자에 비해서 파견근로자에게 차별적 처우를 해서는 안 되며, 파견근로자가 차별적 처우를 받은 경우 노동위원회의 그 시정을 신청할 수 있다(적용범위 : 상시 5인 이상 사업장).

사용사업주는 파견사업주에게 차별적 처우를 하지 않도록 하기 위해서 필요한 정보를 서면으로 제공해야 한다.

4대 보험 해설

[4대 보험 연간 주요일정]

구 분	주요 일정
매달 10일	≫ 4대 보험료 고지 분 납부
매달 15일	≫ 고용·산재보험 근로내용 확인신고
3월	≫ 10일 : 직장가입자 건강보험 보수총액신고 ≫ 15일 : 고용, 산재 보수총액 신고 ≫ 31일 : 고용, 산재 개산·확정보험료 신고(건설업)
4월	≫ 건강, 고용, 산재 보험료 정산
5월	≫ 개인사업자 건강보험 보수총액신고
6월	≫ 성실신고확인대상자 건강보험 보수총액신고
7월	≫ 국민연금 보수 결정

4대 보험이란?

1. 국민연금

국민연금은 가입자인 국민이 노령, 장애 또는 사망으로 소득능력이 상실되거나 감퇴한 경우 본인이나 그 유족에게 일정액의 급부를 행해서 안정된 생활을 할 수 있도록 국가가 운영하는 장기적인 소득보장제도이다.

18세 이상 60세 미만의 국민은 국민연금에 가입되어 각자의 전년도 소득에 따라 결정된 표준소득월액의 9%(사업장가입자의 경우 본인 4.5%, 사업주 4.5%)를 연금보험료로 매월 납부하며, 국가는 이를 재원으로 해서 연금지급 사유가 발생한 가입자에 대해서 노령연금, 장애연금, 유족연금, 반환일시금, 사망일시금 등을 지급한다.

2. 건강보험

건강보험은 국민의 질병·부상에 대한 예방, 진단, 치료, 재활과 출산,

사망 및 건강증진에 대해서 보험급여를 실시함으로써 국민보건을 향상시키고 사회보장을 증진하기 위한 제도이다.

국민은 건강보험에 의무적으로 가입되어 각자의 전년도 소득에 따라 결정된 보수월액의 보험료율(직장가입자의 경우 본인과 사업주가 반반씩 부담)을 곱해 건강보험료로 매월 납부하며, 국가는 보험지급사유가 발생한 가입자 및 피부양자에 대해서 요양급여, 장제비 등을 지급하고, 건강검진을 실시한다.

3. 고용보험

고용보험이란 실직근로자에게 실업급여를 지급하는 실업보험사업과 산업구조조정의 촉진, 실업예방, 고용촉진, 근로자의 생애 직업능력개발 등을 위한 고용안정 및 직업능력개발사업을 상호 연계해서 실시하는 공적인 사회보험제도이다.

상시 1인 이상을 고용하는 사업주 및 근로자는 고용보험에 의무적으로 가입되며, 사업주는 매월 근로자의 임금에서 피보험자 부담금(임금총액의 0.8%)을 원천공제해서 납부하고, 국가는 이를 기금으로 해서 근로자에 대한 구직급여 및 취업촉진수당 지급, 취업알선, 재취업훈련지원, 학자금 대부 및 장학사업, 생활안정자금 융자사업, 보육시설의 운영사업 등을 행하고, 중소기업전문인력활용장려금 지급, 고용유지지원금 지급, 신규고용촉진장려금 지급 등 고용창출·조정·촉진을 위한 각종 사업주 지원 사업을 행한다.

4. 산재보험

산재보험이란 산재근로자와 그 가족의 생활을 보장하기 위해서 국가가 사업주로부터 소정의 보험료를 징수해서 그 기금으로 사업주를 대신해서 산재근로자에게 보상을 해주는 제도이다.

상시 1인 이상을 고용하는 사업주는 산재보험에 의무적으로 가입되어 사업의 종류에 따라 매년 연간 임금총액의 일정률을 산재보험료로 납부하며, 국가는 이를 기금으로 해서 산재근로자 및 그 유족에 대해서 요양급여, 휴업급여, 장해급여, 유족급여, 장의비 등 산재보상을 실시하며, 재활상담, 의료재활지원, 후유증상관리, 장학사업, 생활안정자금대부사업 등 산재근로자 재활 및 복지사업도 행한다.

4대 보험 사업장 적용

1. 적용대상 사업장

국민연금 · 건강보험

국민연금·건강보험의 적용대상 사업장은 가입대상 근로자를 사용하는 모든 사업장이다. 여기서 사업장이란 근로자를 사용하는 사업소 및 사무소를 의미한다.

사업장 상호 간에 본점과 지점, 대리점 또는 출장소 등의 관계에 있고 그 사업경영이 일체로 되어있는 경우는 이를 하나의 사업장으로 본다.

고용보험 · 산재보험

고용보험·산재보험의 적용대상은 근로자를 사용하는 모든 사업 또는 사업장이다. 여기서 사업이란 영리성 여부와 관계없이 어떤 목적을 위해서 업으로 행해지는 계속적, 사회적, 경제적 활동 단위를 말하는 것이고, 사업장이란 사업이 행해지고 있는 사람과 물건이 존재하는 장소적 개념이다.

하나의 사업이 여러 사업장으로 구성된 경우 각각의 사업장이 인사·노무·회계 등에 독립성이 없는 때에는 고용보험은 하나의 사업으로 적용(단, 사업장이 원하는 경우 별도의 사업으로 적용)되나, 산재보험은 시간적·장소적으로 독립되어 있고 각각 근로자 수가 상시 1인 이상이기만 하면 별도의 사업으로 적용된다.

2. 적용 근로자

근로자의 개념

국민연금·건강보험에 있어 근로자는 직업의 종류에 불구하고 사업장에서 노무를 제공하고 그 대가로 보수를 받아 생활하는 자로서 법인의 이사, 기타 임원도 포함되는 개념이나 고용보험·산재보험에 있어 근로자는 직업의 종류를 불문하고 사업 또는 사업장에서 임금을 목적으로 사용자의 지휘·감독하에 근로를 제공하는 자로서 업무집행권을 가진 법인의 이사, 기타 임원 등 사용자에 해당하는 자는 포함되지 않는다.

국민연금에 있어 일용근로자 또는 1월 미만의 기한부로 사용되는 근로자(단, 1월 이상 계속 사용되는 경우 제외), 소재지가 일정하지 않은 사업장에 종사하는 근로자, 비상임이사·1월간의 근로시간이 60시간 미만인 시간제 근로자 등 사업장에서 상시 근로에 종사할 목적으로 사용되는 자가 아닌 자는 근로자로 보지 않고, 건강보험에 있어 공무원 및 사립학교교직원은 근로자 개념에서 제외되나, 고용보험·산재보험에서는 '직업의 종류를 불문하고 사업 또는 사업장에서 임금을 목적으로 사용자의 지휘·감독하에 근로를 제공하는 자'이면 모두 근로자로 본다.

적용대상 근로자

4대 보험은 사업장의 모든 근로자에게 적용되는 것이 원칙이다. 다만, 보험의 성격, 행정능력의 한계, 건전한 보험재정의 운용, 수급가능여부 등을 고려해서 다음과 같이 일정한 유형의 근로자에 대해서는 그 적용을 제외하고 있다.

❋ 연소자 및 고령자

국민연금은 18세 이상 60세 미만을 가입대상으로 하므로, 18세 미만인 자 및 60세 이상의 고령자에 대해서는 국민연금이 적용되지 않는다. 다만, 18세 미만의 경우 본인이 원하면 사용자의 동의를 받아 사업장가입자가 될 수 있으며, 연금가입기간이 20년 미만인 가입자로서 60세가 된 자, 특수직종근로자로서 특례노령연금 수급권을 취득한 자는 가입을 신청하면 65세가 될 때까지 임의계속가입자가 될 수 있다. 고용보험은 원칙적으로 65세 이후 고용된 자에 대해서는 적용하지 않는다. 다만, 만 65세가 되는 날 기준으로 직전 180일 이상 고용보험 가입사실이 있을 경우 고용보험의 적용을 받을 수 있으며, 이직할 때까지 실업급여, 고용안정 및 직업능력개발사업의 보험료를 부과·징수된다.

그러나 고용보험 적용대상 제외자인 65세 이후에 고용된 자에 대해서는 실업급여 보험료는 부과하지 않으며, 고용안정·직업능력개발사업 보험료만 부과·징수한다.

건강보험 및 산재보험은 연령과 상관없이 사업장의 모든 근로자에게 적용된다.

※ 일용근로자 및 1월 미만의 기한부 근로자

일용근로자란 고용기간의 보장 없이 1일 단위로 고용되어 그 날로 고용계약이 종료되는 자로서, 1월 미만의 기간 동안 고용되는 일용근로자 또는 기한부 근로자는 국민연금 및 건강보험의 사업장 적용대상에서 제외된다. 이 경우 구체적인 적용기준은 다음과 같다.

[국민연금 · 건강보험의 적용 기준]

명시적인 근로계약서가 있는 경우	명시적인 근로계약서가 없는 경우
❶ 계약내용이 1월 이상(기간의 정함이 없는 경우 포함)인 경우 → 실제 근로를 제공한 기간·일수·시간을 불문하고 최초 고용일부터 사업장가입자로 적용 ❷ 계약내용이 1월 미만이나, 실제 1월 이상 계속근로한 경우 → 최초 고용일부터 사업장가입자로 적용	❶ 동일 사업장에서 최초 고용일부터 1월간 8일 이상 근로를 제공한 경우 → 최초 고용일에 사업장가입자로 적용 ❷ 동일 사업장에서 전월의 근로일수가 8일 미만이던 근로자가 당월 1일부터 말일까지 8일 이상 근로한 경우 → 해당 월의 1일부터 사업장가입자로 적용

국민연금 및 건강보험과 달리 일용근로자에 대해서 고용·산재보험은 전면 적용된다. 다만, 고용보험법에서는 일용근로자를 1월 미만의 기간 동안 고용되는 자로 정의하고 피보험 자격관리를 별도로 하고 있다.

[고용보험법상 일용근로자 여부의 판단]

고용기간을 사전에 정한 경우	고용기간을 사전에 정하지 않은 경우
❶ 1월 이상의 고용기간을 사전에 정하고 고용된 경우 → 실제 근로를 제공한 기간·일수·시간을 불문하고 상용근로자로 판단 ❷ 1월 미만의 고용기간을 정하고 실제	❶ 고용기간을 사전에 정하지 않은 경우로서 근로를 제공한 기간이 결과적으로 1월 이상인 경우 → 일용근로자로 판단(단, 상용전환여부 판단)

고용기간을 사전에 정한 경우	고용기간을 사전에 정하지 않은 경우
1월 미만동안 근로를 제공한 경우 → 일용근로자로 판단	❷ 고용기간을 사전에 정하지 않고 근로를 제공한 기간이 결과적으로 1월 미만인 경우 → 일용근로자로 판단

※ 비상근 또는 1월간 근로시간이 짧은 시간제 근로자

비상근 근로자 또는 1월간의 근로시간이 60시간 미만인 시간제 근로자 (공무원 및 사립학교교직원 포함)등 사업장에서 상시 근로에 종사할 목적으로 고용되지 않은 근로자에 대해서는 국민연금 및 건강보험이 적용되지 않는다. 다만, 비상근인 법인의 대표자나 임원 또는 대주주라도 보수를 지급(일비, 활동비 성격의 실비변상적 금품만을 지급받는 경우 제외)받고 있다면 당연히 국민연금 및 건강보험이 적용된다.

1월간의 소정근로시간이 60시간(1주간 소정근로시간 15시간) 미만인 근로자에 대해서는 고용보험 적용이 제외되나, 산재보험은 적용된다.

 일용근로자의 보험 가입기준과 절차는?

일용근로자란 일반적으로 고용기간의 보장 없이 1일 단위로 고용되어 그날로 고용계약이 종료되는 자로서 고용보험 및 산재보험은 그 고용기간에 상관없이 일용근로자 전체가 적용대상이 되는 반면, 국민연금 및 건강보험의 경우 1월 이상의 기간 동안 고용되는 일용근로자에 한해서 사업장가입자가 된다. 여기서 "1월 이상의 기간 동안 고용되는 일용근로자"란 실제 고용기간에 상관없이 근로계약서에 명시된 계약기간이 1월 이상(기간의 정함이 없는 경우 포함)인 일용근로자 또는 명시된 계약기간이 1월 미만이거나 명시적인 계약기간이 없는 경우로서 실제 1월 이상 근로하였고 최초 고용일(또는 당월 1일)부터 1월간 8일 이상 근로를 제공한 일용근로자를 말하며, 이 경우 최초 고용일(또는 전월의 근로일수가 8일 미만이던 일용근로자가 당월 1일부터 말일까지 8일 이상 근로한 경우 당월 1일)에 국민연금·건강보험의 사업장가입자 자격을 취득한다.

보험가입대상이 되는 일용근로자에 대해서는 자격취득일이 속하는 달의 다음 달 15일까지(건강보험은 사유발생일로부터 14일 이내, 일용근로자가 고용보험 조기신고를 요구한 경우 지체없이) 국민연금 사업장가입자자격취득신고서/건강보험 직장가입자자격취득신고서/고용보험 피보험자격취득신고서 관할 공단에 제출해야 한다. 다만, 고용보험법에서는 일용근로자를 1월 미만의 기간동안 고용되는 자로 특별히 정의 내리면서 1월 미만의 기간 동안 고용되는 자에 대해서는 고용보험 피보험자격취득신고서 대신 매월 1일부터 말일까지 사용한 일용근로자들의 근로일수, 일평균 근로시간, 임금총액 등을 기재한 근로내역확인신고서를 제출하도록 하고 있다.

 ## 기간제근로자의 보험 가입기준과 절차는?

기간제근로자란 계약기간의 정함이 있는 근로계약을 체결해서 동 기간 동안 근로를 제공하기로 한 자로서 고용보험 및 산재보험은 그 계약기간에 상관없이 기간제근로자 전체가 적용대상이 되는 반면, 국민연금 및 건강보험의 경우 1월 이상의 기간 동안 사용되는 근로자에 한해서 사업장가입자가 된다. 다만, 1월간 소정근로시간이 60시간미만(1주간 소정근로시간이 15시간 미만)인 기간제근로자의 경우 고용보험이 적용되지 않으며, 1월간 근로시간이 60시간 미만인 자의 경우 1월 이상의 기간 동안 사용되더라도 국민연금·건강보험의 사업장가입자가 되지 못한다.

보험가입대상이 되는 기간제근로자에 대해서는 자격취득일이 속하는 달의 다음 달 15일(건강보험은 사유발생일로부터 14일 이내)까지 국민연금 사업장가입자자격취득신고서/건강보험 직장가입자자격취득신고서/고용보험 피보험자격취득신고서를 관할 공단에 제출해야 한다. 다만, 1월 미만의 기간제근로자의 경우 고용보험법상 일용근로자로 분류되므로, 고용보험 피보험자격취득신고서 대신 근로내용확인신고서를 제출해야 한다.

대표도 4대 보험의 적용이 가능한가?

1인 이상의 근로자를 사용하는 사업장 대표의 경우 국민연금 및 건강보험의 사업장가입자가 되며, 법인인 경우 대표이사 1인만 있더라도 국민연금 및 건강보험의 사업장가입자가 된다. 이에 반해, 사업장 대표는 근로기준법상 근로자가 아니므로 고용보험 및 산재보험의 적용대상이 아니다. 다만, ① 본인 명의의 사업자등록증을 보유하고, ② 근로자를 고용하지 않거나 50인 미만의 근로자를 고용하며, ③ 사업자등록증 상의 개업연월일로부터 6개월 이내인 자로써, ④ 근로자로서 피보험자격을 취득하고 있지 않는 자영업자는 고용보험에 가입할 수 있다.

3. 보험관계의 성립

당연적용

❋ 당연적용이란?

4대보험은 국가가 주관하는 공적 사회보험으로서 사업장이 일정한 요건을 충족하게 되는 경우 당연적용사업장이 되어 사업주 의사와 관계없이 보험관계가 성립된다. 이 경우 당연적용사업장의 사업주는 그 신고여부에 상관없이 소정 요건에 충족되어 당연적용사업에 해당하게 되는 날에 관계법령상의 권리를 취득하고 4대보험 관련 각종 신고의무 및 보험료 납부의무를 부담하게 된다.

❋ 국민연금 · 건강보험

국민연금·건강보험은 사업장(직장)가입자 대상 근로자를 사용하는 모든 사업장에 당연 적용된다. 다만, 소재지가 일정하지 않은 사업장, 비상근 또는 1월간의 근로시간이 60시간 미만의 근로자 등 적용제외근로자만을 고용하고 있는 사업장에 대해서는 강제 적용되지 않는다. 여기서 근로자란 직업의 종류를 불구하고 사업장에서 노무를 제공하고 그 대가로 임금을 받아 생활하는 자로서 법인의 이사, 기타 임원도 포함하므로 법인인 사업장은 대표이사 1인만 있어도 의무가입대상이 된다.

국민연금·건강보험의 사업장 적용일은 다음과 같다.

국민연금	건강보험
당연적용사업장 해당일(사용자와 근로자 간 고용관계 성립일)	❶ 사업장의 신고일이 사용자와 근로자간 고용관계 성립일이 속한 달인 경우 → 사용자와 근로자간 고용관계 성립일 ❷ 사업장의 신고일이 사용자와 근로자간 고용관계 성립일이 속한 달의 다음 달 이후인 경우 → 신고월의 1일(단, 고용관계 성립일로 건강보험 적용요청 시 근로계약서, 임금대장 등 객관적 자료 확인 후 처리)

✻ 고용보험 · 산재보험

고용보험·산재보험은 근로자를 사용하는 모든 사업 또는 사업장에 당연적용 된다. 상시근로자란 일용직근로자, 소정근로시간이 15시간 미만인 근로자 등 고용형태를 불문하고 사실상 고용된 모든 근로자(적용제외 사업에 의해 보상을 받는 근로자 제외)를 말한다.

✽ 당연적용의 신고

4대보험 당연적용사업장이 된 경우 법인등기부등본, 사업자등록증, 임금대장, 사업장현황 및 생산제품설명서, 공사도급계약서 등 구비서류를 첨부해서 국민연금 당연적용사업장해당신고서/건강보험 사업장(기관)적용통보서/고용·산재보험 보험관계성립신고서를 기한 내 제출해야 한다.

❶ 국민연금 : 당연적용사업장 해당일이 속하는 달의 다음달 15일까지
❷ 건강보험 : 사유발생일로부터 14일 이내
❸ 고용/산재보험 : 보험관계 성립일로부터 14일 이내

임의적용

✽ 국민연금 · 건강보험

국민연금 당연적용사업장 외의 사업장에서 18세 미만 근로자가 국민연금의 가입을 원하는 경우 근로자 2/3 이상의 동의를 얻어 공단에 국민연금 임의적용사업장 가입신청을 할 수 있다. 건강보험은 퇴직 이전 18개월 이내 기간에 여러 개 사업장에서의 총 직장가입 기간이 1년 이상이면 임의계속가입을 신청할 수 있다(사업장이 퇴직자에게 안내해준다).

✽ 고용보험 · 산재보험

고용보험 및 산재보험의 당연적용 대상 사업이 아닌 사업의 사업주는 공단의 승인을 얻어 보험에 임의가입(고용보험의 경우 3가지 사업 전부에 가입해야지 실업급여에 한해서만 가입할 수 없음)할 수 있다. 다만, 고용보험의 경우 근로자(적용제외 근로자 제외) 과반수이상의 동의를 얻어야 한다.

고용·산재보험은 개인사업주, 법인 이사 등 사용자에게 적용되지 않는 것이 원칙이나, ① 본인 명의의 사업자등록증을 보유하고, ② 근로자를 고용하지 않거나 50인 미만의 근로자를 고용하며, ③ 사업자등록증 상의 개업연월일로부터 6개월 이내인 자로써, ④ 근로자로서 피보험자격을 취득하고 있지 않는 자영업자는 고용보험에 가입할 수 있다.

해외사업장의 경우 산재보험이 적용되지 않는 것이 원칙이나, 산재보험이 적용되는 사업장 소속 근로자로 해외사업에 파견된 자의 경우 사업주가 공단에 임의가입을 신청해서 산재보험의 적용을 받을 수 있다.

고용·산재보험에 임의가입을 신청한 경우 신청일의 다음 날부터 고용·산재보험이 적용된다.

❋ 임의가입의 신청

4대 보험에 임의가입을 원하는 경우 당연적용신고 시 제출하는 구비서류 및 근로자 동의서(국민연금의 경우 근로자 2/3 이상 동의서, 고용보험의 경우 과반수 동의서)를 첨부해서 국민연금 임의적용사업장가입신청서/고용·산재보험 보험가입신청서를 제출해야 한다.

건강보험은 임의계속(가입·탈퇴)신고서를 제출한다.

의제적용

❋ 국민연금 · 건강보험

국민연금은 당연적용사업장이 그 기준에 미달하게 된 때에는 그 사업장은 임의적용사업장으로 본다. 이 경우 사업장이 휴·폐업하거나 근로자를 사용하는 사업장에 해당하지 않게 된 때에는 그 사유가 발생한 날이 속하는 달의 다음 달 15일까지 사업장 탈퇴사실을 입증할 수 있는 서류를 첨부해서 공단에 사업장 탈퇴신고를 해야 한다. 건강보험에는 사업장의 의제가입제도가 별도로 없다.

✳ 고용보험 · 산재보험

고용·산재보험이 당연적용 되는 사업이 규모의 변동 등으로 인해 적용제외사업이 된 경우에도 근로자보호를 위해서 보험에 임의가입한 것으로 보며, 사업주가 그 사업의 운영 중에 근로자(고용보험의 경우 적용제외 근로자는 제외)를 고용하지 않게 된 때에는 그날부터 1년의 범위 안에서 근로자를 사용하지 않는 기간동안에도 보험에 가입한 것으로 본다.

그러나 사업자체가 폐지 또는 종료된 경우에는 사업주의 보험관계 소멸신고 또는 공단지사장의 직권에 의해서 곧바로 보험관계는 소멸된다.

고용 · 산재보험의 일괄적용

고용·산재보험의 경우 사업주가 동일인이고, 각각의 사업이 기간의 정함이 있는 사업인 경우는 사업주의 의사와 관계없이 사업주가 행하는 개별 사업의 전부를 하나의 사업으로 보아 일괄 적용되며, 그 외의 사업으로서 사업주가 동일인의 경우(산재보험의 경우에는 사업의 종류가 동일한 경우에 한함) 공단의 승인을 받아 일괄적용 승인신청서를 접수한 날의 다음 날부터 일괄적용을 받을 수 있다.

공단의 승인을 얻어 일괄적용을 받는 사업주가 그 일괄적용 관계를 해지하고자 할 경우는 다음 보험연도 개시 7일 전까지 공단에 해지신청을 해서 공단의 승인을 얻어야 한다. 이 경우 다음 보험연도의 보험관계부터 일괄적용관계가 해지된다.

대표자의 성명·주민등록번호·주소, 사업장의 명칭, 소재지, 사업자 및 법인등록번호, 전화(팩스번호), 사업종류, 상시근로자수(고용보험 우선지원대상기업의 해당 여부에 변경이 있는 경우에 한함) 등에 변경이 있는 경우 법인등기부등본, 사업자등록증, 대표자의 주민등록등본 등 구비서류를 첨부해서 국민연금사업장내역변경신고서/건강보험사업장(기관)변경통보서/고용·산재보험보험관계변경신고서를 신고기한 내에 제출해야 한다.

❶ 국민연금 : 사유발생일이 속하는 달의 다음달 15일까지

❷ 건강보험 : 사유발생일로부터 14일 이내

❸ 고용/산재보험 : 변경될 날로부터 14일 이내

사업의 종류 또는 상시근로자수 변경으로 고용보험 우선지원대상기업의 해당 여부에 변경이 있는 경우 보험 연도 초일부터 14일 이내 고용보험 우선지원 대상기업 신고서를 제출해야 한다.

4. 보험관계의 소멸

소멸사유 및 소멸일

✽ 사업의 폐지·종료

폐업 및 부도·도산 등으로 인해서 사업이 폐지 또는 종료된 경우에는 그 폐지 또는 종료된 날의 다음 날(폐지 또는 종료일이 1일의 경우 해당일, 단, 국민연금·건강보험에 한함)에 보험관계는 소멸된다.

❈ 사업의 휴업

사업이 휴업을 하게 되는 경우 휴업일의 다음 날(휴업일이 1일인 경우 해당일)에 국민연금·건강보험의 보험관계는 소멸된다.

그러나 고용·산재보험은 휴업을 사유로 그 보험관계가 소멸되지 않는다.

❈ 사업의 합병·통합

사업장의 합병·통합 등으로 인해서 소멸되는 사업장은 합병(통합)계약서 또는 법인등기부등본상의 합병(통합)일자에 보험관계가 소멸된다. 다만, 고용·산재보험의 경우 합병 또는 통합회사가 그 보험관계를 승계한다.

❈ 근로자가 없게 된 경우

국민연금 당연적용사업장이 사업장 가입대상 근로자가 없게 된 경우 그 사유가 발생한 날이 속하는 다음달 15일까지 탈퇴사실을 입증할 수 있는 서류를 첨부해서 공단에 사업장 탈퇴신고를 해야 하며, 이 경우 국민연금 보험관계는 소멸된다.

❈ 직권소멸

공단은 사업의 실체가 없는 등의 사유로 계속해서 보험관계를 유지할 수 없다고 인정하는 경우에는 그 보험관계를 소멸시킬 수 있으며, 이 경우 그 소멸의 결정통지를 한 날의 다음 날에 보험관계가 소멸된다.

소멸(탈퇴)신고

사업이 사실상 폐지 또는 종료되거나 휴업 또는 합병·통합하는 경우 그 사실을 입증할 수 있는 서류를 첨부해서 국민연금 사업장탈퇴신고서/건강보험 사업장탈퇴통보서/고용·산재보험관계소멸신고서를 신고기한 내 제출해야 한다.

국민연금 또는 고용·산재보험 임의적용사업장이 보험관계를 해지하고자 하는 경우는 근로자 2/3 이상의 동의서(산재보험은 제외)를 첨부해서 국민연금 임의적용사업장탈퇴신청서/고용·산재보험 보험관계해지신청서를 제출해야 한다.

❶ 국민연금 : 사유 발생일이 속하는 달의 다음 달 15일까지

❷ 건강보험 : 사유 발생일로부터 14일 이내

❸ 고용/산재보험 : 사업이 폐지 또는 종료된 날로부터 14일 이내

국민연금 또는 고용·산재보험 임의적용사업장이 보험관계를 해지하고자 하는 경우는 근로자 2/3 이상의 동의서(산재보험은 제외)를 첨부해서 국민연금 임의적용사업장탈퇴신청서/고용·산재보험 보험관계해지신청서를 제출해야 한다.

일용직근로자도 산재보험의 혜택을 받는가?

일용직근로자라도 근로기준법상 근로자에 해당되는 경우 일반근로자와 마찬가지로 산재보험 혜택을 받을 수 있다. 즉, 업무상 사고 또는 질병으로 요양을 하거나 사망을 한 경우 근로복지공단으로부터 요양기간동안의 치료비와 휴업급여 및 요양 종결 후 장해 잔존 시 그 정도에 따르는 장해급여가 지급되거나 유족급여와 장의비를 지급받게 된다. 다만, 일용근로자(근로관계가 3월 이상 계속되거나 1월간 8일 이상 근로한 자 제외)의 경우 산재보험급여의 지급기준이 되는 평균임금을 재해발

생일 직전 3월간의 임금총액을 그 기간의 총일수로 나누어 산정하는 대신, 본인(당해 사업이나 지역의 동종 업무에 종사하는 일용근로자)의 일당에 통상근로 계수를 곱한 금액을 평균임금을 보아 산재보상이 실시된다.

일용직 근로자가 산재보험 혜택을 받기 위해서는...

근로자가 고용보험 피보험자로 자격취득신고가 되어있지 않더라도 당해 사업 또는 사업장이 산재보험에 가입된 경우라면 당해 사업 또는 사업장의 모든 근로자는 산재보험의 혜택을 받을 수 있다. 여기서 산재보험에 가입된 경우란 산재보험 당연적용사업장에 해당 되거나, 임의가입사업장으로 근로복지공단의 가입승인을 받은 경우를 말한다(산재보험 당연적용사업장의 경우 성립신고행위가 없더라도 산재보험이 당연적용 되어 발생된 재해에 대해 산재보상이 실시되나, 성립신고 미이행에 따른 벌과금으로 산재보상금의 50%를 급여징수 당하게 된다.).

4대 보험 사업장가입자 자격관리

1. 자격취득

자격취득신고서의 제출

채용, 신분변동 등으로 자격취득 대상자가 발생하는 경우 사업주는 증빙서류 등을 첨부해서 국민연금 사업장가입자자격취득신고서/건강보험 직장가입자자격취득신고서/고용보험 피보험자격취득신고서를 신고기한 내 공단 또는 관할 지방노동관서에 제출해야 한다. 다만, 일용근로자에 대해서 당해 월에 고용한 일용근로자의 근로일수, 임금 등이 기재된 근로내역확인신고서를 제출한 경우에는 고용보험 피보험자격취득 및 상실신고(이직확인서 제출)를 한 것으로 본다.

❶ 국민연금 : 자격취득일이 속하는 달의 다음달 15일까지

❷ 건강보험 : 자격취득일로부터 14일 이내

❸ 고용보험 : 자격취득사유가 발생하는 날이 속하는 달의 다음달 14일까지(단, 근로자가 동 기일이전에 신고를 요구하는 경우에는 지체 없이)

보험별 자격취득사유 및 그 시기는 다음과 같다.

국민연금	건강보험	고용보험
적용사업장에 채용되거나 사업장이 적용사업장이 된 경우 : 그 채용일 또는 적용사업장이 된 날	적용사업장에 채용되거나 사업장이 적용사업장이 된 경우 : 그 채용일 또는 적용사업장이 된 날	적용사업장에 채용되거나 사업장이 적용사업장이 된 경우 : 그 채용일 또는 적용사업장이 된 날
1개월 미만의 기간 동안 고용된 일용근로자 및 기한부 근로자가 계속해서 1개월 이상(1월간 8일 이상) 근로한 경우 : 최초 고용일 ☀ 전월의 근로일수가 8일 미만이던 근로자가 당월 1일부터 말일까지 8일 이상 근로한 경우 : 해당 월의 1일	1개월 미만의 기간 동안 고용된 일용근로자 및 기한부 근로자가 계속해서 1개월 이상(1월간 8일 이상) 근로한 경우 : 최초 고용일 ☀ 전월의 근로일수가 8일 미만이던 근로자가 당월 1일부터 말일까지 8일 이상 근로한 경우 : 해당 월의 1일	
근로자 중 18세에 도달한 자가 있는 경우 : 당해 근로자의 18세 도달일(단, 18세 미만인 근로자는 본인이 원하면 사용자 동의를 얻어 가입 가능)	의료보호대상자에서 제외된 경우 또는 건강보험 적용을 신청한 경우 : 그 제외된 날 또는 신청일	상시 1인 이상의 근로자를 사용하게 된 경우 : 상시근로자수가 최초로 1인이 된 날
국민생활기초수급자에서 중지된 경우 : 그 중지일	의료급여수권자에서 제외된 경우 : 그 제외된 날	외국인이 가입신청을 한 경우 : 승인을 얻은 날의 다음 날

피부양자 자격취득신고

건강보험 직장가입자의 배우자, 직계존속(배우자의 직계존속), 직계비속 및 그 배우자, 형제자매 중 직장가입자에 의해 주로 생계를 유지하는 자로서 보수 또는 소득이 없는 자에 대해서는 주민등록등본 또는 호적등본, 장애인등록증, 외국인등록증 등을 첨부해서 직장가입자 자격취득신고서(피부양자가 있는 경우)/피부양자 자격취득·상실신고서를 지체 없이 제출해야 한다.

피부양자 자격취득신고를 하는 경우 신생아는 출생한 날에, 직장가입자의 자격취득일이나 자격변동일부터 30일 이내 피부양자의 자격취득신고를 한 경우 또는 직장가입자의 자격취득일 또는 자격변동일에 30일을 초과해서 피부양자 자격취득신고를 한 경우에는 신고서를 제출한 날에 피부양자 자격취득을 한 것으로 본다. 다만, 본인의 책임 없는 부득이한 사유로 30일을 초과해서 피부양자 자격취득신고를 한 경우에는 직장가입자의 자격취득일 또는 자격변동일에 피부양자 자격취득을 한 것으로 본다.

2. 가입자 내역변경(정정)

내역변경서의 제출

가입자의 성명, 주민등록번호, 근무처, 근무내역 등이 변경된 경우 주민등록등본, 임금대장 또는 재직증명서, 인사명령서, 사망진단서, 입영통지서, 의사진단서, 재소자증명서 등을 첨부해서 사업장국민연금 가입자

내역변경신고서/건강보험 직장가입자내역변경신고서/고용보험 피보험자
내역변경신고서 또는 건강보험 직장가입자(근무처, 근무내역)변동통보서
나 고용보험 피보험자전근신고서를 신고기한 내 공단 또는 관할지방노
동관서에 제출해야 한다.

❶ 국민연금 : 사유 발생일이 속하는 달의 다음 달 15일까지

❷ 건강보험 : 사유 발생일로부터 14일 이내

❸ 고용보험 : 사유 발생일로부터 14일 이내(단, 근로자가 동 기일 이전
에 신고를 요구하는 경우에는 지체없이)

내역변경 사유

가입자 성명, 주민등록번호, 취득·상실일 및 사유, 등급, 납부예외재개
일, 예외사유, 재개예정일, 특수직종근로자 해당여부에 변경사유가 발생
한 경우 내역변경신고를 하며, 근무처변동, 해외근무, 현역군입대, 시설
수용, 도서벽지근무, 휴직, 복직, 감면해제 사유가 발생한 경우에 건강보
험 근무처, 근무내역 변동통보 및 고용보험 피보험자 전근신고를 한다.

3. 자격상실

자격상실신고서의 제출

가입자의 사망, 퇴직, 국적상실 등으로 인해 가입자 자격을 상실한 경
우 호적등본, 사망진단서, 의료급여증 등을 첨부해서 국민연금 사업장
가입자자격상실신고서/고용보험 피보험자자격상실신고서 및 직장가입자자
격상실·퇴직시보수총액통보서를 신고기한 내 공단 또는 관할지방노동

관서에 제출해야 하며, 고용보험 피보험자격의 상실이 이직으로 인한 경우에는 본인이 원하지 않는 경우를 제외하고 피보험단위기간, 이직사유 및 이직 전에 지급한 임금, 퇴직금 등의 내역을 기재하는 이직확인서를 작성해서 제출해야 한다. 다만, 일용근로자에 대해서 당해 월의 고용한 일용근로자의 근로일수, 임금 등이 기재된 근로내역확인신고서를 제출한 경우에는 고용보험 피보험자격취득 및 상실신고 또는 이직확인서를 제출한 것으로 본다.

❶ 국민연금 : 사유 발생일이 속하는 달의 다음 달 15일까지
❷ 건강보험 : 사유 발생일로부터 14일 이내
❸ 고용보험 : 자격상실사유가 발생하는 날이 속하는 달의 다음 달 14일까지

자격상실사유 및 시기

보험별 자격상실사유 및 그 시기는 다음과 같다.

국민연금	건강보험	고용보험
사망 또는 사용관계 종료 : 사망일 또는 사용관계 종료일의 다음 날	사망 또는 사용관계 종료 : 사망일 또는 사용관계 종료일의 다음 날	사망 또는 사용관계 종료 : 사망일 또는 사용관계 종료일의 다음 날
60세(임의계속가입자는 65세)가 된 때 : 60세(또는 65세)가 된 날의 다음 날	건강보험의 적용을 받던 자로서 유공자 등 의료보호대상자가 된 자가 건강보험의 적용배제신청을 한 경우 : 그 신청일	적용제외 근로자(65세 이후 고용된 자, 공무원, 사립학교교직원, 월 소정근로시간 60시간 미만 자)에 해당하게 된 경우 : 적용제외 대상자가 된 날

국민연금	건강보험	고용보험
가입대상 제외자(타공적연금 적용자, 노령연금 수급권 취득자)에 해당하게 된 때 : 그 해당하게 된 날	의료급여 수급권자가 된 경우 : 수급권자가 된 날	보험관계가 소멸한 경우 : 보험관계 소멸일
1개월 이상 근로한 일용근로자로서 자격취득일이 속한 달의 다음 달 이후 1일부터 말일까지 근로일수가 8일 미만인 경우 : 해당 월의 1일(단, 해당 월의 최종 근로 일까지 근로의 연속성이 있는 경우 : 최종 근로일의 다음 날)	1개월 이상 근로한 일용근로자로서 자격취득일이 속한 달의 다음 달 이후 1일부터 말일까지 근로일수가 8일 미만인 경우 : 해당 월의 1일(단, 해당 월의 최종 근로 일까지 근로의 연속성이 있는 경우 : 최종 근로일의 다음날)	외국인이 가입신청을 한 경우 : 승인을 얻은 날의 다음 날
국적을 상실하거나 국외에 이주한 때 : 상실일 또는 이직일의 다음날	국적을 상실하거나 국외에 이주한 때 : 상실일 또는 이직일의 다음날	

4. 자격확인

국민연금 및 건강보험 가입자의 자격의 취득, 변동 및 상실은 공단의 확인에 의해서 자격의 취득, 변동 및 상실의 시기에 소급해서 효력을 발생한다. 가입자 또는 가입자이었던 자는 그 확인을 청구할 수 있다.

고용보험 피보험자 또는 피보험자이었던 자는 언제든지 고용노동부 장관에게 피보험자격의 취득 또는 상실에 관한 확인을 청구할 수 있다.

고용노동부 장관은 청구 또는 직권에 의해서 피보험자격의 취득 또는 상실에 관한 확인을 하며, 이를 피보험자 및 사업주 등 이해관계인에게 통지해야 한다.

4대보험료 원천징수 및 납부

1. 보험료의 산정

건강보험료

- 보수월액(월평균보수 = 월급여) = 연간 총보수액(총급여 - 비과세소득) ÷ 근무월수
- 보험료율 : 사용자와 근로자가 각각 반씩 부담
- 건강보험료 근로자 부담액 = 건강보험료(❶) + 노인장기요양보험료(❷)
- ❶ 건강보험료 = (총급여 - 비과세급여) × 보험료율(10원미만 단수 버림)

보수월액 범위	보험료율	월보험료 산정
29만원 미만	보험료율	= 29만원 × 보험료율
29만원 ~ 9,925만원	보험료율	= 실제 보수월액 × 보험료율
9,925만원 초과	보험료율	= 9,925만원 × 보험료율

❷ 노인장기요양보험료 = 건강보험료 × 장기요양보험료율(10원미만 단수 버림)

사례 보수월액이 1,000,000원일 때, 계산방법

건강보험료 : 1,000,000원(보수월액) × 건강보험료율 = 근로자와 사업주가 각각 반씩 부담

장기요양보험료 : 건강보험료 × 장기요양보험료율 = 근로자와 사업주가 각각 반씩 부담

국민연금

- 월 국민연금(10원미만 단수 버림) =
기준소득월액[월급여(총급여 - 비과세소득)] × 국민연금료율
- 기준소득월액 = 연간 총보수액(총급여 - 비과세소득) ÷ 근무월수
- 보험료율 : 9%(사용자 4.5%, 종업원 4.5%)(10원 미만 단수 버림)

기준소득월액 범위	국민연금료율	월국민연금 산정
32만원 미만	4.5%	= 32만원 × 4.5%
32만원 ~ 503만원	4.5%	= 기준소득월액 × 4.5%
503만원 초과	4.5%	= 503만원 × 4.5%

사례 기준소득월액은 최저 32만 원에서 최고금액은 503만 원까지의 범위로 결정하게 된다. 따라서 신고한 소득월액이 32만 원보다 적으면 32만 원을 기준소득월액으로 하고, 503만 원보다 많으면 503만 원을 기준소득월액으로 한다.

고용보험료

고용보험료 = 월급여(총급여 - 비과세소득) × 보험료율

구분		근로자	사업주
실업급여		0.8%	0.8%
고용안정, 직업능력 개발사업	150인 미만 기업		0.25%
	150인 이상(우선지원대상기업)		0.45%
	150인 이상~1000인 미만기업		0.65%
	1,000인 이상 기업, 국가·지방자치단체		0.85%

주 우선지원대상기업

1. 광업, 건설업, 운수업, 출판, 영상, 방송통신 및 정보서비스업, 사업시설관리 및 사업지원 서비스업, 전문, 과학 및 기술서비스업, 보건업 및 사회복지 서비스업 : 300명 이하

2. 제조업 : 500명 이하

3. 도매 및 소매업, 숙박 및 음식점, 금융 및 보험업, 예술, 스포츠 및 여가관련 서비스업 : 200명 이하

4. 제1호 내지 제4호 외의 산업 : 100명 이하

🔺 업종분류 및 분류기호는 「통계법」제22조에 따라 통계청장이 고시한 한국표준산업분류에 따름

🔺 그 밖의 업종100명 이하) : 농업, 임업 및 어업(A), 전기, 가스, 증기 및 수도사업(D), 하수폐기물 처리, 원료재생 및 환경복원업(E), 부동산업 및 임대업(L), 공공행정, 국방 및 사회보장행정(O), 교육 서비스업(P), 협회 및 단체, 수리 및 기타 개인서비스업(S), 가구 내 고용활동 및 달리 분류되지 않은 자가소비 생산 활동(T), 국제 및 외국기관(U)

산재보험료

산재보험료는 근로자부담분이 없으므로 차감징수하지 않는다.

 보수가 지급되지 않는 대표자의 소득(보수)월액 산정은?

사업장 대표자의 국민연금ㆍ건강보험의 소득(보수)월액은 자격취득 시 사용자의 신고금액 또는 매년 정기결정 된 금액으로 하는 것이 원칙이다. 다만, 보수가 지급되지 않는 대표자의 건강보험 보수월액은 당해연도 중 당해 사업장에서 발생한 사업소득 수입으로서 객관적인 자료에 의해서 확인된 금액 또는 수입을 확인할 수 있는 객관적인 자료가 없는 경우에는 사용자의 신고금액으로 산정하되, 그 금액이 사업장에서 가장 높은 보수액의 적용을 받는 근로자의 보수월액보다 낮은 경우에는 당해 근로자의 보수월액을 그 사용자의 보수월액으로 한다.

2. 보험료의 납부의무 및 원천공제

사업장의 사업주는 4대 보험료를 납부할 의무를 지며, 이를 위해 사업장 가입자가 부담할 연금보험료 기여금, 건강보험료 부담금 및 고용보험료부담금을 그에게 지급할 매달의 임금에서 공제하되, 다음과 같은 방법으로 한다.

국민연금	건강보험	고용보험
사업장가입자 취득당월에 지역가입자 자격상실시 : 다음 달부터 원천공제·납부(단, 취득일이 초일(1일)인 경우 당월부터)	자격취득 당월 다음 달부터 상실한 날의 전날이 속하는 달까지 원천공제·납부(단, 자격취득일이 초일(1일)인 경우 그 달부터)	자격취득 당월부터 상실한 날의 전날이 속하는 달까지 원천공제
분리적용사업장 간에 월중 전출입, 월중 사업장 통폐합 및 분리적용 시 : 기존 사업장에서 해당 월 부담분 원천공제·납부	자격 변동된 날이 속하는 달의 보험료는 변동되기 전의 기준으로 원천공제·납부(단, 자격이 매월 1일에 변동된 경우에는 변동된 자격을 기준으로)	
18세 또는 60세 도달 월, 퇴사 월, 복직월 및 채용당월 상실시 : 해당 월 원천공제·납부		

사업장가입자 부담분을 임금에서 공제한 경우 가입자의 성명, 소득월액, 보험료의 내역, 공제해당월 및 공제연월일을 기재한 공제계산서를 작성해서 사업장가입자에게 내주어야 한다.

비과세 소득의 범위	한도	건강보험	국민연금	고용·산재
대통령령이 정하는 복무중인 병이 받는 급여	-	×	×	×
법률에 의하여 동원된 자가 그 동원직장에서 받는 급여	-	×	×	×
「산업재해보상보험법」에 따라 수급권자가 받는 요양급여, 휴업급여, 장해급여, 간병급여, 유족급여, 유족특별급여, 장해특별급여, 장의비 또는 근로의 제공으로 인한 부상·질병·사망과 관련하여 근로자나 그 유족이 받는 배상·보상 또는 위자(慰藉)의 성질이 있는 급여	-	×	×	×
「근로기준법」 또는 「선원법」에 따라 근로자·선원 및 그 유족이 받는 요양보상금, 휴업보상금, 상병보상금(傷病補償金), 일시보상금, 장해보상금, 유족보상금, 행방불명보상금, 소지품 유실보상금, 장의비 및 장제비	-	×	×	×
「고용보험법」에 따라 받는 실업급여, 육아휴직 급여, 산전후휴가 급여, 「제대군인 지원에 관한 법률」에 따른 전직지원금, 「국가공무원법」·「지방공무원법」에 따른 공무원 또는 「사립학교교직원 연금법」·「별정우체국법」을 적용받는 사람이 관련 법령에 따라 받는 육아휴직수당	-	×	×	×
「국민연금법」에 따라 받는 반환일시금(사망으로 받는 것만 해당한다) 및 사망일시금	-	×	×	×
「공무원연금법」·「군인연금법」·「사립학교교직원 연금법」 또는 「별정우체국법」에 따라 받는 요양비·요양일시금·장해보상금·사망조위금·사망보상금·유족보상금·유족일시금·유족연금일시금·유족연금부가금·유족연금특별부가금·재해부조금 및 재해보상금 또는 신체·정신상의 장해·질병으로 인한 휴직기간에 받는 급여	-	×	×	×
대통령령이 정하는 학자금				

비과세 소득의 범위	한도	건강보험	국민연금	고용·산재
「초·중등교육법」 및 「고등교육법」에 의한 학교(외국에 있는 이와 유사한 교육기관을 포함한다)와 「근로자직업능력개발법」에 의한 직업능력개발훈련시설의 입학금·수업료·수강료 기타 공납금 중 다음 각 호의 요건을 갖춘 학자금 1. 당해 근로자가 종사하는 사업체의 업무와 관련 있는 교육·훈련을 위하여 받는 것 2. 당해 근로자가 종사하는 사업체의 규칙 등에 의하여 정하여진 지급기준에 따라 받는 것 3. 교육·훈련기간이 6월 이상인 경우 교육·훈련 후 당해교육기간을 초과하여 근무하지 않는 때에는 지급받은 금액을 반납할 것을 조건으로 하여 받는 것	-	×	×	×
대통령령이 정하는 실비변상적 성질의 급여				
법령·조례에 의한 위원회 등의 보수를 받지 아니하는 위원(학술원 및 예술원의 회원을 포함)등이 받는 수당	-	×	×	×
「선원법」에 의하여 받는 식료	-	×	×	×
일직료·숙직료 또는 여비로서 실비변상정도의 금액(종업원의 소유차량을 종업원이 직접 운전해서 사용자의 업무수행에 이용하고 시내출장 등에 소요된 실제여비를 받는 대신에 그 소요경비를 당해 사업체의 규칙 등에 의해서 정해진 지급기준에 따라 받는 금액 중 월 20만원이내의 금액을 포함)	-	×	×	×
법령·조례에 의해서 제복을 착용해야 하는 자가 받는 제복·제모 및 제화	-	×	×	×
병원·시험실·금융기관·공장·광산에서 근무하는 자 또는 특수한 작업이나 역무에 종사하는 자가 받는 작업복이나 그 직장에서만 착용하는 피복	-	×	×	×

비과세 소득의 범위	한도	건강 보험	국민 연금	고용 · 산재
특수분야에 종사하는 군인이 받는 낙하산강하위험수당 ·수중파괴작업위험수당· 잠수부위험수당· 고전압위험수당 ·폭발물위험수당· 비행수당· 비무장지대근무수당 ·전방초소근무수당· 함정근무수당 및 수륙양용궤도 차량승무수당, 특수분야에 종사하는 경찰공무원이 받는 경찰특수전술업무수당과 경호공무원이 받는 경호수당	-	×	×	×
「선원법」의 규정에 의한 선원으로서 재정경제부령이 정하는 자(제16조 및 제17조의 규정을 적용받는 자를 제외한다)가 받는 승선수당, 경찰공무원이 받는 함정근무수당 ·항공수당 및 소방공무원이 받는 함정근무수당 ·항공수당 ·화재진화수당	월 20만원	×	×	×
광산근로자가 받는 입갱수당 및 발파수당	-	×	×	×
교원 및 연구기관 연구활동에 직접 종사자의 연구보조비 또는 연구활동비	월 20만원	×	×	×
「신문 등의 자유와 기능보장에 관한 법률」에 의한 통신 ·신문 「방송법」에 의한 방송채널사용사업에 종사하는 기자(상시 고용되어 취재활동을 하는 논설위원 및 만화가를 포함)가 취재활동과 관련해서 받는 취재수당	월 20만원	×	×	×
벽지에 근무함으로 인해서 받는 벽지수당	월 20만원	×	×	×
천재 ·지변 기타 재해로 인해서 받는 급여	-	×	×	×
외국정부(외국의 지방자치단체 및 연방국가인 외국의 지방정부를 포함한다.) 또는 대통령령이 정하는 국제기관에 근무하는 자로서 대통령령이 정하는 자가 받는 급여. 다만, 그 외국정부가 그 나라에서 근무하는 우리나라 공무원이 받는 급여에 대해서 소득세를 과세하지 아니하는 경우	-	○	×	×

비과세 소득의 범위	한도	건강 보험	국민 연금	고용 · 산재
「국가유공자등 예우 및 지원에 관한 법률」에 의해서 받는 보훈급여금 및 학습보조비	-	×	×	×
「전직대통령 예우에 관한 법률」에 따라 받는 연금	-	×	×	×
작전임무를 수행하기 위하여 외국에 주둔중인 군인·군무원이 받는 급여	-	○	×	×
종군한 군인·군무원이 전사(전상으로 인한 사망을 포함한다. 이하 같다)한 경우 그 전사한 날이 속하는 과세기간의 급여	-	×	×	×
국외 또는 「남북교류협력에 관한 법률」에 의한 북한지역에서 근로를 제공하고 받는 대통령령이 정하는 급여				
국외 또는 「남북교류협력에 관한 법률」에 의한 북한지역(이하 이 조에서 "국외 등"이라 한다)에서 근로를 제공하고 받는 보수	월 100만원	○	×	×
원양어업 선박 또는 국외 등을 항행하는 선박 또는 국외등의 건설현장에서 근로를 제공하고 받는 보수	월 300만원	○	×	×
「국민건강보험법」·「고용보험법」·「국민연금법」·「공무원연금법」·「사립학교교직원 연금법」·「군인연금법」·「근로자퇴직급여 보장법」·「과학기술인공제회법」 또는 「노인장기요양보험법」에 따라 국가·지방자치단체 또는 사용자가 부담하는 부담금	-	×	×	×
생산직 및 그 관련직에 종사하는 근로자로서 급여수준 및 직종 등을 고려하여 대통령령이 정하는 근로자가 대통령령이 정하는 연장시간근로·야간근로 또는 휴일근로로 인하여 받는 급여				

비과세 소득의 범위	한도	건강 보험	국민 연금	고용 · 산재
직전연도 총급여가 3,000만원 이하면서 월정액급여 210만원 이하인 생산직 근로자 등이 받는 연장시간·야간 또는 휴일근무로 인하여 통상임금에 가산해서 지급받는 급여	연 240만원	×	×	×
광산근로자 및 일용근로자의 연장시간·야간 또는 휴일근무 수당	-	×	×	×
「선원법」에 의해서 받는 생산수당(비율급으로 받는 경우에는 월 고정급을 초과하는 비율급)	연 240만원	×	×	×
대통령령이 정하는 식사 또는 식사대				
근로자가 사내급식 또는 이와 유사한 방법으로 제공받는 식사 기타 음식물	-	×	×	×
식사 기타 음식물을 제공받지 않는 근로자가 받는 식사대	월 10만원	×	×	×
근로자 또는 그 배우자의 출산이나 6세 이하의 자녀의 보육과 관련해서 사용자로부터 지급받는 급여로서 월 10만원 이내의 금액	월 10만원	×	×	×
「국군포로의 송환 및 대우 등에 관한 법률」에 따른 국군포로가 지급받는 보수 및 퇴직일시금	-	×	×	×

× : 비과세소득으로 4대 보험 계산 시 급여에 포함 안 됨.

○ : 4대 보험 계산 시 급여에 포함 안 되는 급여

한도 : 한도까지만 4대 보험 계산 시 급여에 포함 안 됨.

3. 보험료의 정산

건강보험료의 정산

구 분	내 용
건강보험료 및 고용보험과 산재보험	정산제도 있음
국민연금	정산제도 없음

건강보험료는 연금보험료와 달리 보험료정산을 실시하고 있다. 이에 따라 공단은 당초 산정·징수한 건강보험료 금액이 매년 2월말 보수총액통보에 근거해서 다시 산정한 보험료의 금액을 초과하는 경우 그 초과액을 사업주에게 반환해야 하고, 부족한 경우에는 그 부족액을 사용자로부터 추가 징수(분할납부 가능)해야 하며, 사업주는 반환받은 금액 또는 추가 납부한 금액 중 사업장가입자가 반환받을 금액 및 부담해야 할 금액에 대해서 당해 사업장가입자에게 정산해야 한다. 또한, 사업주는 건강보험 직장가입자의 사용관계가 종료된 때에는 당해 직장가입자가 납부한 보험료를 다시 산정해서 근로자와 정산한 후 공단과 정산절차를 거쳐야 한다. 다만, 고시된 보수월액이 적용되는 직장가입자에 대해서는 보험료 정산을 생략할 수 있다.

구 분	내 용
수시정산	사용자는 당해 사업장 소속 직장가입자의 자격 또는 보수 등이 변동되었을 시에는 이를 공단에 신청해야 하는데, 이에 대한 신청이 지연되었을 경우

구분	내 용
	가입자의 보험료를 다시 산정해서 기 부과 보험료와의 차액을 추가징수 또는 반환하는 절차이다.
퇴직 정산	연도 중 퇴직할 경우 당해연도 보수총액을 근무월수로 나눈 보수월액으로 기 납부한 보험료와 당해연도 퇴직 시까지 납부해야할 보험료간의 정산을 실시한 다. • 신고서 제출 시기 : 사유발생일로부터 14일 이내 • 신고서류 : 직장가입자자격상실신고서(별지 제4호의2 서식) ➔ 사용자는 근로자 퇴직 시 근로자와 보험료를 정산한 후 공단과 정산절차를 거쳐야 한다.
연말 정산	직장가입자의 건강보험료는 당해 연도 소득에 의해 부과되어야 하나, 연도 중에 는 소득이 확정되지 않으므로 전년도 소득을 기준으로 우선 부과한 후, 다음해 2월(개인대표자 5월) 사업장에서 확정된 소득에 의해 전년도 보험료를 다시 산정해서 기 납부한 보험료와 정산해서 4월분(개인대표자 6월) 보험료에 부과 (추가징수, 반환)하는 절차이다. • 일반 근로자 : 매년 3월 10일까지 신고, 4월 정산 반영 • 개인 사업장의 사용자 : 매년 5월 말일까지 신고, 6월 정산 반영 • 정산대상자 : 매년 12월 말일 현재 직장가입자 자격유지자 • 정산대상 제외자 : 퇴직자, 해당년도 12월 중 입사자(12월 보험료 면제자), 해당년도 모든 기간 동안 고시적용자 · 휴직자 · 시설수용자 · 군입대자(연도 중 사유 발생 자는 정산 대상자임) [공　단] 연말정산 안내 및 전년도 『직장가입자보수총액통보서』발송 : 근로자 는 매년 1월 말일까지, 개인사업장 사용자는 매년 5월 15일까지 [사업장] 『직장가입자보수총액통보서』작성(전년도보수총액, 근무월수 기재) 제출 : 근로자는 매년 3월 10일까지, 개인사업장 사용자는 매년 5월 말일까지 [공　단] 전년도보수총액 및 근무월수에 의해 결정된 「정산보험료 산출내역 서」 및 『착오자 이의신청/분할납부 안내문』발송 : 근로자는 매년 3월 31일 까지, 개인사업장 사용자는 『직장가입자보수총액통보서』제출 후 3일 이내 [사업장] 정산보험료 산출내역 결과에 따른 「착오자 이의신청서」제출 : 근로 자는 매년 2월 1일~4월 15까지, 개인사업장 사용자는 매년 6월 15까지

구 분	내 용
	[공 단] 정산보험료 고지 : 근로자는 매년 4월분 보험료, 개인사업장 사용자는 매년 6월분 보험료 [사업장] 정산보험료 분할납부 신청서 제출(납부마감일까지 신청가능) : 근로자는 매년 5월 10일 까지, 개인사업장 사용자는 매년 7월 10일 까지 납부 마감일이 공휴일인 경우 익일까지

고용보험료와 산재보험료의 정산

※ 일반기업의 고용보험료와 산재보험료 정산

고용보험료는 보험료 정산(보험관계 소멸 시, 사업종류 변경에 따른 납부방식 변경 시에도 정산)을 실시하고 있다. 월별보험료의 정산은 사업주가 매년 3월 15일까지 전년도에 지급한 개인별 보수총액을 신고하는 「보수총액신고서」에 따라 이루어진다.

「보수총액신고서」는 매년 3월 15일까지 공단에 전년도 근로자에게 지급한 보수총액 등을 기재해서 공단에 신고해야 하며, 사업의 폐지·종료 등으로 보험관계가 소멸한 때에도 보험관계가 소멸한 날부터 14일 이내에 제출한다.

「보수총액신고서」 신고 시 문서에 의한 보수총액신고를 일정규모(전년도 말일 현재 근로자 수가 10명 미만인 사업)의 사업주로 한정하고 근로자 10인 이상인 사업주의 경우 반드시 정보통신망(total.kcomwel.or.kr) 또는 전자적 기록매체에 의해 신고해야 한다.

정산결과 납부한 월별보험료(미납(체납)된 월별보험료)의 합계보다 납부할 보험료가 많을 경우 공단에서 그 부족액을 추가로 부과하게 되는데, 이때 보험료 부족액이 정산을 실시한 달의 보험료를 초과하는 경우는 그 부족분을 사업주의 신청과 관계없이 분할해서 부과하고 국민건강보험공단에서 이를 고지한다.

정산결과 월별보험료의 합계보다 납부할 보험료가 적은 경우 과오 납으로 처리되어 공단이 반환결정하고 반환금 지급은 국민건강보험공단에서 처리한다. 정산결과 보험료 납부액이 과납되어 이를 충당 받고자 하는 경우 선납충당 의사를 공단에 「보수총액신고서」에 따라 충당신청을 해야 한다.

✽ 건설업의 고용보험료와 산재보험료 정산

개산보험료의 신고 및 납부

건설사업주는 매 보험연도 초일부터 3월 31일까지(보험연도 중 성립한 경우 그 성립일로부터 70일 이내) 당해 연도 1년간에(보험연도 중 성립한 경우 그 성립일 부터 보험연도 말일까지) 지급할 임금총액 추정액에 고용·산재보험요율을 각각 곱해서 산정한 금액을 신고하고 납부해야 한다. 이 경우 임금총액의 추정액이 전년도에 사용한 근로자 임금총액의 70% 이상 130% 이내의 경우는 전년도에 사용한 근로자 임금총액을 당해 보험연도의 임금총액 추정액으로 해서 개산보험료를 산정한다.

> 개산보험료 = 당해 연도 임금총액 추정액 × 보험요율

개산보험료는 매년 3월 31일까지(보험연도 중에 성립한 사업장은 성립일부터 70일 이내) 사업주가 전액을 납부해야 하나, 보험관계가 6월말 이전에 성립한 사업장으로서 개산보험료 신고 시 분할납부를 신청하는 경우 분할납부(보험연도 중에 성립한 사업에 있어 분할납부를 하는 경

우 각 기별 해당 일수에 비례해서 분할납부)가 가능하다. 다만, 이 경우 법정납부기한 내에 일시납부하는 경우에 보험료의 5%를 공제받는 혜택을 받을 수 없다.

보험연도 중에 사업규모가 축소되어 실제의 개산보험료액이 이미 신고한 개산보험료액보다 30% 이상 감소하게 된 경우 사업주의 개산보험료 감액 조정신청에 의해서 그 초과액을 감액할 수 있다.

확정보험료의 신고 및 납부

사업주는 다음 보험연도 초일부터 3월 31일까지(보험연도 중 소멸한 경우 그 소멸일로부터 30일 이내) 당해 보험연도 중 실제 지급한 임금총액(지급하기로 결정되었으나 미지급된 임금 포함)에 보험료율을 곱해서 산정한 금액을 신고·납부 해야 한다.

확정보험료 = 당해 연도 임금총액 × 보험요율

확정보험료를 산정한 결과 이미 신고·납부 한 개산보험료가 확정보험료를 초과하는 경우 다른 보험료 징수금의 미납이 있을 경우 공단에서 직권으로 충당 조치하고, 초과 납부된 보험료를 사업주가 다음 보험연도의 보험료에 충당하고자 할 경우는 보험료 신고서 뒷면에 그 내용을 명시해서 신청해야 한다.

사업주가 4대 보험에 미가입한 경우 사업주 손해

근로자들이 4대 보험료가 부담스러워 가입을 거부하는 경우가 있다. 하지만, 이런 경우라도 사업주는 4대 보험 가입의무가 있으므로 가입해야한다. 만약 가입의무가 있음에도 하지 않는다면 소급하여 납부해야 하며, 과태료도 부과될 수 있다. 즉, 사업주가 근로자의 4대 보험에 가입하지 않은 경우 최대 3년 동안의 보험료를 소급하여 부과된다.

이 경우 근로자의 월급이나 퇴직금에서 소급 부과된 4대 보험료를 일괄적으로 공제해도 되는지에 대한 문의에, 고용노동부 행정해석(회시번호 : 임금정책과-3847, 회시일자 : 2004-10-07)에 따르면, 근로기준법 제42조에 따른 임금전액불 원칙의 예외로서 법령 또는 단체협약에 특별한 규정이 있는 경우에는 임금의 일부 공제가 가능하므로 사용자가 피보험자인 근로자에게 정기적으로 임금을 지급할 때마다 그 근로자가 부담할 보험료에 상당하는 금액을 공제하는 것은 허용되지만, 사용자가 3년간 소급하여 보험료를 일방적으로 일괄 공제하는 것은 허용되지 않는다고 보고 있다.

따라서 근로자의 동의하에 일괄공제를 해야 한다.

찾아보기

채용에서 퇴직까지 인적자원 노동법률 인사관리 실무 설명서

지은이 : 손원준

펴낸이 : 김희경

펴낸곳 : 지식만들기

이론과 실무가 만나 새로운 지식을 창조하는 곳

인쇄 : 해외정판 (02)2267~0363

신고번호 : 제251002003000015호

제1판 1쇄 인쇄 2020년 08월 28일

제1판 1쇄 발행 2020년 09월 14일

제1판 2쇄 발행 2021년 01월 17일

값 : 20,000원

ISBN 979-11-90819-04-6 13320

Korea Good Books

K.G.B
지식만들기

이론과 실무가 만나 새로운 지식을 창조하는 곳

서울 성동구 금호동 3가 839 Tel : 02)2234~0760 (대표) Fax : 02)2234~0805